自分を動かす

現代に活かす
D・カーネギーの原則

TAKE COMMAND

ジョー・ハート　マイケル・クロム《著》　山崎正浩《訳》

創元社

自分を動かす

目次

装丁 上野かおる

はじめに

あなたの心を強く揺り動かし、あなたの力を最大限に引き出してくれた人は誰だろう。親や友人、あるいは会社の同僚かもしれない。有名人やスポーツ選手、さまざまな分野のリーダーの姿に刺激され、素晴らしい成果を出せたのかもしれない。本書の共著者であるマイケル・クロムと私ジョー・ハートの二人は、デール・カーネギーという人物から非常に強い影響を受けた。残念ながら、二人とも彼に直接会ったことはない。このデール・カーネギーこそ、『人を動かす』と『道は開ける』の著者であり、世界的に有名なデール・カーネギー・コースの創始者なのである。

一〇代の頃、私の父がデール・カーネギーについて話してくれたことがある。父は台所の近くに小さな書斎を持っており、ある日、私を椅子に座らせると、いかにも真剣な様子で話しはじめた。「ジョーイ、よく聴きなさい。人生とは一人一人が成長しながら、人と人とのつながりをつくっていくことなのだ。この本は君にも役立つだろう」。そう言って、くたびれた感じの『人を動かす』を手渡してくれた。何度も読み返されてボロボロになったページを繰っていくうち、父こそが『人を動かす』に書かれた原則の、生きた実例なのだとわかってきた。一緒に外出したときのことを思い返すと、父はどこに行っても相手の名前を呼び、満面の笑顔であいさつした。そして、出会った人たちのことを心から気にかけていたのである。

それから何年もの月日が経ち、若手弁護士になっていた私は、あるときデール・カーネギー・コースを受講しようと思い立つ。本当に軽い気持ちだったが、私の人生は、受講前には想像もしていなかったほど変わってしまった。コース内容に触発され、新たな自信と希望に満ち溢れた私は、弁護士を辞めてビジネスの世界に飛び込む決断をしたのである。eラーニングの会社を立ち上げたが、最初の顧客になってくれたのがデール・カーネギー・トレーニングだった。何年もかけ、デール・カーネギー・トレーニングの受講者や既習者が復習に用いるオンラインプログラムを開発した。この最初の会社の設立と売却、困難な問題への対応、二番目の会社の立ち上げのいずれの場合も、デールの教えは非常に有益だった。デールが示した原則は私が父親、夫、友人、リーダーとして周囲の人々に配慮し、思いやりを持って支えるのに役立ったのである。これほど多くのことを成し遂げられたのは、デールとその教えのおかげだと考えている。光栄なことに現在の私は、デールが創立したデール・カーネギー・トレーニングという会社で会長兼CEOを務めている。デール・カーネギー・トレーニングは個人と法人向けに二〇〇以上の教育事業を世界八六か国で展開し、個人や組織が能力を遺憾《いかん》なく発揮し最高の成果を出すためのお手伝いをしている。

デールの孫であるマイケル・クロムは、私とは少々異なる道筋でデール・カーネギー・トレーニングに関わることになった。デールが提唱した原則はビジネスだけでなく家族間の関係にも適用されていたため、マイケルは楽しい子供時代を過ごしている。そしてマイケルの父オリバー・クロムは、若い頃にデールの会社に入社してフィールドトレーナーとして勤務し、最終的にCEOまで昇りつめた。

マイケルは子供時代を振り返ってこう語る。「父を尊敬し、同じような人生を送りたいと願っていましたが、子供の頃の私はひどく内向的でした。内気で控えめ。他の人と一緒にいると落ち着かないのです。一〇代の頃には、自分が父のようなトレーナーや管理職になるなど想像もできませんでした。しかし、一五歳でデール・カーネギー・コースを受講すると、何もかもが変わりました。勇気と自信を与えてくれる新しい道具が、突然手に入ったのです。人生の新しい段階がはじまったようなものでした」。大学を卒業して一年後、マイケルはデール・カーネギー・トレーニングに入社し、配送部門の事務職、ソフトウェア開発者、講座開発者として実績を重ね、ついには全米各地でのセールスと管理業務を担当するようになった。「デール・カーネギー・コースが私の人生を変えたように、顧客が能力を高めたり技能を習得したりして人生をよりよい方向に向ける。そのお手伝いをするのが大好きでした」とマイケルは言う。最終的にマイケルは副社長と最高学習責任者を兼任するようになった。現在ではキリスト教会と地域での社会貢献活動に積極的に取り組むとともに、デール・カーネギー・トレーニングなど複数の会社の取締役を務めている。マイケルは、父親や夫としての役割を最優先にしているが、他の人が自分の可能性に気づくよう応援することも大切にし、やりがいを感じている。

デール・カーネギーという人物

デール・カーネギーは、アメリカ・ミズーリ州の田舎の農家に生まれた。両親は苦労して農業を営んでいたが、洪水で作物が全滅、疫病で家畜が死亡、多額の借金で農地を手放さざるを得なくなるというように、毎年毎年災厄に見舞われた。このような厳しい状況下でも、一家は家族愛に包まれた親密な家族関係を築いた。やがて一家は、教員養成校である州立学芸大学に通いやすい地域へ転居する。両親は、デールとその兄クリフトンに、将来、少しでも楽な生活をさせてやりたかったのだ。デールは、大学で弁論術を学ぶグループに参加し、自分は人前で話すのが好きなのだと自覚するようになる。学業に熱心に取り組んだデールは、大学で注目されるようになり、卒業後はセールスで身を立てようとした。しかし、最初に手がけた通信講座のセールスはうまくいかなかった。そこで肉製品に転じ、担当地域でトップの成績を叩き出した。管理職になるよう誘われたものの、俳優になるという夢を追いかけるためニューヨーク市に移り住む。だが、俳優としては成功せず、職業を転々とした後、天職である「人を教えること」にたどり着いたのである。

夜間講座の講師になったデールは、受講者とともに授業を進めるうち、恐れ、疑い、心配がいかに人々の足かせになっているかに気づく。そして、人前で話すことが、足かせを壊して可能性を引き出す鍵だと考えるようになった。一九一二年にデール・カーネギー・コースを創設するが、当初は、人前で話す際の恐れを取り除くための講座だった。しかしすぐに、話すことが対人関係の技能を育てるのに有用だと気づく。対人関係の技能こそ、成功のための重要な要素だった。

デールは受講生の一人だった出版社サイモン&シュスターのレオン・シムキンにすすめられ、『人を動かす』を執筆した。『人を動かす』はたちまち世界的ベストセラーになり、デールは大変驚くと同時に嬉しさを噛みしめていた。実際に同書の売り上げはすさまじく、推定で六〇〇〇万部と、二〇世紀のノンフィクション分野ではトップクラスの販売数を誇っている。デールはさらに『道は開ける』を執筆し、こちらもベストセラーになった。両書に加え、講座が成功したことで、デール・カーネギー・トレーニングの世界展開が可能になった。デールの教えは大変な人気を博し、一一〇年以上が経過した現在では、全世界で何百万人もの人々が講座を受講し、より豊かで充実した生活を実現するため、受講内容を役立てている。

本書の目的

マイケルと私は、デール・カーネギーの教えから多くのことを学んできた。そのため、デールに大きな恩義を感じている。同時に、デールの教えを実践すれば、誰もが成長し、人間関係を強固にし、望むような人生を築いていけると信じている。マイケルも私も、皆がデールの教えに触れられるよう手助けしたくて仕方ないのだ。デールが示す原則を用いれば、生活、家族、仕事、コミュニティをよりよいものにできるだろう。

デールの著書や、デール・カーネギー・トレーニングの刊行物を読んだことがなく、講座に参加したこともなければ、デールの教えはビジネスにしか適用できないというイメージを抱くかもしれない。費用は会社持ちで、業務の一環として受講する人も多い。だが、そのような受講者もすぐに、教わった原則は仕事以外のあらゆる場面に適用できると気づくのである。

また、デールのことをよく知らない若者が多いのも事実である。デールの教えは時代を超えて有用だが、著書で取り上げている一九〇〇年代初頭の事例は、現代の若者には共感しにくいだろう。デールの原則は一〇〇年前と同様に、現代の社会にも適用できるが、社会のほうは大きく変わっている。現代の若者はスマートフォンなどを介して通信ネットワークと密接につながっているが、人同士の直接的なつながりは希薄になりがちという、一筋縄ではいかない世界に生きている。どのような生き方が望ましいかという点についても、これまでの常識の一部は忘れ去られ、あるいは否定されている。現代は、以前にも増してデールの原則が求められている時代だと言える。

マイケルと私は、これらの状況を念頭に、若者がデールの教えに触れやすくするために本書を執筆した。私たち二人は、デールの原則を取り入れることで、生活に前向きで力強い影響を受けてきたのだ。あなたにも同様の変化が起きるよう願っている。本書を執筆するため、興味深い経験をした人々を世界中から選びインタビューした。人数は数百人に及ぶ。内容を紹介するのが楽しみだ。これに加え、マイケルが単独でインタビューも行なっている。若くして大きな成果を出した三〇歳未満の人たちを対象に、一〇〇人近くから話を聴いた。インタビュー対象者の年齢層、背景、経験がバリエーション豊かになるよう配慮したつもりだ。語られる物語は、あなたに、人生と将来を自ら動かしていくよう促すだろう。

本書は以下の三パート（ＰＡＲＴ）で構成されている。それぞれのパートを円だと考えれば、三つの円が同心円構造をつくっている。最も内側の円がＰＡＲＴ１、最も外側がＰＡＲＴ３である。

●第一部（PART1）――自分の考え方を選び感情を動かす。内面的な強さを鍛える方法に焦点を合わせる。自分の考え方や感情を理解することで、強く楽観的な心のあり方（マインドセット）を育む習慣を身につけるのである。取り上げているのは、ストレスに対処する方法、勇気と自信を育む方法、変化に対応する方法、そして後悔を乗り越える方法である。

●第二部（PART2）――自分の人間関係を動かす。日々接している人たちとの人間関係を見直してみる。どうすれば信頼関係を築き修復できるか、気難しい人にどう接すればよいか、強いつながりを維持するにはどうすればよいか、他の人の視点に立つと物事はどう見えるかについて考える。

●第三部（PART3）――自分の将来を動かす。自分の価値をどう測るか、目的をどのように追求するか、人生の理想像をどのように描くかについて考える。また、心に刺激を与えてくれる若き優れたリーダーを世界中から選び、その経験談に耳を傾ける。リーダーたちがどのように夢を追い求め、その過程でどのような変化を起こし続けているかを知る。

本書は、自分の考え方、感情、人間関係、将来を動かしていくための案内書である。もし、本書を読んで「これは興味深い」とか「気に入った」という感想を抱いただけで何もしなければ、マイケルと私は失敗したことになる。本書の目的は「学ぶ」だけでなく、自分を「動かす」ことであり、読者が何かを実行するよう促している。単に知的探求をするという態度では、本書で取り上げているアイデアを実践できないだろう。まずアイデアを理解し、行動を起こし、試行し、そして誤りから学ぶ姿勢を持たなければならない。最終目標は強力な戦略を我がものとし、強い意志を持って人生を歩んでいくことである。

デールの原則の一つ一つを道具として考えてみる。たとえばカナヅチで釘を打ち、ノコギリで板を切り、ドライバーでネジを締めるというように、目的に応じて道具を使い分けている。デールの原則も目的に応じて使い分け、ときには複数の原則を組み合わせて活用できる。原則を使えば使うほど、その原則がどのように機能するか理解でき、より上手に使いこなせるようになる。

知っているだけでは力にならず、知識は現実に適用されてこそ力になるとデールは指摘した。何をすべきか知っていても実行しなければ、知識から恩恵を得られない。たいていの場合、充実感を得たいなら快適な環境の外に出る必要がある。安全な環境の中に閉じこもっていては、充実感は得られないものだ。

死の床についている人に、今までの人生でやり直したいことはないか尋ねると、「もっとリスクをとればよかった」とか「自分がやりたいことをすればよかった。ただ流される人生だった」という答えが返ってくることが多い。本書を最大限に活用したいなら、何度も読み返し、書かれていることを繰り返し現実に適用していくことだ。本書で取り上げている戦略を実行するには、何をしているのか意識し続ける必要がある。正しい考え方から離れず、自分の感情と向き合い、恐れの気持ちを減らしながら回復力（レジリエンス）を高め、強く有意義な人間関係を築き、情熱を追求する勇気を持つのだ。そうすれば、自分の将来と人生を、自分自身で動かしやすくなるだろう。

デールと同じようにマイケルと私も、「それぞれの人が本来持っている素晴らしさ」があると信じている。誰であっても、何を生業にしていても、知的能力や社会的階層などさまざまな要因に関係なく、一人一人が素晴らしいものを内に秘めている。そしてこの素晴らしい何かを磨き上げようと決めたら、どのような成果が出るか計り知れないのである。だが、より重要なのは、他の人の人生に変化をもたらすことだろう。際限のない変化をもたらす可能性すらある。人それぞれが持つ素晴らしさは、氷山にたとえることができる。氷山のうち見えているのは一割程度にすぎず、大部分は水面下に隠されている。人が持つ素晴らしさも氷山と同じだ。自分を信じるようになり、他者の尊厳を守り、敬意を持って接し、人生で到達したい理想像を描けるようになったとき、表からは見えない部分が大きく育っているのである。自分を動かすということは、人生を精一杯生きるため、自身が持つ素晴らしさに目を留めて育てることである。本書によって、人生を精一杯生きられるようになることを願っている。

著者

PART 1

自分の考え方を選び感情を動かす

自分の人生を動かす第一歩で、潜在的な障害物と向き合うことになる。もし、姿を現わしてしまうと、巨大な障害物としてあなたの前に立ち塞がるだろう。その障害物とは、自分自身だ。自分自身が問題になっている場合が非常に多い。自身の能力を疑う。つい不必要な心配をする。不安でリスクをとれない。運命を切り開く存在ではなく、運命の犠牲者として自分を見てしまう。このような考え方や感情は、いずれも自分の心の中で生まれ、心の中に巣くっている。だが、同時に心は、状況を変える力も持っているのだ。それでは、どうすれば自分を力づけるような「心のあり方（マインドセット）」を身につけられるだろうか。そして、どうすれば、自分を弱らせるのではなく、自分に役立つように感情をコントロールできるだろうか。

第一部（PART1）では、私たちの考え方と感情について考察し、それらを効率的にコントロールする方法を考える。「言うは易く行なうは難《かた》し」で、取り組みやすそうに思えるが、人生最大の課題になるかもしれない。適切な手法と道具がなければ、たちまち否定的な考え方や感情の間を漂流するはめになるだろう。

現代科学は人間の思考パターンや情動行動の解明に貢献してきたが、何もかもが判明したわけではない。思考と感情のどちらが先に存在し、両者がどのように影響しあっているかという点について、進化論の研究者、著名な心理学者、哲学者たちはそれぞれ異なる見解を持っている。また正直なところ、友人との論争で思考も感情も熱くなっているときには、「どの理論を信じているか」ということよりも、その場の論争に勝つことが最優先になっているのではないだろうか。だが、本当に大切なことは、自分の考え方や感情と向き合い、望ましい人生に向けて自分を動かす決断を下すことなのである。
第一部（ＰＡＲＴ１）では、まず私たちの考え方に焦点を合わせる。考え方は私たちにどのような影響を与えているだろうか。また、私たちはどうすれば正しい考え方を選べるのだろうか。次に、しっかりとした心のあり方を身につける手順に触れてから、感情へと焦点を移す。感情を処理する方法を学び、自分の感情に惑わされないようにするためだ。これらを説明した冒頭の三つの章が、第一部（ＰＡＲＴ１）の中核をなしている。第一部（ＰＡＲＴ１）で習得すべきものを一つだけ選ぶとしたら、共著者のマイケルと私は、「自分の頭と心で何が起きているかを理解し、それらに向き合うこと」を推奨する。

次に、自信をつける方法を見ていく。どれほどの自信があるかによって、自己評価が大きく左右され、さらに、世の中との関わり方にまで影響が及ぶ。続いて、変化にどう向き合うかを説明する。人生において唯一不変なことは、物事は変わり続けるということなのだが、変化を受け入れるのに苦労している人が多い。そして最後に、後悔を乗り越え、ストレスに対処し、回復力と勇気を養う方法を紹介する。

私たちの精神生活、つまり考え方、感情、心のあり方、反応のかなりの部分は、コントロール可能である。いくつもの考え方から一つを選べるし、気分を変えることもできる。感情と向き合うこともできれば、自分を支えてくれる心のあり方も身につけられる。心の強さや自信を育めるし、予想外の望ましくない事態にも、知恵と品格を持って対処できる。自分の精神生活は、自分で動かしていくものなのだ。

1 正しい考え方を選ぶ

さて、私たちが取り組むべき唯一最大の問題は、正しい考え方を選ぶことにあると、私は自信を持って断言する。もしこれができたら、私たちの問題にはことごとく解決の道が開けていくであろう。

デール・カーネギー

二〇二〇年三月、新型コロナウイルス感染症（COVID-19）が世界中に蔓延《まんえん》し、膨大な発症者、死者を出しロックダウンを引き起こした。私はデール・カーネギー・トレーニングのＣＥＯに就任して五年目だったが、世界各地の事業所が一つまた一つと閉鎖されていくのを、なすすべもなく見つめているしかなかった。毎晩、午前三時頃に目が覚めてしまい、再び眠りにつけずに朝まで過ごした。悲観的な考えと心配で心がすり減っていく。一〇七年の歴史を持つ企業を、私の代でつぶしてしまうのではないかと恐れていた。世界中で数千人の社員が受けているストレスを、我がことのように感じていたし、数百マイル離れた場所で一人暮らしをしている八六歳の老母も心配だった。友人、家族、その他大勢の人々が亡くなるかもしれないと考えるのが恐ろしかった。一日の睡眠時間が四時間を切っていたこの時期は、それまでの人生で最悪の日々だった。

そんなある日、いつものように夜中に目覚めた私は、『道は開ける』を手に取り、何か気づきが得られるのではないかとページをめくりはじめた。ストレスが多い状況下で、『道は開ける』が役立ったことが何度もあった。なぜ、もっと早くこの本を手にしなかったのか不思議だった。『道は開ける』に目を通していくうち、本章の冒頭で引用した言葉が目にとまる。その瞬間、著者デール・カーネギーが私の寝室に立ち、話しかけてきているようにさえ感じた。この言葉こそ、私が聞きたかったものだった。

自分の考え方に何週間も苦しめられてきたが、ようやく立ち止まり、考え方を見直せるようになったのである。すると自分の考え方がいかに悲観的で見苦しいものだったか、はっきりわかってきた。なぜ、起こりもしないことに気をとられていたのだろう。なぜ、最悪の結果のみを想定していたのだろう。なぜ、悲観的な考え方の中にどっぷり浸かっていたのだろう。これらが不適切だということはわかっていた。しかし恐怖心にとらわれて身動きできず、睡眠や健康、さらには人生を台なしにしていたのである。

自分の考え方と感情がからみ合い、互いに強い影響を与えていたのだと自覚できた。起きるかもしれない恐ろしい出来事を考えつくと、心配で気分が落ち込み、さらに悲観的なことを考えるという悪循環がはじまるのである。デールが述べたストレスや心配に対処する原則を熟知し、効果があると確信していたにもかかわらず、危機の中ですっかり忘れていた。恐ろしい結果をあれこれ考え続けた私は、自分の考え方と感情を野放しにしていたのである。

私は自分に問いかけてみた。「ジョー、ちょっと考えてみよう。君が抱えている問題を引き起こしているのは、コロナウイルスじゃない。君の考え方だ。正しい考え方を選べば、問題は解決するぞ」。そして、「パンデミックのような、自分がコントロールできないことにこだわるのをやめ、自分が対処できることに集中したらどうなるだろう」と思いついた。すると、劇的な考え方の転換が起きたのである。「どのような行動にも逆方向の反作用が生じる。大きな危機が起きたときは、同じように大きな機会もやって来ているに違いない。現在の状況を確認しよう」と。

当社、つまりデール・カーネギー・トレーニングは、パンデミック発生以前にグローバル・トレーニング・プログラムのほぼ完全なオンライン化に着手していた。だが、数千人の社員が八〇を超える国々で二〇〇もの事業を展開している状態では、オンライン化は容易なことではなかった。しかし、パンデミックをきっかけにオンライン化を加速したらどうなるだろう。オンライン化を成功させるため、現在の二倍、三倍の努力をするにはどうすればよいだろう。世界中の顧客はもちろん、事業所の社員たちも不安に苛《さいな》まれている。これらの人々への支援を強化するにはどうすればよいだろう。支援の仕組みは、どのように構築すればよいのだろう。落ち込んでいた私の気分は高揚してきた。私は自分を動かし、会社を動かし、アイデアや計画を実現させ、会社が危機を乗り越えて発展するよう導くのだ。その昔、賢明な友人からもらった助言を思い出した。駆け出しのビジネスパーソンだった頃、転職先の業界が不景気の悪影響を受けるのではないかと心配していた私に、友人が言葉をかけてくれた。「ジョー、覚えておきなよ。荒れた海は有能な船乗りを育てるけど、凪《な》いだ海ではそうはいかない。厳しい時期を乗り越えて、人は成長し育っていくんだ」。私は現在の状況について考えてみた。「今は特に厳しい時期だ。だからこそ、うまく対応すれば、今より有能でタフなリーダーになれる。このような危機の中、一〇七年の歴史を持つ企業を率いる経験はめったにできるものではない。自分は会社を創立したデールの立場に立っている。デールをはじめ、会社に関係するすべての人々のため、弱気にならず自信を持って会社を率いる義務がある。デールだったら何をするだろう」。それからの数か月間、全社一丸となり勇気を持って、事業の全面オンライン化に邁《まい》進《しん》した。私は社員たちの姿を、畏敬と感謝の念を抱きながら見守っていた。

さらに私は、家族と友人のために何ができるかを考えた。まず、ビデオ通話アプリのフェイスタイムで毎晩母に連絡をとり、無事を確認した。母は通話を喜んでくれたが、ちょっと小言を言いすぎたかもしれない。それから世界中の友人や同僚に連絡して様子を確認し、話を聴き、私がいかに彼らを大切に思っているかを伝えた。妻や子供たちとの会話には、さらに時間をかけるようにした。同じ家に閉じ込められている日々が続いたので難しくはなかったが、それでも一緒に過ごす時間を意識して増やした。また、コロナウイルスに感染した場合に備え、免疫力を高める努力もした。運動量を増やし、精製された砂糖は摂取せず、ビタミンを摂取して食事の質を上げたのである。

考え方の劇的な転換が起きたこの夜は、人生の重大な転機になった。この出来事には一生感謝するだろう。デールの言葉は、考え方が持つ重要性を再認識させてくれた。私は考え方にもっと注意を払い、積極的に選択しなければならなかったのだ。私を暗闇と絶望に引き込み、受け身の気持ちにさせた破滅的な考え方ではなく、私を応援し実際の行動に導いてくれる考え方を選ぶ必要があった。正しい考え方を選べば「問題にはことごとく解決の道が開けていく」ことを、身をもって気づかされたのである。もし正しい考え方を選べなかったら、精神的にも感情的にも悲惨な状況に置かれたままだっただろう。人間関係、職歴、目標、健康、成果など人生のすべては、どのような考え方を選ぶかに左右される。あなたも正しい考え方を選びさえすれば、どのような状況でも、安らぎや自信、内面的な強さを持てるだろう。このことを伝えるのが、本章の目的である。それでは、正しい考え方を選ぶ方法について説明していくことにする。

考え方に注意を払う

あなたはどれくらいの間隔で、自分の考え方を見直しているだろうか。ここで見直すというのは、軽く振り返る程度ではなく、心の中にある考え方と真剣に向き合うことだ。大半の人は物事から物事へ、会話から会話へ、クラスからクラスへ、会議から会議へというように、出来事に順番に反応しているだけである。電子メールを読んで気分を害した。ソーシャルメディアの投稿を読んでいらついた。ネットで面白いものを見つけて笑った。不当に扱われたので反撃の準備を整えた。これらの事件の何回に一回ぐらい、「ちょっと待て。出来事に正しい考え方で臨んでいるだろうか。自分は出来事をどう見ているのか」と自問自答しているだろうか。

私たちの心は、たいてい自動操縦されている。何かをしようと思いついたとき、頭では「そんなことは、しないほうがいい」と考え、その考えは正しいと認識している。それなのに、思いついたことを批判的に検討することなく、あっさりと実行してしまうのである。少し立ち止まってみようとさえしない。また、あの人はこういう人だと思い込んだら、なかなか判断を変えようとしない。脅《おびや》かされている、嫌われている、こういう人間だと思われていると主張するが、その根拠が自分の考えでしかないということもある。わずかな時間でも立ち止まれば、物事を誤った見方で見ているか検討できるのだが、そのようなことは一切しない。

先日、長年の友人のエマが我が家を訪ねてきて、最近彼女の部署に加わった同僚ジュリーとの葛藤を話してくれた。エマによれば、ジュリーが見下すような態度で接してくるのだという。私は「何があったんだい。なぜそう思うの？」と尋ねた。

「ソーシャルメディアでのキャンペーンに関わるコンテンツ制作は、全部私が担当しているの。投稿する画像や、会社として特に重要なメッセージがそうね。何年も担当しているから、もうかなりの腕前よ。それなのにジュリーと話していたら、こうすればもっとコンテンツの質を上げられるってケチをつけてきたの。何様のつもり？　仕事のやり方ぐらい知ってるわよ！」

「ジュリーは君の作品を批判したり、下手だと言ったりしたのかな」と尋ねると、

「そんなことはないわ。『この部分を黄色から水色に変えようとは思いませんでしたか？　あと、この画像をもう少し拡大するとか。それと、別のフォントは検討しましたか？』っていう感じの質問をしてきただけ」とエマが言う。

「ジュリーの態度は悪かったかな。それと口調や目の動きが批判的だったかな」

「いいえ」とエマは答えた。「全然そんなことはなかったわ。だけど私のデザインが気に入らないこ

と、自分ならもっと上手に制作できると思っていることは伝わってきたの」

「エマ」と私は呼びかけた。「ジュリーはソーシャルメディアへの投稿を少しでも改善して、君を手伝いたかっただけじゃないのかな。ジュリーについてはどう考えている？」

「そうね。ジュリーは、私がよくわからないまま仕事をしていると思っているようね」とエマが言った。

「なるほど、君の判断が正しいのかもしれない。でも、なぜジュリーがそう思っていると君は考えたのかな。私は、職場で改善提案をしたことが何度もある。別に、担当者のやり方をけなしたいわけではない。ジュリーの場合も、前向きな提案だったのかもしれないね。君の話を聞いている限り、ジュリーはお手伝いがしたいだけだと思うよ」

エマは私の顔を見ると「もういいわ」と言って素っ気なく席を立ち、私の妻ケイティと話しに行った。この会話をはじめたときと同じくらい動揺し、私に見当違いな意見を言われたと思い込んでいるようだった。エマはケイティにも同じことを話していたが、しばらくすると私のところに戻ってきた。「さっき言われたことを考えてみたのだけど、ジュリーを誤解していたかもしれないわ。悪い人には見えないし。実のところ、とても愛想がいいのよ。ジュリーの言い方が私をいらつかせたのかもしれないし、タイミングが悪かったのかもしれない。正直に言えばあの日は調子が悪くて、ジュリーと話しはじめたときも、いらいらしていたの。ジュリーに批判されたと思った途端、神経が張りつめて守りの姿勢に入っていたわ。ジュリーの真意を汲み取ってあげたほうがいいかもね」

私たちは人生の出来事に意味づけをするが、どのような意味を与えるかはそのときの考え方に左右される。そして与えられた意味は、良くも悪くも私たちの考え方、感じ方、行動、反応に影響を及ぼすのである。世の中には、状況にかかわらず、常にみじめな気持ちを抱いて苦しむ人がいる。人間関係がうまくいっているのに、大事な人が離れていくのではないかと取り越し苦労をする人がいる。職場で昇進を内示されたのに、責任が増えると文句を言う人もいる。対照的に、悲惨な状況下でも動じず、明るさを保っている人たちもいる。そのような人たちは、人生に何が起きようとも前向きな見通しを持ち続けるのである。なぜこうなるのだろうか。これら二つのタイプの人々には、どのような違いがあるのだろうか。実は、この違いは、もとをたどれば考え方の違いから生じているのである。

悲観的に考える傾向があると、何かを脅威と感じたり現在の状況に絶望感を抱いたりするかもしれない。しかし、楽観的に考えていれば、他の人が見つけていない機会に気づいたり、自分の将来に自信を持てたりするかもしれない。いずれにしろ、考えたことは、あらゆることに影響を与えてしまう。ローマの哲学者マルクス・アウレリウスは、「我々の人生とは、我々の思考がつくり上げるものにほかならない」と述べている。大半の人が抱えている問題は、自分の考え方を知らない上に、その考え方が自分の人生をつくり出していることに無自覚なことだ。私たちは、考え方というものがあることには気づいている。しかし、暗く、恐ろしく、不合理な心配のせいで、自分自身を枠にはめ込んでいることに気づいているだろうか。また、自分の考え方がどのように怒りやいら立ちを引き起こし、頭に血がのぼるよう仕向けているか知っているのだろうか。私たちは、自分の考え方の手綱を握っていなければならない。さもなければ考え方に主導権をとられ、逆にコントロールされてしまうだろう。これが現実である。では、どうやってこの現実に立ち向かえばいいのか。

最初にとりかかるのは、自分の考え方に注意を払うことだ。ただし、これが第一の関門になる。今度、強い思考パターンや感情にとらわれたら、まず内容をメモして、それから心や思考を観察してみる。次のような質問を自分に投げかけてみるとよい。

- 「何を考えていて、どのような状況でその考えに至ったのだろう」。心の声に耳を傾ける人もいれば、情景や印象をもとに考える人もいる。どのように考えがひらめくのかに着目する。
- 「その考えに対して、どのような感じを抱くか」
- 「自分の思い込みが原因で考えが浮かんできたのだろうか。事実を確認せず、問題の発言があったものとして考えたり、全体の流れを無視し、一つの切り抜かれた場面だけをもとに考えたりしてはいないか」
- 「自分の役に立つ考えだろうか。そうでないなら、どのような考え方に変えられるだろうか」

ラルフ・ワルド・エマーソンは、「明けても暮れても考えている事柄、それがその人自身なのだ」と述べたと言われている。実際、そのとおりだろう。何かの考えを取り入れるということは、食べ物を口にするのと同じだ。食べたものは自分で消化しなければならない。鑑賞した映画、読んだ本、スクロールして眺めたSNSの投稿、これらすべてがあなたの考え方に影響を与えるのである。

さらに、誰とどう過ごすかも、あなたの考え方に影響を与えている。どのような影響を受けているのか、注意を払うことが大切だ。短い期間だったが、私はお笑いの勉強をしていたことがある。自分の出番を待つ間、他の芸人の芸を眺めセリフを聞いていたが、その一部はひどく下品だった。私は影響を受けてしまい、下品な芸の記憶を頭から追い出すのに数日ぐらいはかかったと思う。たまには自分の生活をチェックし、一緒に過ごしている人との関係や自分の行動を振り返るとよい。それらが、自分の考え方に負の影響を与えているなら、見直す必要がある。

どのようなときに、自分のありのままの考え方と向き合えるかは人それぞれである。何かをひらめいて「なるほど」と思った瞬間かもしれないし、長い時間をかけて向き合うのかもしれない。いずれにしろ、自分の考え方が自分の人生をどのように形づくっているか理解するのに役立つはずだ。考え方と人生の関係がわかれば、異なった考え方をしてみたり、直面している問題に今までとは違う態度で臨んでみたりしやすくなる。正しい考え方を選ぶのが困難な場合もあり、人によっては人生最大の難題になるかもしれない。はじめのうちは難しくても、正しい考え方を選ぶことが習慣化すれば、人生を自分で動かす基盤を手に入れられる。悲観的な考え方を避けて自分に役立つ考え方を選び続ければ、健全な心のあり方に近づいていける。健全な心のあり方は、成功への道しるべである。

悲観的な考え方に固執する理由

残念なことに、人間は悲観的に考える生き物である。初期の人類にとって唯一最大の目標は、生き残ることだった。常に警戒していれば、飢えた肉食獣から逃げ切れた。また、食料をめぐる争いが日常的に起きていたため、自分の部族以外は信用できなかった。脅威に注意を払い続ければ長く生きることができ、自分の遺伝子を子孫に受け継がせやすくなる。言い方を変えれば、悲観的に考える傾向は、人間の脳が持つ安全確保の手段なのである。これをネガティビティ・バイアスと呼ぶ。

つまり人間は、前向きな明るい出来事よりも、悲しい出来事やトラウマになった出来事をより強く記憶する傾向を持つのである。侮辱されたことはよく覚えていても、ほめられたことはなかなか記憶に残らない。また、どのような状況でも、最悪のケースをつい想定してしまう。上司からちょっと話したいことがあると言われれば、「さて、自分は何か失敗したかな」とまず考えるのではないだろうか。先日、何年も音信不通だった友人に思いつきで電話をかけてみた。すると相手の第一声が「お前、大丈夫なのか?」だった。悪い知らせの電話だと思ったらしい。何事も悪いほうに考えてしまう傾向は、意思決定にも悪影響を及ぼしている。

悪いほうに考えるとき、たいていは自滅的な理由を並べ立ててから、「できない」とか「すべきでない」という結論を導き出す。自分に制約を課してしまう考え方の例を挙げるので、当てはまるものがないかチェックしてほしい。

- 「何事も完璧でないと失敗だ」。これは極端な考え方の一例である。成功か失敗か、勝つか負けるかというように、あらゆることに白黒をつけてしまい、灰色に当たる部分の存在を認めない。
- 「あの人は誘えない。笑われ、断られるに決まっている」。将来、相手との関係がよくなる可能性を無視し、現在感じている恐れだけで行動を決めている。このように、目の前のことを過大評価してしまう心理的傾向を「現在バイアス」と呼ぶ。あらゆるところに災難の種《たね》が転がっていると考える人が、現在バイアスをあわせ持つと、嫌なことが一つ起きただけで大げさに心配し、一週間を台なしにしてしまうかもしれない。

●「プレゼンテーションに失敗したから首《くび》になってしまう」。負の面を強調し、達成できたことよりもミスを犯したことに着目すると、現実の状況を誇張して認識してしまう。他にも、いつもAをとる試験がB＋《プラス》だったので自分を不必要に責める、大切な人に言ったことに間違いがあったので自分が許せない、などが該当する。

●「もっとやるべきだったのにやらなかった」。「べき」という点を強調しすぎ、自分と理想像を比較してしまう。そのため、理想とする目標には決して到達できない。正当な理由があって予定どおりに実行できなかった場合や、そもそも目標が非現実的だった場合でも、失敗した自分を責めてしまう。

●「私は愚かだ。全部自分のせいだ」。非合理的な思考プロセスに自分を押し込み、みじめな気持ちになる。客観的には正しくない悲観的な考えであっても、いらいらしていたり、感情が擦り切れていたりすると信じてしまう。

●「私のせいじゃない。私こそ被害者」。これまでの例は、自分の考え方を枠にはめ、すべてを自分のせいにしていたが、こちらは自分の非を一切認めない例である。問題が起きると、常に他の誰かに責任転嫁する。本当に他の人に責任があったとしても、このような考え方は自分の力を削いで無力感をもたらすことがあり、望ましいとは言えない。

悲しい出来事やトラウマになるような出来事とは、向き合わないほうがよいと言いたいわけではない。ひどい事態というものは、どうしても起きるものだ。そのような問題を見ないふりをしようとは、誰も言っていない。ここで言いたいのは、最悪の状況下であっても何を考えるか決められるということと、考えて下した決断が、自分たちの行動を左右するということなのだ。考えた上で何もしないという決断をしてもいい。しかし何も決断せず、その状況に安住してしまうと、前に進めなくなるかもしれない。そして前に進まなければ、人生で出会うはずの数々の素晴らしい出来事を逃してしまうかもしれない。

ここで、考え方を選ぶ力が必要になる。特定の考え方が頭に強く刻み込まれているかもしれないが、だからといって自分の考え方をコントロールできないわけではない。自分の考え方に注意を払う練習をすれば、どの考え方が自分にどのような影響を与えるか把握し、状況に応じて役立つ考え方を見極められるようになる。自分を勇気づけてくれる考え方を、選べるようになる。

少し前に、大手の非営利団体（ＮＰＯ）がマイケルに基調講演を依頼してきた。マイケルは快諾したが、講演の予定日が近づくにつれて後悔の念に駆られはじめた。「なぜ引き受けてしまったのだろう。うまくいくわけがない。このようなＮＰＯで、こんな話題の講演はしたことがないぞ。そもそも、なぜ自分に頼んできたのかな。もっと適任のゲストを呼べるはずなのに」。だが、マイケルは自分の思考パターンを自覚すると、すぐに立ち止まって思い直した。「ちょっと待て。今まで何百回と講演をこなしてきたけれど、たいていは上出来だった。今回のＮＰＯが話を持ってきたのには理由があるはずだ。人選が正しかったと証明するにはどうすればいいかな」。マイケルはＮＰＯについて下調べし、いつもの倍の準備をした。さて講演当日、司会者に紹介されたマイケルは聴衆を見回して微笑み、真摯に心を込めて話しはじめた。しばらく講演が進んだところで、内なる声がこう言った。「この調子、この調子。これなら講演の回数をもっと増やしてもいいね」。途端に身体に新たなエネルギーが満ちあふれ、聴衆との一体感が感じられた。マイケルが、自分が積極的に講演を引き受けたがっていることを自覚した瞬間だった。ＮＰＯの人たちは、今まで聴いた中でもトップクラスの素晴らしい講演だったと評価してくれた。このときのことを振り返ってマイケルは、後ろ向きな考え方から、自分を力づける考え方に切り換えなかったら、これほどの成功は収めなかっただろうと語っている。

正しい考え方を選ぶ

建設的な考え方を選ぶのは困難かもしれない。特に、絶望的な状況下ではそうだろう。しかし勇気をくじくような考えを打ち砕くには、考え方を自分で変えさえすればよいのだ。今すぐはじめられる。よりよい考え方を選ぶときは、次の三つの方法を使ってみるとよい。ただし、一度に使うのは一つの方法にとどめておくのがよいだろう。

- 悲観的な考え方は早期警報システムとして利用する
- 考え方を見直す
- 自己成就的予言（予言の自己成就）を利用する

悲観的な考え方は早期警報システムとして利用する

悲観的な考え方は、自動車のダッシュボードで点灯するガソリンランプによく似ており、ときには役立つことがある。ガソリンランプの点灯はうれしくないが、何も手を打たないと大問題（ガス欠）が起きると教えてくれるのだから、感謝すべきだろう。悲観的な考え方や感情も同じように利用できる。悲観的な考え方や感情がわき上がってきたら、立ち止まって自分に問いかけてみる。「この思いは、いったい何を伝えようとしているのだろうか。状況が悪化するのを防ぐため、何をすればいいのだろう」

産業機器会社であるピラー・テクノロジーのCEO兼共同創業者アレックス・シュワルツコフは、業績を向上させようと自分自身を追い込んでいた。会社は、建設業者が現場で使用するリスク管理システムを開発したが、これは非常に大きな仕事だった。週六〇時間以上働き、深夜の電子メールに返信し、開発チームとともに不具合の修正に没頭する数か月が続いた後、アレックスは心を病みはじめ、何かを変える必要があると感じた。

アレックスはまず、自分が何を考え、何を感じているかに気を配るようにしてみた。すると、頻繁に悲観的な思考ループに陥っていることが判明した。いつものパターンでは、まず自分の能力や価値について悲観的に考える（「これは苦手だ。お手上げだぞ」）。そして、自己評価が一層厳しくなるのだ（「自分は最悪の人間だ。何もまともにできない」）。アレックスの人生は客観的に見ればかなり恵まれていたのだが、社会的成功、金銭、友人関係など、何らかの面で自分より優れていそうな人を比較対象にしていた。

自分の思考ループを観察したアレックスは、思考ループがどのような影響を及ぼしているか自覚できた。「思考ループに陥ると、文字どおり自分で考えをつくり続けていく。そして自分がつくった物語や考えのせいで、心配になってしまう。こんな物語や考えが偽物《にせもの》だということはわかっている」とアレックスは言う。思考ループに陥った人の事例でよく見られるように、アレックスも、自分や他の人に関する、悲観的な考えを信じ込む癖が身についてしまった。実際には、それらの考えはアレックス自身がつくり上げた偽《いつわ》りの物語なのである。悲観的な考えを持ちすぎると、事態は本当に深刻になる。判断に悪影響を与えるだけでなく、気分にも影響を及ぼしはじめるのだ。悪い気分がますます悪い考えを生み出すという悪循環を断ち切るには、悲観的な物語や考えとともに生きるのをやめ、自分に力を与えてくれる足場を確保し、そこから行動を開始する必要がある。

アレックスの場合、自滅的な考え方が心を落ち込ませていた。自分には助けが必要だと気づくまでに二度の燃え尽き症候群を経験している。アレックスは「もうそんな思いはしたくないし、そのために何か手を打つ必要があった」と語っている。まず、心身をリセットするため静養した。職務復帰後は、根本的な原因になっている悲観的思考パターンに対処するため、一八か月をかけてさまざまな療法を試した。このような努力の結果、無益な思考パターンを認識するのに役立つ技法を、いくつか習得できたのである。

現在のアレックスは不安を感じはじめると、まるで早期警報装置のサイレンが鳴り、赤色灯が灯ったかのように対応している。ある朝、目を覚ましたアレックスは不安になり気分が落ち込んでいるのに気づいた。以前なら、その日の予定がすっかり変わってしまう事態だが、今では、不安なのは早期警報装置が働いたからだと考えるようにしている。そこで、社内の開発チームを呼び集めた。一人で心配事を抱えて思考ループに陥るのではなく、顧客に関わる懸案事項を皆と共有し助けを求めたのである。わずか数分でチームは解決策を導き出し、アレックスの不安を和らげた。アレックスは、ネガティビティ・バイアスを察知する経験を積めば積むほど、悲観的な思考パターンから抜け出せる自信がつくのを感じた。悲観的な考え方に留まっていれば負のスパイラルが生じるかもしれないが、楽観的な考え方をしていれば正のスパイラルが生まれ、気分が高揚して自信を持てるようになるだろう。

今度、あなたが悲観的な考え方をしていると気づいたら、それを警報だと考えるようにしてほしい。まず立ち止まり、「このような考えが生じたということは、何を警告しているのだろう」と自問する。それから、「今、何をしなければならないのだろう」と自分に問いかけるのだ。警報が鳴るような状況を改善するため、どのような対策が必要か決めるのである。

考え方を見直す

正しい考え方を選ぶ方法はもう一つある。現在持っている考え方を修正するのである。悲観的な考え方に着目し、「この考え方を少しでも役立つものにするには、どうすればいいだろう」と検討してみる。

高校時代のアーティス・スティーブンスは、アメリカンフットボールの花形選手だった。ジョージア大学アメフト部への入部を夢見て、何年もアメフトに打ち込んだ結果、スカウトから高い評価を受けるまでになった。しかし、不運なことに脚に大怪我をしてしまう。そして医師から、以前のようにはアメフトをプレイできないと宣告されたのだった。

「そう告げられたとき、長年の夢が煙の中に消え去っていくようでした」とアーティスは語った。

アーティスは抑うつ状態になったが、友人や家族をはじめ周囲の人々が説得した。長い目で見れば、アメフトで成果を出すよりも、学業で成果を出すほうが重要だというのだ。説得に当たった人々は、アーティスが思い描いていた理想像を打ち破り、アーティスが状況を新しい視点から見直すのに手を貸したことになる。アーティスは、当時のことを振り返って話してくれた。「転機となったのは、自分の考え方を変え、自分にとっての成功の定義を変えたときです。それまで、成功とは、アメフトの競技場で勝つことだと思い込んでいました。しかし成功とは、自分の目的に合致する成果を出すことだと考え直すと、これまでやってきたことは無意味ではないと気づきました。スポーツで成果を出すために培ってきたことには、学業に活かせるものが数多くありました。今までの努力は、次の段階に挑戦するための準備だったと考えるようにしたのです」。アーティスのこの考え方は、ジョージア大学にスポーツではなく学科試験で合格することで、正しかったことが証明された。「並大抵の努力ではジョージア大学に入れないということは、常に意識していました。夢をかなえられなかったわけではありません。違う道を通って夢をかなえたのです」

成功についての考え方を再定義することで、アーティスの前にまったく新しい可能性が広がった。アーティスは優秀な成績で卒業しただけでなく、社会に出るとたちまち成果を挙げた。現在では、青少年指導の非営利団体であるビック・ブラザーズ・ビック・シスターズ・オブ・アメリカの代表兼CEOを務め、この団体の運営においても、考え方を見直す方法を活用している。自分にとっての成功と失敗を再定義するのは、自分を動かして、本当に望んでいる人生を歩むために大切なことなのである。

誰でも人生の中で、考え方を見直さなければならない状況に何度かめぐり合うものだ。成功か失敗かという場面だけでなく、ある機会をどう判断するか、あるいは人間関係をどう考えるかについて再考を迫られることもあるだろう。ただし、「考え方を見直す」と簡単に言ってしまうが、実は、一生をかけて磨き上げねばならない技能なのだ。では、具体的にどうすればよいのか。一つのやり方を紹介する。

● まず自分が何を考えているのか明確にする。アーティスは、アメフトで成功するかどうかが社会的な成功を左右すると信じていた。自分が何を考えているか理解しなければ、考え方を見直すことはできない。

● 次に、その考え方を検討する。「別の考え方はないだろうか」と自問し、代わりとなる考え方がないかチェックするのである。アーティスの場合なら「自分の成功はアメフト次第だ」と考えていたので、「自分の成功はアメフトの成績では決まらない。なぜなら……」と考えてみる。そして「自分の人生は一つの競技に限定されるものではない。アメフト以外にもいろいろな才能がある。自分は賢いし、勤勉だし、粘り強い。友人や家族のためにできることもある」というように理由を並べてみる。

● そして三番目のステップとして、新しくつくった考え方に基づくことを一つ実行する。大きなことに取り組む必要はない。とにかく何かを実行すればよい。小さなことでも次の行動へとつながり、勢いを生み出してくれる。アーティスの場合なら、友人や家族に自分の才能について尋ねたり、ジョージア大学の学業面での入学要件をネットで調べたりしたかもしれない。また、新しい考え方を紙に書いて壁に貼っておくだけでも効果があっただろう。とにかく、自分を新しい生産的な方向に押し出してくれるものであれば、どのような行動でもよいのだ。

考え方を見直すのは筋肉を鍛えるようなもので、回数が増えれば増えるほどあなたは強くなる。自分に制約を加えるような信念や悲観的な考え方に気づいたら、ここで説明した方法を試してみるとよい。考え方を見直すと、さまざまなことが変化するのがわかるはずだ。

自己成就的予言を利用する

自己成就的予言（予言の自己成就とも）というものがある。人々が「こうなるだろう」と思って行動しているうちに、実際にそのとおりになってしまうことである。臨床試験などで偽薬《ぎやく》を服用していても、特効薬だと聞かされていれば効果が出るのも自己成就的予言である。実際に効果が生じるため、これまでいろいろな場面で利用されてきた。簡単に実行できる例としては、自分の信念を表現する言葉や文章を繰り返し唱え、その信念を強めていくという方法がある。ウェイトリフティングを続けることで筋肉がつくように、継続することで心の状態が整っていくのである。自己成就的予言は、望ましい考え方を強化したり、自分の後ろ向きな考え方に反論したりするのにも使える。マイケルと私は、誰もがこの技法を使えるようになるべきだと確信している。

ただし、忘れてはならない重要な点がいくつかある。第一に、唱える内容を自分が信じている必要がある。口に出していることが実現可能だと信じていなければ、自己成就的予言は力を発揮しない。第二に内容は、現時点で実現しているかのような表現で、書いたり唱えたりしなければならない。第三に、否定する言い方をしてはならない。たとえば「心配するのをやめよう」ではなく、「穏やかで安らかだ」と表現する。そして最後に、自己成就的予言を毎日、最大限利用する。健康のために定期的な運動をし、毎回の食事に気を配るのと同じように、自己成就的予言も毎日の習慣として取り込むようにする。

参考になりそうな自己成就的予言の例を挙げておく。

- 「私は強い。人生の目標を達成できる」
- 「日々、前進し向上している」
- 「私は実力がある」
- 「自分には、成功するのに必要なものがすべて備わっている」

文章ではなく一つの言葉を唱えてもよい。マイケルは熱意、行動、喜び、規律などの言葉から一つを選び、一年間のテーマにすることを続けてきた。また、愛する人のための言葉を選んでもよい。カミーユ・チャン・ギルモアの二人の息子は、自閉スペクトラム症と診断された。それぞれ四歳と五歳のときだった。診断を告げられたカミーユは強いショックを受け、クローゼットに入って膝をつき、「なぜ私なの」と考えて泣いてしまった。しばらく悲しんだ後、カミーユは自分が悲観的な考え方をしていることに気づき、診断されたのは自分ではなく、息子たちだったことを思い出した。もう仕事に行く時間だった。

我を取り戻したカミーユは、息子たちのために行動を起こす。息子たちができるだけ質のよい医療ケアを受けられるよう手配し、よい家庭教師も見つけてきた。しかし最も重要だったのは、息子たちとともに自己成就的予言を活用したことだった。毎日、カミーユが「あなたたち二人は……」と言うと、息子たちが「大物になる運命だ」と応じるのである。子供時代、息子たちはこの言葉を大声で唱え続けた。

さてカミーユの息子たちは現在二〇代で、二人とも大学に通っている。カミーユの励まし、家庭教師の支え、適切な発達支援により、息子たちは自信と自己肯定感を育み、成果を出すことができたのである。カミーユは悲観的な考え方に負けないよう懸命に働き、息子たちにも前向きに考えることを教えた。

あなたが、人々を元気づけたいという夢を持っているなら、「出会った人たちが最高の人生を送れるよう元気づけるのだ」と自分自身に言い聞かせるとよい。自己成就的予言では、できるだけ積極的な言葉を使うようにする。その言葉は、あなた自身の心に響くはずだ。

自己成就的予言の言葉を紙に書き出しているだろうか。もしそうでないなら、今すぐこの本を読むのをやめ、自己成就的予言の言葉を何か一つ決めて書き出してほしい。自信が満ちてくるような言葉だ。そして朝と夜に一回ずつと、他の時間に最低三回、つまり一日に最低五回、その言葉を唱えること。私はこの何年間か、できるだけ毎日実行するようにしている。自己成就的予言は自分を動かし、自信をつけ、回復力を高めるための鍵なのである。

本章のポイント

自分の考え方に注意を払い、その考え方にうまく対処する方法を学ぶのは、生涯にわたる取り組みだ。毎日、自分の考え方を見つめ、望ましい人生を歩むのに役立つ考え方を、積極的に選んでいかなければならない。そうすればデールが言うように、「私たちの問題にはことごとく解決の道が開けていくであろう」

原則

自分を力づける考え方を選ぶ。

実行するためのステップ

◉**自分の考え方に注意を払う。** 今すぐにでも時間をとり、自分の考え方を見つめてみる。どんな考え方をしているだろうか。自分にとって有害な考え方だろうか、それとも自分の役に立つ考え方だろうか。あなたはさまざまな状況下で、まず、最悪の部分に注目する傾向が強いだろうか、それとも最良の部分に注目する傾向が強いだろうか。あなたは、どのような思考パターンを持っているのだろうか。

◉**自分に制約を課す考え方に注意する。** 上のステップで説明したチェック項目を使い、自分が持つ悲観的な考え方が、どのようなタイプなのかを確認する。小さなことでも大げさにしてしまう考え方だろうか。負の面を強めてしまう考え方だろうか。その思考パターンに陥ったとき、どのように感じるだろうか。自分に役立つ考え方に変えたら、人生に何が起きるだろうか。

◉**正しい考え方を選ぶ練習をする。**この練習は毎日続ける必要があり、一度で問題解決につながるわけではない。毎日少しずつ力をつけていくとよい。練習すればするほど、力がついていく。

——**悲観的な考え方は早期警報システムとして利用する。**悲観的な考え方をしているのに気づいたら、あなたに何かを示唆しているのではないかと検討する。悩みごとがあるのかもしれない。

——**考え方を見直す。**別の見方で状況を眺めてみる。「どうすれば別の見方ができるだろうか」と自問する。

——**自己成就的予言を練習する。**気分を高揚させ、望むような考え方になるのを応援してくれる言葉を探す。

2 成功のために心の状態を整える

なりたい自分を目指していないと、いつの間にか、なりたくない自分に向けて進んでいる。

デール・カーネギー

私が健康に気を使い運動をはじめたのは、三〇代の頃、伝説的な野球選手ミッキー・マントルの言葉に衝撃を受けてからだ。「こんなに長く生きるのがわかっていたら、もっと自分を大事にしていたのに」。この言葉を知った瞬間、数十年後に不健康な状態に陥り、食事や運動に気を配ればよかったと後悔している自分の姿が頭をよぎった。運動は決して得意ではなかったが、それを言い訳にはできない。そこで、健康のためにジョギングをはじめたのである。だが、ジョギングを続けるのは、とてつもなく難しいことだった。

はじめのうちは、走るのが苦痛だった。数マイル進むのにも苦労し、何度も立ち止まっていた。脚は痛くなり、肺も苦しくなる。ひどい気分になった私は、極端な考え方をするようになった。「もうやめよう。こんなことは絶対に無理だ」と断言する心の声が、はっきり聞こえてくる。この一番難しい時期に、親切な友人エリック・エダーが応援してくれなければ、悲観的な心の声に耳を傾けていただろう。リタイアしないよう、気を配ってくれる友人が必要なときもある。

エリックの応援で私はジョギングを続けられた。六マイル、続いて八マイル、ついには一二マイル（約一九キロ）をはじめて完走できたときの興奮は、今でもはっきりと覚えている。不可能に思えたことを達成できたのである。するとエリックが、トロント・ウォーターフロントマラソンに参加しないかと誘ってきた。一二マイルという、当初は予想もしていなかった距離を完走していた私は、「あと一四マイルほど走ればいいのか」と考えてしまった（今にして思えば、賢明とは言えない判断だ）。

フルマラソンに挑戦するには、粘り強さはもちろん、悲観的な考えや不快感を無視できる心の強さが必要だとわかっていた。そして長期的な計画を立て、毎日のルーティン（日課）を決める必要がある。雇ったコーチからは、マラソンのための練習はジョギングとは異なるのだと教えられた。コンディションの整え方を、具体的に計画しなければならない。一二週間の計画的な練習を実施し、適切な栄養、休息、水分補給に配慮する。そして練習は週六日行ない、トラックでの高負荷の短距離離走、速めのスピードを保つテンポ走、週一回の長距離走、週三回の軽めのペース走が含まれていた。コーチから、このような言葉をもらった。「あなたを、からかっているわけではありません。毎月、毎週、毎日、そして時間ごとの一貫した練習が必要ですが、この計画を守っていれば問題ないですよ」。そして、私はやり遂げた。コーチの計画に忠実に従い、初マラソンを三時間半弱で完走できたのである。最後はなんとか歩いてゴールしたが、格好悪いなどとはまったく思わなかった。実に爽快だった。

マラソンに参加するには、長期間の一貫した練習が必要である。同じように、成功するためには心の状態を整える必要がある。そのための計画を立て、計画を守り続けるのである。考え方の見直しや自己成就的予言を、一、二回しか実行できなかったとしても、無意味ということはない。しかし本来の目標は、考え方の見直しや自己成就的予言を習慣化し、意識しなくても行なえるようになることだ。つまり、どこにいても何が起きても、無意識のうちに自信、勇気、回復力を持って、立ち向かえるようになることである。本章の後半で説明するが、自分に役立つ「心のあり方」を育むことが目標だとも言える。有力な方法の一つは、毎日、最善を尽くせるようになるためのルーティンを組み立ててしまうことだ。

成功のために心の状態を整えるルーティン

ここでのルーティンとは、健全な心のあり方を育むのに役立ち、成長を目的とした、一連の決まった行動を指している。ルーティンは生活の中に「あるのが望ましい」ものではなく「なくてはならない」ものである。一日の流れのうち可能な部分をパターン化してしまえば、決断を下す回数を減らせる。その結果、ストレスが減り、集中力が高まり、全体的な平穏と安定感が得られる。人間は何百年もの間、ルーティンを生活の中に取り込んできた。ベンジャミン・フランクリン、マヤ・アンジェロウ、T・S・エリオット、モーツァルト、ジェイン・オースティン、パブロ・ピカソといった面々も、それぞれにルーティンを持っていた。ベンジャミン・フランクリンは午前四時から五時に起床し、入浴と朝食を済ませていた。そして「今日はどのようなよいことをしようか」と自問し、午前八時までには仕事を開始する。正午に休憩に入り、二時間かけて昼食をとりながら読書をした。その後、午後六時まで仕事をこなし、それから休息してリラックスした。冷たい空気で「空気浴」を楽しむこともできた。裸になり、開いた窓の近くに座っているのである。午後九時から一〇時には就寝の準備にとりかかり、「今日はどのようなよいことをしただろう」と、朝と同様の質問を自分に投げかけてから眠りについた。

もっと新しい時代に目を向けてみる。世界的なベストセラー作家の村上春樹は、午前四時に起床して五、六時間を執筆にあてている。その後はジョギングか水泳（ときには両方）で汗を流したり、読書や音楽鑑賞を楽しんだりしている。就寝は午後九時である。村上は言う。「毎日決まってこのルーティンを続けています。繰り返すこと自体が重要になってくるんです。一種の催眠状態というか、自分に催眠術をかけて、より深い精神状態にもっていく」。世代や地域によってルーティンの内容は異なるが、ルーティンをつくる最大の目的は同じだ。成功に向けて心、身体、精神を整えるのである。

ルーティンによって不安やストレスに対処しやすくなれば、心の健康を高めることにつながる。こうした効果が生じる理由の一つは、自分で管理可能な対象に焦点を合わせていることである。またルーティンは、日ごとや週ごとの生活の一部をパターン化することで、予測可能性を高めている。この効果は、ストレスを強く感じる時期に特に顕著である。さらに、ルーティンをこなすことで達成感を得られるというメリットもある。スポーツ心理学者は、試合前に決まったルーティン（験担《げんかつ》ぎの儀式）をすることで、成果を出しやすくなり不安感が減少すると指摘している。

心の状態を整えるルーティンをつくる手間を惜しむと、一日の流れや自分の考え方が、その場その場の出来事や状況に左右されてしまう。家の骨組みと同じように、一日の流れの骨格をつくるのがルーティンである。

ルーティンがない生活

今のマイケルに会った人は、これまで出会った中で一番優しい人物だと思うだろう。しかしマイケルによると、二〇代の頃は自分の価値を証明しようと常に四苦八苦し、追い詰められれば短気になることもあったという。やや働きすぎるほど働いていたためか、休息の価値（第七章「ストレスに対処する」を参照）を理解できていなかった。功名心に駆り立てられていたが、ある一点を除いて問題は生じなかった。休息を無視した結果、生活は次第にバランスを欠いていったのである。

マイケルによい影響を与えるような友人はおらず、マイケル自身、決まったルーティンを持っていなかった。ビジネスの約束に追われながら、ストレスの多い長時間労働を、ただひたすらこなしていたのである。自分の感情を省みたり向き合ったりする時間などなく、当然のことながら、どのような人生を歩みたいか考える時間もなかった。マイケルは言う。「ルーティンがなかったため、自分の心のあり方を見直す余裕がありませんでした。その日の準備をする時間も、その日を振り返る時間もなかったのです」。このような状態のマイケルは、壁にぶつかるか、感情的に反応してしまうことがよくあった。

デール・カーネギー・トレーニングで働くようになったマイケルが、ある地域のチームを率いていた頃、部下の中に「フレッド」という世界でもトップクラスの営業担当者がいた。フレッドは、個人向け営業で社内第二位の成果を出していた。その成績を見たマイケルは、自分にとって必要な人物だと判断したが、フレッドはそうした評価に気づいていた。やがてフレッドは、マイケルに対して大きな顔をするようになり、ついには、カリブ海への旅行の出発日に二週間の休暇を申請する始末だった。マイケルは言う。「フレッドがチームの八割の売り上げを出しておらず、私が神経質で自分に自信が持てない二五歳の青二才でなかったら、フレッドを首《くび》にしていたでしょう」。このときのマイケルは、自分の価値を証明することに気をとられ、自信がなく、日々の出来事にできる限りうまく対応しようとしているだけだった。ある日、大口の契約を逃したことに腹を立てたフレッドがマイケルの部屋に怒鳴り込み、状況が大きく変わることになる。もう少しでフレッドを殴りそうになったマイケルは、部屋から出ていくよう命じ、二度とこのような態度をとらないよう告げた。

この出来事は、マイケルにとって天からのお告げのようなものだった。マイケルは言う。「二五歳の私には、精神的にも感情的にもフレッドに対応する力が備わっていませんでした。自分を成長させる何かが必要だと自覚しました。成長しなければ、フレッドのような人物に対応できません。もっと自信を持ってメンバーを管理できなければ、管理職としてさらなる経験は積めないだろうと思っていました」。マイケルは、自分に必要なものは何なのかを考えた。そして、日々の出来事を反省し、翌日の計画を立て、同僚との協調の仕方を決めるための、余裕だと結論づけた。時間を捻出したマイケルは、うまくいっている点と改善が必要な点を検討し、よりよいリーダーになるにはどうすべきかを、毎日考えるようになった。さらに、自分のミッション・ステートメント（第三部〈PART3〉で解説する）を書く習慣も取り入れた。マイケルはミッション・ステートメントに、自分がどのような人間になりたいかを詳しく記入した。自分に与えられた才能を活用し、人々の生活に大きな変化をもたらしたいというのが願いだった。また、自分の考え方と感情をコントロールできていると宣言し、社内で前向きなリーダーになれると書き込んだ。「このミッション・ステートメントをどこにでも持ち歩き、毎日眺めていました。ステートメントは、私の新しいルーティンの中で重要な位置を占めるようになったのです。ルーティンには、自己成就的予言や、仕事前に反省と計画のための時間を確保することも含まれていました。この新しいルーティンは非常に役立ち、何十年も続けていました。最終的に、ミッション・ステートメントに記入したような人間になることができ、困難の中にある人や難しい状況への対応が上達したのです」

ルーティンをつくる

ジェシカ・サンティアゴは長年の間、もっと健康的な生活をするべきだと思っていたが、つい目先の忙しさに流されていた。運動量を増やしたかったが、仕事最優先の生活では気力など残っていない。健康的な食事にしたかったが、料理をする時間がない。体調の悪さを実感するほどストレスにさらされていたが、実際に健康状態が悪化するまで、生活を変えようとはしなかったのである。

主治医はジェシカにこう告げた。「感染症を患っていますが、特効薬はありません。健康的でバランスのとれた生活を送る以外に対処法はないですね」。さらに、ジェシカが糖尿病予備群であることが判明した。食事の仕方が原因だった。何か対策が必要なのは明白だった。

一人では無理だと自覚していたジェシカは、友人の手を借りることにした。友人との打ち合わせでは、まず食事の改善を検討することになった。このときのことを、ジェシカはこう回想した。「私の好物をチェックしました。メニューを大きく変えたり好物の量を減らしたりせず、一度に一つずつ健康的なことを取り入れるようにしました」。まず朝のルーティンを決め、起きてすぐに健康的な朝食をとれるようにした。目覚まし時計をセットして決まった時間に起床し、自然な睡眠リズムもつくっていった。ルーティンに慣れてから数週間後には、運動の習慣も取り入れ、朝食後に散歩をするようにさえなった。

朝のルーティンの効果は、二週間経たずに明らかになってきた。ジェシカは言う。「目覚めたときに、何時から行動するか考えずに済むようになりました。あと、以前ほど疲れなくなったので、目覚ましのスヌーズボタンを何度も押すようなことはなくなりました」。ルーティンが決まっているということは、必要な決定がすでになされていることを意味する。このことがジェシカの心を楽にしたのである。どのような朝になるか知っているため、以前のように、その朝がどう展開するか「見当をつける」のに時間や労力を費やす必要はない。ルーティンのおかげでジェシカは目標を達成し、健康的な生活の素晴らしさを実感できた。ジェシカは語った。「以前は目を覚ましたときにベッドの中で、今朝は何をしようかと、いろいろ小さな決断をしていました。これにどれほどの時間、精神的余裕、労力をとられるか、まったくわかっていませんでした」

ルーティンを取り入れてから、ジェシカの気分は大きく変化した。新しくついた筋肉を使ったり強くしたりするときのような気持ちになり、自信を育み、自分ならできると信じることにつながった。「一番重要な変化は、健康的な食事や運動ができるようになったことではなく、自信を持てるようになったことです。それまでの三、四年間、運動しなければとずっと思っていましたが、結局実行できないでいました」。ジェシカは続けて説明した。「でも、難しいことでもできると信じられるようになり、前向きな心のあり方になったのです。食事や運動以外の課題に向き合っても、こう思えるようになりました。『これならできる。私ならできる。一歩ずつ進んでいけば、成長して自分を変えられる』」

デール・カーネギー・コースで教えている事柄の中で特に大切なのが、自分が望む人生を送ることとの重要性である。第三部（ＰＡＲＴ３）で詳しく解説するが、ここでは、健康的なルーティンをつくって守ることが、望む人生を送る上で重要な働きをしている点を強調しておきたい。ルーティンの有無は、船に舵が備わっているかどうかにたとえられる。心身のセルフケアを行なえば活力がわき、前向きな姿勢が維持され、ストレスに対処しやすくなる。日々の出来事を反省し翌日の計画を立てる時間を確保することが、なりたい自分へと成長することに結びつくのである。

しなやかな心のあり方をつくる

これまでに紹介したように、マイケルとジェシカは、ルーティンを生活の改善だけでなく、新しい心のあり方をつくるのにも利用した。新しい心のあり方によって、以前より自信を持てるようになり、精神的な回復力が高まり、他の人たちに効果的に対応できるようになった。そして、困難な状況に直面したときに、前向きな反応ができた。しかも、自動的と言ってよいほど自然に反応できたのである。スタンフォード大学の心理学者で研究者のキャロル・ドゥエックは、話題となった著書『マインドセット』で次のように説明している。自分で意識しているかどうかに関係なく、私たちは皆、特定の「心のあり方」に基づいて世界を眺めている。ドゥエックは、心のあり方が「硬直している」人は、能力、知性、性格というものは変えられないと信じていると指摘する。人は生まれながらに技能、才能、賢さが決まっていると信じているのだ。対照的に、学習や勤勉さによって人生や能力は柔軟に変えられると信じている人は、「しなやかな」心のあり方をしているという。

なお、たいていの人は、両タイプの心のあり方を併せ持っている。たとえば、しなやかな心のあり方で仕事に臨んでいるものの、他の人と話すのは得意ではないし、今後もそうだろうと考えている場合である。この例では、仕事に関してはしなやかな心のあり方を、対人関係では硬直した心のあり方をしていることになる。

どのような心のあり方であっても、持ち主の人生に重大な影響を及ぼすものだ。心のあり方がしなやかな人は、やる気が起きやすく成功しやすいという研究結果が出ている。また不安、抑うつ、燃え尽き症候群になりにくい傾向も見られるという。

しなやかな心のあり方で人生に臨むのは、自分を動かす上で極めて大切である。そして、なぜ適切なルーティンをつくることが重要なのかという、理由の一つにもなっている。ルーティンを持っていれば、自分の考え方、感情、経験について考えたり振り返ったりするための、時間と余裕を持つことができ、行動方針を決めるのに役立つ。ルーティンについて考えたりルーティンをつくったりするときは、考え方に注意したい。どのような考え方を持つかで、何かを実行するのが可能か不可能かの判断が左右されてしまう。しなやかな心のあり方は、育んでいくことができる。その第一歩は、自分の考え方が、自分にどう影響を及ぼしているかに注意を払うことなのである。

しなやかな心のあり方をつくるルーティン

健康な人、忍耐強い親、思いやりのある教師、人気作家、勤勉な勤め人など、望むような自分になることがルーティンをつくる目的である。どのような自分になりたいかは、あなた次第だ。そのため、ルーティンはあなたのニーズと生活に合ったものでなければならない。どのようなルーティンなら成功につながるか、じっくり検討する。

私のルーティンは、何年もかかってつくり上げたものだ。大半の日は、午後一一時に就寝し午前六時に起床する。午前中のほうが注意力、活力、創造力が高まっている日が多いので、まず四五分から六〇分をかけて、その日の大まかな段取りをつけてしまう。この間、スマートフォンは見ないようにしている。スマートフォンのおかげでルーティンが乱されたことが何度もあるからだ。電子メールなどは都合のよい時間に返信できるので後回しにし、この時間はルーティンに集中している。熱い緑茶を淹《い》れ（さらにカフェイン量が多い飲み物が必要なときもある）、寝室から離れた小部屋に入る。部屋にはデスクが一台置かれている。この部屋で瞑想し、内省し、祈り、計画を立案し、ジャーナリング（日誌をつけること、「書く瞑想」とも）をする。前日のことを思い起こし、「昨日、感謝する出来事はあっただろうか。何がうまくいき、どの点で効率的に対処できただろうか」と自分に問いかける。それから改善項目に移る。「期待どおりにいかなかったことは何だろう。言ったことやしたことについて、今日、訂正する必要はあるかな。もしあるなら、いつ訂正しようか」。たとえば、自分と他の人とのやりとりを振り返り、とげとげしい態度や思いやりのない態度をしていたときは、その人に話しかけて関係修復を図ることにする。それから自分の理想像やゴールを思い返し、その日の予定について考える。「今日しなければならない重要事項は何だろう。いつ手をつけよう。うまく進めるにはどんな準備が必要かな」。朝のルーティンの終わりには、気づいた重要な事柄を書き留めておく。最善の状態で、自分の考え方や行動について考察し、計画を立てられるようルーティンを組んでいるのである。しかし、努力もせずにルーティンが身についたわけではない。はじめのうちは起床がつらく、集中力にも欠けていた。しかし回数を重ねるとともに、自然と頭も身体も動くようになっていった。

日々のルーティンは、その日の準備や終着点ではなく、異なる考え方への入口である。朝のルーティンを終えると、気分がすっきりして集中力が高まり、その日の行動の方向性が定まる。

ルーティンを守ることを習慣化しなければならない。進歩するには、悪い習慣を捨て去るだけでなく、精神力と明晰さによい影響を与える習慣を意識的に身につける必要がある。作家兼研究者で、『複利で伸びる1つの習慣』の著者ジェームズ・クリアーは、前向きな習慣を身につける方法を一〇年以上かけて追い求め、その結果を執筆してきた。クリアーによれば、新しい習慣を身につける際の留意点は以下のとおりだという。

一、**ごく小さな習慣からはじめる。**最も困難なことから着手すると、失敗する可能性が高くなる。たとえば「前向きな考え方だけを持つ」という目標は設定すべきでない。最初にとりかかるには大きすぎ、当然のように苦労したあげく、やる気をなくすのがおちである。「毎日、前向きなことを一つ言う」というような、簡単な習慣からはじめる。

二、**新しい習慣は少しずつ増やす。**一パーセントだけであっても、毎日増やせばたちまち積み上がっていく。新しい習慣を毎日少しずつ増やしていけばよい。たとえば、前向きなことを言う習慣が身についたら、その言葉を言うときに鏡を見る習慣を加えるのだ。そして次の週には、その言葉で三〇秒間の瞑想をはじめる。少しずつ習慣を積み重ねるようにすれば、それぞれの時点の目標は、常に達成可能で実行可能なはずだ。

三、**習慣を細分化する。**より明晰に考え、よりよい考え方を選べるようになるため、瞑想の習慣を身につけたいとする。その場合、瞑想の時間を二分割して朝に一〇分、夕方に一〇分行なうようにすれば、時間的な負担感を減らせる。

四、**習慣が途切れてしまったら、できるだけ早く元に戻す。**優秀な人でもコースから外れてしまうことはある。日々の習慣を一度怠っても、長期的な成長は阻害されないという研究結果がある。問題となるのは、習慣について「すべてかゼロか」という極端な心のあり方で臨んでいる場合である。一日さぼったからといって、「習慣が途切れてしまったから、何もかも無駄になった」と考えると事態は悪化する。ときにはコースから外れることもあり、それはそれでいいのだと考えるようにする。完璧を目指すより、とにかく続けることが重要である。翌日には、いつもどおりの習慣に戻るとよい。

時間が経つにつれ、生活の変化とともに私のルーティンも変わってきた。しかし、毎日ルーティンを実行するという点は変わっていない。今の自分と、何年あるいは何十年か前の自分の一日を比較すれば、成長を目的としたルーティンが健全な心のあり方をつくり、それによって変化が生じてきたことがよくわかる。ルーティンに費やしてきた時間は、貴重な視点を与えてくれたのである。そして、精神力を強くし、自信を高め、思慮深くなるのに役立ってきた。さらに、以前より優しい人間になれたのではないかと思っている。

私のルーティンがあなたにも有効とは限らない。必要なものは、人それぞれ異なっている。『人生がときめく片づけの魔法』の著者である近藤麻理恵は、毎朝六時半に起床し、窓を開けて新鮮な空気を取り入れ、香を焚いて家の中を清める。温かい飲み物を飲むのが気に入っている。それから夫と娘とともに簡単な朝食をとり、三人で一緒に祈る。感謝を捧げ、その日が理想的な一日になるようイメージするのである。近藤麻理恵は、仕事に出かける前と就寝前に片づけをするのが好きだと言う。人によってはルーティンが驚くほど規則正しく、さまざまなことをこなしている場合がある。しかし、誰もがルーティンにふんだんに時間をかけられるわけではない。そこで、たとえば午後五時から午後五時二〇分までの二〇分間だけルーティンに使うと決めておく。そしてこの時間に振返りを行なうか、翌日の準備をする。あるいは、ジャーナリングをする、瞑想する、運動やストレッチをする、さらには、何も考えず静かに座るのもいいだろう。

では、あなたの現在のルーティンを見直してみる。あなたは毎日の活動を意識的に決めているだろうか、それとも行き当たりばったりだろうか。あなたのルーティンは自身で決めたものだろうか、それとも他の人の都合で決まったものだろうか。家族がいたり、果たさなければならない義務があったりしても、毎朝（毎夕でもかまわない。うまく実行できる時間帯を選ぶ）、自分のための時間を確保するようにする。

人生の目標を達成できるような心のあり方を身につけるには、時間と労力が必要である。時間をかけて、自分にとって最良の方法を探さなければならない。そこで、以下の質問を毎日自分に投げかけてみるとよい。

- 人生で、うまくいっていることは何だろうか。何かに感謝しているだろうか。この二点を明確にすれば、あなたに喜びをもたらし、幸せにしてくれることに焦点を合わせやすくなる。

●うまくいっていないことは何だろうか。生活のどの部分を変えたいだろうか。どこからはじめればよいかを把握するため、項目をランクづけするのもよい。改善可能なことを具体的に記述して、リストをつくる。たとえば、「母との親子関係がうまくいっていない」ではなく、「二人で過ごす時間をつくれば、関係改善につながる可能性がある」というように書く。

●最も重要な分野での改善を図るには、どのような信念を持てばいいだろうか。母親との関係がぎくしゃくしていて気にかかるなら、実は心の底に、親子関係は改善できないという信念が横たわっているのかもしれない。しかしどのような分野であれ、改善を図るには、きっとうまくいくと信じなければならない。

●新しい心のあり方を意識するには、何をする必要があるだろうか。自己成就的予言を利用したり、具体的な行動（先ほどの例なら、母親と毎週話し合う時間を確保するなど）をしたりすることが考えられる。

心のあり方を改善するため、マインドフルネス、瞑想、呼吸法、祈り、ジャーナリング、視覚化などの建設的な手法をルーティンに取り入れてもよい。運動もまた、ルーティンに取り入れるのに適した優れた手法だろう。重要なのは、自分のためになるかどうかである。どのような手法であっても、なりたい自分になるのに役立つだろう。あなたが高めたいものは何だろうか。共感力、積極性、倫理性、責任感、寛大さ、誠実さ、落ち着き、自信、対応力など、目的に合わせた手法を選ぶようにする。

ルーティンについての注意――現実的なものにする

ルーティンが私たちのために存在するのであって、私たちがルーティンのために存在するのではないということは、しっかりと意識しておく。まず間違いなく、あなたは完璧ではなく、予定したコースから外れてしまうこともあるだろう。だからといって罪悪感を抱いたり、自分を嫌悪したりする必要はない。ルーティンをつくって守ろうとしても、旅行中や休暇中の場合もある。真夜中に病気の子供の看病をしたり、自分が発病したりすることもある。深夜まで友人と出かけることもあれば、遅くまで働かなければならないこともある。計画したルーティンを実行できない状況は、いくらでもあるはずだ。それが人生である。コースから外れたとしても、正当な理由があれば自分を責めてはならない。自分を甘やかして、早めにルーティンを復活させるようにする。成功するまで挑戦を続け、あきらめないことだ。ただし、怠けたり、根拠不充分な言い訳をしてルーティンをさぼったりしているなら、今ここで述べたことは当てはまらない。一歩踏み出して自分を動かし、ルーティンを実行しなければならない。

本章のポイント

ルーティンそのものだけが重要なのではない。目標を達成し、なりたい自分になるため、ルーティンが私たちを整えてくれる過程も重要である。一日のはじめ方、終わり方、過ごし方を意識して決め、強い心のあり方を養う練習をルーティンに組み入れれば、成功のために心の状態を整えられるだろう。これこそが、望むような人生を得るための鍵である。

原則 心のあり方を養うのに役立つ習慣を取り入れる。

実行するためのステップ

◉ルーティンをつくる。 一日をどのようにはじめるか考えてみる。毎朝、何をしているだろうか。瞑想、ジャーナリング、計画立案、祈り、読書、運動などをしているなら、果たして自分の役に立っているだろうか。役に立つ習慣があるのなら、どうすれば継続し発展させられるだろうか。もし、そのような習慣を持たないなら、朝のルーティンに何を組み入れるか考える。一日を通して効果を発揮するものがいいだろう。

◉役立つ習慣を取り入れる。

——まず小さな習慣一つからはじめる。

——少しずつ種類や分量を増やしていく。

——習慣を細分化して取り組みやすくする。

——習慣が途切れてしまったら、すぐにペースを取り戻し、自分を責めないようにする。


◉**しなやかな心のあり方を養うため、ルーティンを利用する。**筆記具かメモアプリを用意し、以下の点を記録しておく。

——何がうまくいっていて、何に感謝しているか。

——うまくいっていないことは何で、生活のどの部分を変えたいか。

——最も重要な分野を改善するには、どのような信念を持てばよいか。

——新しい心のあり方を意識するには、何をする必要があるか。

◉**自分の心のあり方に注意を払う。**ルーティンを実践しながら、ルーティンが心のあり方にどのような影響を及ぼすかに注意を払おう。ルーティンを済ませた後、どのような気持ちだろうか。ルーティンを省いたときはどのような気持ちだろうか。望むような心のあり方を手に入れるには、ルーティンにどのような調整を行なう必要があるだろうか。

3 自分の感情と向き合う

およそ人を扱う場合には、相手を論理の動物だと思ってはならない。相手は感情の動物である。

デール・カーネギー

デボラ・アン・マックは、ほぼ一〇年をかけてドライクリーニング事業を育て上げた。二〇〇四年にクリーニングの集配サービスで起業し、戸別訪問で顧客を増やしていった。わずか数年で、顧客数はゼロから九〇〇件以上にまで増加する。事業の成長に伴って従業員を数人雇用し、最終的にはオーガニッククリーニングの工場を建設するまでになった。工場には顧客対応のための店舗も併設されている。

さて、デボラは賃貸物件を見つけたが、建物は修繕が必要だった。建設業を営んでいる家主に修繕を依頼したものの、家主は前払いした修繕費用を使い果たしてしまう。デボラは、一巡するのに四日かかるほどのクリーニングの得意先を持っていたが、借りた建物は老朽化し壊れたままだ。そこで、いらいらしながら家主の出方を待つようなことはせず、資金をかき集めて別の賃貸スペースを借りることにした。だが、場所の確保で資金をすべて使い果たしており、業務用洗濯機の設置や操作のための従業員を雇えない。仕方なく洗濯機の取扱説明書を開き、兄と友人たちを呼び出して作業をはじめた。

この時点でデボラはいらいらし、怒りと不安を感じていた。すでに事業に多額の資金を投じていたため、廃業するわけにはいかない。洗濯機を自ら動かす以外に選択肢はなかった。

メーカーの協力を得て、デボラの兄と友人たちは洗濯機の設置を済ませた。ようやく事態が進みはじめた。しかしある朝、デボラがいつもどおり五時半にクリーニング工場のドアを開けると、フロアが巨大な水たまりになっていた。水道管が破裂したのだ。デボラはその場で立ち尽くした。

いったんはオレンジ色のバケツを手にしたデボラだが、水浸しのフロアの真ん中にバケツをひっくり返して置くと、そこに腰かけてぼやきだした。「今度はどんなトラブルが起きるの？　フロアは水浸し。何とかしようとすれば、次から次へと問題発生。事業を立て直そうとしているのに、水道管は破裂するし家主は……」。デボラは絶望していた。

デボラは泣こうとしたが、何度泣こうとしても涙一滴出てこなかった。しばらくしてデボラは笑いはじめた。人生最悪のトラブルに巻き込まれているのに、涙すら流せないことが、たまらなくおかしかった。デボラは、ひっくり返したバケツに腰かけたまま、お腹が痛くなり息ができなくなるまで笑った。夫に電話をしたときもまだ笑っていた。「あなた、信じられないかもしれないけど、今、床が水浸しなの。水道管が破裂したのよ」。夫が「それならなんで笑っているんだい」と言うと、デボラは「おかしくてたまらないからよ」と答えた。

わずか数分で、デボラの感情はショック、不信、落胆、絶望、挫折感から驚き、喜び、自由といったものに移り変わっていった。何年も懸命に働いてきたデボラだったが、廃業の瀬戸際に立たされたとき、自分の滑稽な状況を笑うことしかできなかった。あらゆる感情が一気にわき出してきた。デボラは、暴走する感情に身を委ねることもできた。失敗を認めて挫折感を受け入れ、その場で廃業を選択することもできた。しかしデボラは、感情は長続きしないという知識と、感情にうまく対処し利用する方法を知っていた。腰かけていたバケツから立ち上がり、デボラは勇気を奮い起こして仕事に戻った。

工場が完成すると、デボラはカウンターの受付担当とドライクリーニングのプレス担当、そして集配ドライバーを雇った。もう失敗は許されないため、過去のことにこだわらず、ひたすら前を向いて進んだ。クリーニング事業を何年か続けた後、デボラは事業を売却した。大学に戻り、ファッションを学ぶことにしたのである。そしてデボラは、自分の名を冠した高級ファッションブランドの、創業者兼デザイナーとして活躍するようになった。

経営しているドライクリーニング工場の床が水浸しになり、頭を抱えるという状況は、誰もが経験することではない。しかし、ときには自分の激しい感情と向き合わなければならなくなる。容姿のことで不安になったり、自意識過剰になったりする。家族間の対立から、激怒したり、いらいらをため込んだりする。友人間のトラブルから孤立感に襲われ、自分に価値はないと思い込む。また、慢性疾患で疲弊し、不安に苛《さいな》まれることもある。ときとして人生は私たちに牙を剝いてくる。もし、

第一章「正しい考え方を選ぶ」と第二章「成功のために心の状態を整える」で見てきたような、自分の感情をコントロールする方法を学んでいなければ、私たちは人生を自分で動かせなくなってしまうだろう。

あなた自身が否定的な感情に圧倒されるか、無力感に苛まれていると想像してみる。怒り、嫉妬、憤慨、いらいら、恐れ、不安を感じている場面を想像してもいい。もしかしたら、今、この本を読みながら、ここに記した感情を抱えているかもしれない。では、それらの感情から解放されるとしたらどうだろうか。また、自分の感情とうまく向き合う方法を学べるとしたらどうだろうか。考えとは、風に流される雲のようなものであり、感情は、稲妻と雷鳴をもたらす嵐のようなものだと思えばよい。空は、雲や嵐にしがみついて動きを邪魔したりはせず、自由に行き来させている。本章では、この空のような対処法を説明していく。

なぜ感情を持つのか

大半の研究者は、感情は人間の生存、繁殖、食物の採取、安全確保に役立つため発達してきたと考えている。感情は、周囲の世界との関わり方にも影響を与える。一般に負の感情とされる悲しみや怒りは、私たちに警告を与え、脅威や問題に対応したり回避したりするのに役立っている。たとえば悲しみは、仲間の必要性や、周囲の人たちからの配慮が必要だと教えてくれているのかもしれない。また怒りは、誰かがあなたの心の境界線を超えて侵入してきており、対処が必要だと教えてくれているのかもしれない。このように負の感情は、私たちの意識を特定の事柄に集中させ、問題に対処しやすくするという効果を持っている。これに対し、正の感情とされる喜びや共感は、視野を広げ、機会や可能性を発見しやすくしてくれる。注意力と記憶力を高め、新しいアイデアを検討し、学習するのに役立っている。

覚えておきたいのは、考え方と同様に、感情も私たちにとって有利に働くときもあれば、不利に働くときもあるという点だ。このような扱いにくさがあるのは、考え方と同様に、感情が完全には解明されていないためである。感情が生まれるプロセスには、脳のさまざまな部位が関わっている。たとえば、扁桃体《へんとうたい》は感情を分類して前頭前野に送り、前頭前野は受け取った感情を適切に処理している。

感情は幸福感、悲しみ、怒り、恐れ、嫌悪感の五つに分類できることが研究で判明している。感情を「楽しい」か「不快」かで判断してしまいがちだが、実際には以下のように、種類によって働きが異なっている。

一、**幸福感**は慣れ親しんだ、あるいは新しい経験からもたらされる好ましい感情を指す。
二、**怒り**は何かに邪魔をされたときや、不当に扱われていると確信したときにわき上がる。
三、**恐れ**は安全が脅《おびや》かされる可能性を示す。
四、**嫌悪感**は、対象が自分にとってよくないものであることを示す。
五、**悲しみ**は、喪失に対する反応である。悲しみを感じることで、行動のペースを緩め、他の人たちに自分は支えが必要だと伝えられる。

感情的な反応（情動反応）は、感情をどのように認識するか、身体がどのように反応するか、感情に応じてどのように行動するかの三つの要素からなっている。本章では感情への対処方法を学び、何かを感じたとき、自分の行動を適切に選択できるようにしたい。そのためには、感情を観察し理解する必要がある。以下の簡単な四ステップを実践し、自分に問いかけてみるとよい。

一、どのような気分だろうか。
二、この感情は何を自分に伝えようとしているのか。
三、役立つ感情だろうか。
四、この感情にどう対処して前に進むか。

ステップ一――どのような気分だろうか

適切な手段がないため、たいていの人は自分の感情を理解するのに四苦八苦している。社会福祉の研究教授であるブレネー・ブラウンは著書『Atlas of the Heart（心の地図帳）』で、大半の人はどのように感情に向き合っているかを記している。ブレネーらは七〇〇〇人を超える人にアンケートを実施し、回答者が経験したことがある感情に名前をつけてもらった。アンケートで挙げられた感情の数は平均三つで、「怒り、悲しみ、幸福感」だった。ブレネーは言う。「人間が持つ感情や経験の圧倒的なまでの大きさを、怒り、悲しみ、幸福感といった三種類の言葉だけでしか表現できないというのは、一体どういうことだろうか。人間を人間たらしめている感情や経験を表わす言葉には、恥、失望、驚き、畏怖、嫌悪、困惑、絶望、満足、退屈、不安、ストレス、愛、過度の精神的負荷、驚きなどもあるのに。……感情や経験を表わす言葉をつくることで、言葉の影響力を強めているわけではない。私たちが感情や経験を理解し意味づけるために、役立てているのである」

感情の言い表わし方を学ぶのは、回復力を高め、自己認識を深めるのに有益だ。結局のところ、何が起きているかを言い表わせなければ、解決に向けて取り組むのが困難になる。

今度、強い感情がわき出たときは、その感情を記録しておく。ちょっと時間をとれば記録できるだろう。経験している感情は一つだろうか、それとも複数だろうか。その感情を言い表わし、どのような影響があるか記述できるだろうか。感情の良し悪しを判断したり、感情を無理に維持したりしようとせず、ありのままを記録すればよい。

感情の強さに圧倒されて書き出せないなら、単に観察するだけでよい。デール・カーネギー・トレーニングが開講している「ハイ・インパクト・プレゼンテーション・コース」の受講生は、他の受講生の前でスピーチをする。その様子は録画され、受講生はスピーチ直後に別室でレビューに臨む。あなたは、自分が話している様子を見たことがあるだろうか。もし見たとしたら、たいていの受講生と同じように、目を背けたくなるかもしれない。しかし、トレーナーはうまい対処法を知っている。赤の他人のスピーチだと思って、録画を見るよう指示するのだ。そして受講生は、この見ず知らずの人のスピーチを評価する。「この人のどの点が上手だろうか。何かを、やり忘れていないだろうか。話しているとき、何を感じているのだろうか。表情や身ぶりから、何が読み取れるだろうか」。一歩下がって自分を客観視すると、感情を推し測るヒントを自分が出していることに気づき、どのような感情を経験しているかを言い表わせるようになる。また「私は悲しい」ではなく、「自分が悲しんでいることに気づいた」と表現するのも効果的である。「あなたの感情」が、あなたなのではない。両者を同一視する必要はないのである。

自分の感情を理解するのに役立つ方法をもう一つ紹介する。心理療法を利用するのである。有り難いことに心理療法は、二〇年ほど前に比べれば社会に受け入れられ、深いトラウマ（心的外傷）に対処する最終手段のように見なされることもある。しかし心理療法は、必要と判断された患者だけでなく、どのような人にとっても、人生のあらゆる段階で利用価値がある。訓練を受けたカウンセラーに依頼すれば、難しい感情に対処するための場所と時間を用意してくれるだろう。

ステップ二――この感情は何を自分に伝えようとしているのか

つらい感情であっても、何かを教えてくれるものだ。だから、感情が消え去るのを願うのではなく、理解するよう努めることが重要になる。ホロコースト（ナチス・ドイツによるユダヤ人の組織的虐殺と迫害）を生き延び、心的外傷後ストレス障害を専門とする心理学者エディス・エヴァ・イーガーは次のように述べている。「感情を抑えつけてしまっては、手放すことがますます難しくなるだけだ。表に出すことは、抑圧の対極にあるものなのだ」。いったん感情を認識できれば、適切な対処への道が開ける。もしかしたら、精一杯生きていないから、悲しみを感じているのかもしれない。あるいは、自分の価値観を守れなかったから、怒りを感じているのかもしれない。どのような原因であれ、感情は中立的で一時的なものだということは忘れないようにしたい。つまり、何らかの感情が生まれたというそのこと自体は、間違っていることでも悪いことでもないのである。そして、その感情が永久に続くなどということは、ありはしない。

デール・カーネギー・トレーニングの各種コース参加者には、自分の感情を「修正」したいと願っている人が多い。悲しければ、悲しいと感じることを止めたいのである。怒り、嫉妬、恐れ、いらいら、罪悪感などにも同じような対応をしたがる。正の（前向きな）感情はそのまま残し、負の（後ろ向きな）感情は脇に追いやりたいというわけだ。実際、あまりにも強い感情の波に襲われると、その感情に向き合うよりも、その感情を無視したり心の底に押し込めたりするほうが容易な場合がある。しかし、たいていの感情には、私たち自身へのメッセージが含まれている。本章の前半で述べたように、恐れや孤独などのつらい感情は、変化の必要性を示していることが多い。恐れを感じている原因への対処や、気遣ってくれる人たちとともに過ごす必要性を教えてくれているのかもしれない。感情としっかり向き合うときは、その感情がわき上がってきた原因にたどり着くまで、忍耐強く「なぜ」と問い続けることだ。そうすれば、感情が伝えようとしているメッセージを受け取れるだろう。

このような練習をするときに大事なのは、感情を「修正」するのではなく向き合うことだ。自分の感情を言い表わせるようになったら、その感情が何を伝えようとしているのか、自分の考えを紙に書いてみる。その感情が生まれた原因は何だろうか。そして、その感情はあなたに何をさせたい（あるいはさせたくない）のだろうか。

私の場合、自分の感情を見極め、理解し、全体像をとらえるのに、ジャーナリングがとても重要な働きをしている。感情を言い表わすとき、最初のうちは表面しか見えていないため、深みのない表現になることがある。たとえば「自分は疲れている」といった具合だ。しかし感情の奥底まで観察し、紙に書き出していくうち、さらにいろいろなことがわかってくる。ジャーナリングをしているうちに、「なぜその感情がわき出てきたのだろう」という、より大きな疑問にたどり着けることもある。ただし、この「なぜ」という疑問に到達するには、正直な振り返り（自己反省）が欠かせない。そのため私は、自分自身との対話、自問自答、熟考などの方法を使い、それらの結果を書き出すこともある。こんな調子だ。

「どうしよう、心配だ」

そこで自分に尋ねてみる。「何が？」

「今度、大観衆の前で講演することになったんだ。準備万端とは言えないから、失敗するかもしれない。心配で心配で」

「なぜ？　原稿はもうできているのだろう。準備と練習にあと一週間かけられるし」

「そうだけど、どんな観衆が集まるのかよくわからないんだ。この話題では、共感してもらえないかもしれない」

「そういうことか。それでは、自分を安心させるため、今すぐ実行できることを一つ挙げてみてくれ」

「そうだね。来場予定の知り合いに、講演を聴きに来る目的を尋ねる。それと、どんな話題にすればよいかも尋ねてみよう」

「いいね。他にもあるかな」

「講演の主催団体を調べてみよう。団体のウェブサイトを閲覧して、最近の出来事や話題を把握する。そうすれば、団体向けに講演内容を調整できるぞ」

「今挙げたことを実行したら、不安は収まるかな？　どんな気持ちになるだろう？」

「今よりもはるかに準備が進むから、説得力が増し、中身の濃い講演になるだろうね。不安が減って気分もよくなるだろうな」

「よし。さっさとはじめよう」

このような内容を書き出しているとき、私の心は無防備な状態に置かれている。隠し事は一切していない。心の中での会話を記述することで、自分の感情を言い表わし、理解し、そして動かしやすくしているのである。

ジャーナリングを気に入っているのは、自分が何を感じ、何を考えたかを、数週間、数か月、数年後に振り返り、自分がどのように成長し変化したかを冷静な視点から眺められるからだ。このような振り返りをすることで、物事をより明確に把握しやすくなる。ジャーナリングができないとしたら、代わりの手段には何があるだろうか。短期記憶が代わりになるだろうか。自分が感じたことや考えたことを、覚えていられるだろうか。どちらも無理だ。事細かに書き残しておいてこそ、人生の記録となり、自分の経験をあとで活かすことができるのだ。

ステップ三――役立つ感情だろうか

「この感情は役立つものだろうか」と自問するときは、柔軟な心を忘れないようにしたい。南アフリカの心理学者で『EA　ハーバード流こころのマネジメント』の著者であるスーザン・デイビッド博士は、感情に「よい」「悪い」のレッテルを貼ったり、特定の感情を持たないよう自分に言い聞かせたりといった、硬直的な反応は役に立たないと述べている。たとえ正の（前向きな）感情であっても、特定の感情に執着すれば、やがて行き詰まってしまうだろう。正の感情しか持てないとすると、恐怖、悲しみ、怒りが発したであろうメッセージを受け取れないことになり、有害な人間関係や不健康な職場環境に留まり続けてしまうかもしれない。

さて、常に幸せでいたいと願う人がいるかもしれないが、そのような状況は健康的でもないし可能でもない。また、抑うつ状態や不安を経験した人は、そのような精神状態に留まろうとするかもしれない。しかし、これは抑うつ状態や不安に慣れすぎ、それ以外の感情を忘れかけているからである。私たちはどのような感情を持ってもいいし、同じ感情に留まる必要もないのである。デイビッド博士は言う。「現在では研究により、あらゆる感情を全面的に受け入れることが、回復力、繁栄、そして本当の幸せの礎となることが判明しています。厄介で難しい感情であっても同じです」

この感情が役立つか自問するときは、自分の人生に何が起きているかを確認してみる。やりたくない仕事を上司から押しつけられたのを根に持ち、今も腹を立てているなら、そのような感情に執着するのは役に立たないと認めるべきだ。それに対し、愛する人を亡くして悲嘆に暮れているなら、悲しみを感じ続けたくはないかもしれないが、時間をかけて乗り越えていくのがよい。

自分に問いかけてみる。なりたい自分になるため、この感情は役に立つのだろうか。

ステップ四——この感情にどう対処して前に進むか

大半の人が日々直面している感情は、比較的単純で、乗り越える方法は容易に見つけられる。しかし、より強く深刻な感情が生まれた場合、その感情にとらわれてしまうかもしれない。つまり、感情を捨て去る方法を、見つけなければならないわけだ。心の中で、「この感情に対処して前に進むには、どうすればいいのだろう」と尋ね、感情に区切りをつけ、新しい一歩を踏み出すための方法を探すのである。どのような出来事が起きればよいかを考えるのも、一つの方法だ。難しい感情や、同じ感情が長く続く場合には有効だろう。必ずしも感情を否定することにはならないだろう。目指しているのは、自分の役に立たない感情に拘束されるのを防ぐことである。

感情との向き合い方をドライブにたとえてもよい。ある感情の状態から、別の状態へと進んでいく。ある地点はスピードを出して通過し、他の地点ではくねくねした曲がり道を進み、道に迷ったあげく、見知らぬ場所に到着するかもしれない。それでも、あなたは自動車を運転し進み続けている。感情とは、本来は一時的なものである。以前訪れた場所（感情の状態）に向けて、常に進み続ける必要などない。考え方は、見直しさえすれば再構築できる。同じように、感情も再構築できるのである。

では、あなたはプレゼンテーションに備えているが、大勢の前に立つので緊張しているとする。プレゼンテーション開始直前になると、心臓がどきどきしてくる。この状態を神経が高ぶっているとか、舞台恐怖症だとか言う人が多い。確かにそのとおりなのだが、よく考えてみるべきだ。心臓がどきどきするのは、プレゼンテーションに向けて、身体の調子が整っていることの表われでもある。そして神経の高ぶりは、自分の決意の表われなのだと思えば、自信を持って前に進めるはずだ。

さて、とらわれていた感情から立ち直れるようになったら、九〇秒間の休止をしてみる。ハーバード大学の脳科学学者ジル・ボルト・テイラー博士は、このように述べている。「人間が、周囲の環境の何かに反応するとき、体内で九〇秒間の化学反応が起きている。その後も感情的な反応が残っているとすれば、それは本人が、その感情を繰り返し経験したいと望んだ場合だけである。……すなわち九〇秒間かけて、感情が生まれ、その感情を感じ、そして感情が消え去っていくのを観察できることになる」。なお、環境を変える、友人と話す、散歩に出かける、ジャーナリングをする、趣味に時間を費やす、運動をするといった行動も、感情から立ち直るのに役立つ。

本章のポイント

自分の感情に向き合う決断ができた時点で、自分の感情に向き合うという目標の半分は、達成できたようなものだ。自分の感情に正面から取り組むのではなく、無視するか抑制すべきだと考えられている社会や組織に属しているなら、そもそも自分の感情を認めることが大仕事になりかねない。感情を排除していることに気づいたら方針を変え、感情と向き合うようにすべきだろう。そうすれば、どのような状況にも立ち向かえる内面的な強さが身についていくはずだ。

原則

自分の感情と協調する。

実行するためのステップ

◉**自分の感情と向き合う。** 今現在、あなたを飲み込んでいるか、考えや行動を制約している負の感情について考えてみる。その感情から解放されることに、どのような意味があるだろうか。そして解放されることで、生活にどのような影響があるだろうか。

◉**四つのステップを利用する。** 怒り、悲しみ、いらいら、妬みなどの強い感情がわき出てきたら立ち止まり、少し時間をとってその感情と向き合う。そして次の四つの質問に答えていく。

――どのような気分だろうか。

――この感情は何を自分に伝えようとしているのか。

――役立つ感情だろうか。

――この感情にどう対処して前に進むか。

◉**わき出てくる感情を観察する。**会話や、つらい経験をしている最中に強い感情がわき出てきたら、九〇秒の休止時間をとってみる。

◉**自分が置かれた状況を変える。**感情に執着するのではなく、環境を変え、友人と話し、散歩に出かけ、趣味に時間を費やし、運動をするなどしてみるとよい。

4

自信をつける

飛行機の操縦士候補生なら誰でも、最初の単独飛行後は操縦が上手になるものだ。確かに、一人で飛んだ一〇分間では、何も新しいことは学んでいないかもしれない。しかし重要なものを手に入れている。それは自信である。だが、どうやって手に入れたのだろうか。怖さに耐え、成功するまで挑戦したのだ。

デール・カーネギー

二〇一四年三月のことだった。私はミシガン州ロイヤルオークにある、マーク・リドリーズ・コメディキャッスルの舞台裏で、スライド式のドア近くに立っていた。一分もしないうちに司会者が私の名を呼び、ドアが開いてステージに上がることになるだろう。私のスタンダップコメディ（観衆と対話する形式の漫談）としての初舞台だ。問題は一つしかなかった。私は茫然自失の状態だったのだ。心臓は高鳴り、不安で胃が痛くなり、すぐ近くの非常口に目をやり、「今ならまだ逃げられる」と、逃げ出すことばかり考えていた。何年にもわたり、数え切れないほどのスピーチをこなしてきた。しかし、酒を飲みながら笑わせてくれるのを期待している二〇〇人の前で話すのは、スピーチとはまったくの別物だ。失敗することばかりが頭をよぎる。静寂の中で白《しら》けた観客に見つめられたり、下手なスタンダップコメディを野次られたり、酔っぱらいにビールの入ったコップを投げつけられたりといった場面を想像していた。すさまじいプレッシャーだった。

私がスタンダップコメディの教室に通ったのは、父に影響されたからだ。父は七〇代でスタンダップコメディを習ったことがあり、舞台に立つのは気分がよかったそうだ。そして、私がスタンダップコメディを経験すれば、ビジネスに役立つだろうと考えたのである。営業の仕事に追われていた私に父は言った。「自分を笑わせてくれる人には、誰でも好感を持つものさ。好感度を上げれば、売り上げも上がるぞ」。お笑いのために本業のビジネスをおろそかにする気はなかったが、小さな世界で悦に入っている自分にも気づいていた。快適な環境から一歩外に踏み出してみたかったし、そうすれば情緒面によい影響があるのではないかと考えた。一歩踏み出す方法として、スタンダップコメディとスカイダイビングが候補に上がった。舞台裏で、私はスカイダイビングにすればよかったと後悔していた。

私の後悔などおかまいなしに、司会者の元気いっぱいな声が建物中に響きわたる。「次はジョー・ハートです。拍手をどうぞ」。私はドアを開けて舞台中央に進み、マイクを握ると漫談をはじめた。持ち時間の六分間の大半を、家族に関するネタで埋めていた。「私には六人の子供がいます。一五歳、一四歳、一二歳、一〇歳の四人の娘と、双子の息子たち。息子のうち一人は八歳で、もう一人は、えーと、八歳です」。つかみとしては実に陳腐だったが、うれしいことに何人かの笑い声が聞こえる。

気持ちが楽になると、もっと面白いネタを披露でき、笑い声も大きくなっていく。結局、初舞台はかなりの成功を収めたのだった。恐れていたことは何も起きなかったし、結果はまるで逆だった。実際のところ舞台はとても楽しく、よい気分になれた。私はとてつもない緊張を経験し、そしてとてつもない自信を得られたのである。

その夜以降は、自信を持ってスタンダップコメディを演じられるようになった。ただし、すべてがうまくいったわけではなく、大失敗をしたこともある。同じ夜の二つの舞台で、まったく同じジョークをまったく同じように話したことがあったと思う。二回目の舞台を見に来た観客のうち、笑ってくれたのは一人だけで、他の人たちは白けきって無反応だった。野次られたことが二回、自由参加の舞台で持ち時間を超過し、舞台から引きずり降ろされたことが一回ある。それでも、最悪と思える失敗を犯したときでさえ、初舞台の前に想像していたほど悪い状況には陥らなかった。舞台の回数を重ねるとともに、観客の気持ちを読み、観客と対話する能力を磨いていった。また、台本の分量を減らして即興の割合を増やし、より自然に応対し、その瞬間、瞬間に最大限の力を発揮できるようになった。そして、観客が大ウケするタイミングを計れるまでになった頃、ある芸人がLPM（一分間あたりの笑い声）という指標を教えてくれた。このような指標があるとは、思いも寄らなかった。簡単に笑わせられる観客よりも、目の肥えた観客のほうが、私の技能を高めるのに役立つことがわかった。一回の失敗を糧《かて》にすれば、複数回の成功が得られることもわかった。私が快適に過ごせる「場」は大きく広がり、得られた自信は、他の分野にもよい影響を与えるようになったのである。

自分の人生を動かすには、まず自分自身を動かさなければならない。そのためには自信が必要だ。傲慢《ごうまん》とは異なる、誠実で本物の自信が、逆境を乗り越える原動力になる。自信があれば、健全な人間関係を構築したり、リスクをとったり、機会をつかんだりするのに役立つ。自信は、充実した人生を送るための、非常に重要な要素なのである。自信が欠けていれば、恐れ、疑い、不安、心配の中で生きることになり、人生を破滅させてしまうかもしれない。

では、自信をつけるにはどうすればよいのだろうか。なりたい自分になるためには、何をしなければならないのだろうか。ポイントは二つある。自己効力感と自尊心だ。

自己効力感

自己効力感とは、何かを成し遂げられるという信念のことで、自分で設定した目標を達成する力に直接関係している。自己効力感が高い人は自分が有能だと思っており、どのような仕事であってもやり切る自信がある。そのため困難が生じても、自分に対する脅威ではなく解決すべき課題としてとらえる。たとえ目標が達成できなくても、自分が成長し向上する機会になると思っている。

これに対し、自分の能力に疑いを持っているとどうなるだろうか。難しすぎると判断した仕事は避け、失敗や思わしくない結果にこだわり続けるのではないだろうか。自分の能力に対して健全な感覚を持っていれば、困難を克服すべき課題ととらえ、興味のあることに熱心に取り組み、がっかりすることがあっても、すばやく立ち直れるだろう。では、自己効力感はどうすれば育めるだろうか。たとえ今は自己効力感が低くても、リスクをとり、小さな成功を喜び、手本となる人の言動を真似ていれば、徐々に高めていくことができる。

リスクをとる

最初に紹介するのは、リスクをとることで自己効力感を高める方法だ。私は、リスクをとってスタンダップコメディの舞台に立った。「つかみ」でごくわずかな笑いをとり、自分ならやれるという自信を得たのだ。あなたを怖がらせ、あなたが避けているものこそ、あなたが自信をつけるのに役立つのである。これは困ったことかもしれないが、自分には無理だと思うことに取り組めば、自己効力感は高まっていく。

難しいのは、何がリスクになっているかを理解することである。私の場合、マラソンの練習やスタンダップコメディをはじめることを、実際にリスクだと感じていた。だが、他の人なら、困難な挑戦とは感じなかったかもしれない。育ち、能力、経験、身体特性が人によって異なるため、どのようなことをリスクと見なすかは人それぞれだ。幼児にとって、高い滑り台から滑り下りるのは大きなリスクかもしれない。だが少し大きな子供たちは、怖がりもせず、頭を下にしてうつ伏せで滑ってしまう。自発的な行動を求められるのがストレスになる人もいれば、組織立った行動を求められるのがストレスになる人もいる。ベテランのロッククライマーなら難所だとは見なさない崖《がけ》であっても、私なら、なぜこの崖を登るはめになったのか考え込み、一歩も登れないだろう。何がリスクかは人それぞれ異なるが、結果を見通せない状況であっても行動することで、自己効力感が高まり、自信がつくことが多い。

家族の信念に逆らってでも自己の成長を追求することが、自信をつけることにつながる場合もある。タラ・ウェストーバーは、アイダホ州の田舎の山で育った。両親はサバイバリストで、自分たちの暮らしに政府が関与することを極度に嫌っていた。両親の価値観はタラの生育環境に大きく影響し、タラと兄姉（タラは末っ子で六人の兄姉がいる）は通学を許されず、出生届も出されず、医療ケアを受けることもなかった。両親の意向に反する試みはすべて、言葉による虐待や身体的虐待を招いた。そのため両親が決めたルールを破るのは、信じられないほど深刻な結果を生じる、大きなリスクだと感じていた。タラはベストセラーになった回想録『エデュケーション 大学は私の人生を変えた』の中で以下のように記している。「つまり私の人生は、私以外の人たちによって語られたものだったのだ。彼らの言葉は押しつけがましく、語気が荒く、そして絶対的だった。自分の声に、彼らの声と同じような強さがあるかもしれないとは、それまで考えたこともなかった」

タラの父親は、女性にとって人生の大きな目標は、結婚して子育てをすることだと信じていた。そのため、タラに体型が目立たないダブダブの服を着せ、勉強せずに廃品置き場で働くことを強いた。地下室にあった古い教科書に助けられ、タラは読む能力を密かに高め、ついには代数学を学ぶようになる。最終的にＡＣＴ（大学進学希望者を対象とした標準テスト）を受験できるだけの学力が身についたのである。タラは、大学に入れれば永久に家から離れられると考えていた。しかし、その目標に至る過程は、困難で恐怖に満ちたものだった。「理解できないことを辛抱強く読むという技術を身につけられたのは、私の人生を左右するほど重要なことだった」とタラは述べている。

家族の意向に反して懸命に働いたタラは、ブリガム・ヤング大学に入学して奨学金を獲得し、幼少期を過ごした家から脱出できた。さらに、ケンブリッジ大学の奨学金を獲得して留学し、歴史学の博士号を取得している。タラはリスクをとるたび、自らの自己効力感を高めていった。家族はタラを信じなかったが、タラは自分の能力を信頼することを学んでいた。そして、状況を変えるための小さな一歩を踏み出したのである。

作家のキース・フェラッジに、私のポッドキャストに出演してもらい、恐怖と自信の関係について話し合ったことがある。キースはこう述べていた。「どのような不安や恐怖も、練習によって克服できます。実際、人間は早まって『死の自覚』をしてしまうことがあります。たとえば『そんなことはできない。死んでしまうから』という具合です。もちろん、あなたはすぐに死んだりしません。すぐには死なないことを実感する唯一の方法は、『そんなこと』を試してみて、それほどひどいことにはならないと、理解することです。そして理解するには、やってみるしかありません。練習あるのみです」

小さな成功と喜びを積み重ねる

リスクをとる練習をはじめたら、小さな成功を何回か経験する必要がある。もし、自信が揺らいでしまうような困難な事態に直面しているなら、自分がゾウを食べることを想像してみるとよい。

一度に一口ずつ食べるはずだ。そして一口食べるごとに、自分ならできるという感覚が育っていくだろう。新しい技能を学ぶのに苦労しているなら、達成しやすいステップに細分化すればよい。新しい言語を学びたいとする。流暢《りゅうちょう》に話せるようになるには長い時間（ときには年単位）がかかるため、無謀な目標に思えてしまう。だが、学習の過程を細分化し、最頻出の二〇〇語をまず覚えるという目標を立てれば、はるかに達成しやすく感じるはずだ。しかも数週間で結果を出せる。怖いことや難しいことに取り組むとき、過程を細分化して小さな目標を設定すれば、取り組みやすくなる。

次に、小さな目標を達成したときは、そのことをしっかり認識し祝うことだ。過去に、何か難しいことを習得したときや、不可能だと思っていたことに成功したときのことを思い出してみる。成功したときは、どのような気持ちだっただろうか。何かを達成しても軽く考え、次の目標に向かってしまうことがよくある。だが、時間をとり、小さな成功を有意義に祝わなければならない。友人と特別な食事に出かけるのもいいし、好きなことをするために丸一日休むのもいいだろう。

また、小さな成功をどのように成し遂げたかに思いを馳せるのも大切だ。目標に到達するために何をしただろうか。実際の行動そのものに焦点を合わせるのではなく、取り組み方や、目標達成の過程で自分をどのように成長させたかに目を向けてみる。目標達成に至る過程をはっきり認識できれば、将来、同じような目標を再び設定したときに活用できる。

お手本となる人を観察する

自分の信念を貫こうとしている人をお手本にする。誰かが自信を持って行動しているのを目にすれば、自分も同じようにできるという信念を育むのに役立つ。立場などが似ている人をお手本にすれば、一層効果的である。お手本の人と似た経験をしていればしているほど、自分の信念が育つ可能性が高まる。尊敬できる人たち、特に、あなたのことを知り、気に入ってくれている人たちから支援を受けるのも有効だ。そして、あなたの目標達成を信じている理由を、その人たちに話してもらうとよい。

最後に、正の強化（Positive reinforcement）を忘れないようにする。第一章「正しい考え方を選ぶ」で紹介した、自己成就的予言を覚えているだろうか。自己成就的予言を利用し、困難な目標でも自分なら達成できると思い込むのだ。この方法は、自信をつけるためのとてもよい練習になる。

自尊心

別の方法でも、自信をつけられる。自尊心に着目するのだ。自己効力感と自尊心は同じものに思えるかもしれないが、大きな違いがある。自己効力感は、自分の行動力や目標達成力に対する信念であり、自尊心は、自分は充分に善良で愛されるに足る存在だという感覚である。別の言い方をすれば、自己効力感とは、自分は何をできるかという認識であり、自尊心とは、自分は何者かという認識である。自尊心は、自信や自己肯定感とよく混同されるが、自信と自己肯定感は、成功や失敗など、自分の外側にある事柄や評価から生じてくる。これに対して自尊心は、自分の内側にあるものの みから生まれてくる。辞書では自尊心を、「自分は善良であり、敬意を持って扱われるに値するという気持ち」と説明している。

自尊心が低い人もいる。成長期に周囲からどのように扱われたか、人生で遭遇した苦痛や落胆を伴う出来事、さらには性格特性（完全主義、社会不安症、気弱など）が自尊心の低さの原因になる。根本的な原因が何であれ、自尊心が低ければ、自分は敬意を払われるほど善良ではないと信じ込んでいるはずだ。自信も自己効力感も、新しい課題や役割に取り組む中で、時間とともに変化していく可能性がある。しかし、自尊心は変化せず安定しているのが望ましいとされる。本来、誰もが、敬意を払われ優しくされるに値する存在だからである。

だが、自尊心の安定を望んでも、後ろ向きなメッセージがあふれる世界では難しいだろう。圧倒的な影響力を持つソーシャルメディアで、投稿に対する厳しいコメントや批判的なコメントを見て重く受け止め、人間とはそういうものだと考えてしまった人は多いはずだ。世の中には、意地悪な人は大勢いる。インターネットの普及で、人々が互いに傷つけ合う場面が生まれやすくなったが、自尊心にまで影響を及ぼすような状況は許すべきではない。

アンモル・ロドリゲスは、生後二か月のときに父親からひどい暴力を受けた。母親も被害に遭った。父親は息子が生まれなかったことに、ひどく腹を立てたのである。父親は酸性の劇物をアンモルと母親に浴びせ、母親はこのときの負傷がもとで亡くなり、アンモルも顔面を含む身体に、一生消えることのない傷を負った。父親は逮捕され、親戚たちはアンモルを見捨てたため、アンモルはムンバイに拠点を置く福祉団体の児童養護施設で育てられた。施設では友人もでき、充分な支援を受けて安心して暮らすことができた。

子供時代の大半を幸せに暮らせたアンモルだったが、大学に通いはじめると、他の学生たちがアンモルのことを噂し、奇異の目を向けてくるようになる。大学卒業後、アンモルはソフトウェア開発者として採用されたが、二か月後に解雇された。はっきりした解雇理由は告げられなかったが、あとで同僚から、一部の人たちがアンモルの顔を不気味に思っていたと聞かされた。

同じような状況に置かれたら、引きこもってしまう人が多いだろう。しかし、周囲の人たちの意地悪な態度は、アンモルの心に劇的な変化をもたらしていた。誹謗中傷の被害を受けたままでいることに、我慢がならなかったのだ。アンモルの持って生まれた自尊心は確固としたものになっており、自分が置かれている状況を自ら改善したかったのである。そこで二〇一六年に、ソーシャルメディアでの発信をはじめた。

最初、アンモルの友人たちは、発信はやめたほうがよいと忠告した。今度は、ソーシャルメディア上で誹謗中傷を受けるのではないかと心配したのだ。「私はソーシャルメディアで自分の顔写真を公開した、アシッドアタック（酸攻撃）被害者の第一号です」とアンモルは語った。アンモルの投稿に悪意あるコメントが殺到することはなく、逆に大勢の人々に共有され、反応の大半が肯定的なものだった。

通常、アンモルが投稿する写真に修正は加えられていない。ありのままの自分を見てもらいたいからだ。アンモルは言う。「批判を浴びないわけではありません。荒らされたり、否定的なコメントがついたりします。でも、これは仮想空間での出来事だと常に意識していますから、深刻には受け止めません」。今では、アンモルはソーシャルメディアのインフルエンサーとして活動し、アシッドアタックの犠牲者を支援するサハス財団を創設している。世界中のファッションショーに出演し、TEDx（非営利団体TEDの精神を受け継いで世界各地で運営されるイベント）で講演した。短編映画への出演も果たし、二〇一八年にはこの作品で、インド最大の映画祭であるキャストツリー映画祭で最優秀女性演技賞を受賞している。アンモルの持って生まれた自尊心は、悪意あるコメント、批判、処遇を受けても動揺しなかった。アンモルは一貫して同じ態度で、自分自身を見つめている。

人によって自尊心の特性に違いがあるが、微妙なものでわかりにくい。また、自尊心の違いを調べるのは、心の内面に関わる問題である。研究者たちは、自尊心の高さは、自分自身への思いやりに由来する傾向があると考えている。自尊心は、「昇進した」あるいは「リストにある作業をすべて終えた」など、成果や条件に基づいて生まれるわけではない。また、自尊心の高さは、感情が安定していることと密接な関係がある（だからこそ、自分の考え方や感情と向き合うのが重要になる）。そして、失敗したり間違ったりしたからといって、自尊心の高さが変わるわけではない。また、他の人と比べて自分が勝っているという理由で高くなることもない。

自尊心を高めるには、以下のような方法がある。

- **自分自身を思いやる。** 親友に話しかけるような調子で、自分自身に話しかけてみる。自分で決めた自己成就予言に立ち返り、健全なルーティンを維持して、心身のケアを続ける。
- **自分の内面に目を向けて、自分の価値を認める。** 満足感を得るため、外部からの評価を得ようとするのは避けるべきだ。何かの目標を達成して自己効力感を得ることにも意義はあるが、自分の内面への働きかけや内面の変化だけが、自尊心を高められる。
- **自分自身と自分の行動とを、わけて考える。** 仕事、立場、社会的地位を自尊心のよりどころにしている人があまりにも多い。自尊心は目に見える成果ではなく、生まれつき持っている自分の価値をよりどころにして高まっていくものである。
- **他の人と比較しない。**「比較の罠」は、私たちが陥りやすい、非常に有害な現象である。ネットを利用するなら、特に気をつけたい。他の人と比較すると、負の思考のスパイラルに陥り、人生の目的からそれていってしまうことがある。ネット上かどうかに関係なく、自分を他の人と比べるのは健全ではない。何としても、比較の罠を回避するのだ。

自信

自尊心と自己効力感を組み合わせれば、自信をつけていくことができる。自信とは、自分自身を信頼できるという気持ちや信念のことである。強い自信を持つことは、友人、家族、同僚に対して強い信頼感を抱くのに似ている。あなたから見れば、それらの人々はしっかりとした自尊心を持ち、彼らが何をしても、その根底には善良な心があるとわかっている。自分に対しても同様の信頼をしていれば、何が起ころうとも、自分自身に見捨てられることはないという気持ちになるだろう。

マーケティングの専門家ポーシャ・マウントは、中国の上海に駐在していたとき、ひどいインポスター症候群（詐欺師症候群）を経験した。自分の能力は取るに足らないと思い込み、自身の能力を疑い、専門家として働いている自分を詐欺師のように感じてしまった。このときのポーシャは、自己効力感と自尊心のどちらにも頼れなくなっていたのである。強い自信に支えられて職歴を積み重ね、当時の役職を手にしたが、新しい役割はポーシャの自信を揺るがした。PR会社の上海事務所で働いているアメリカ人は、ポーシャともう一人だけで、ポーシャは、新しい環境で働くための心の準備ができていなかった。顧客はポーシャの仕事におおむね満足していたが、ポーシャ自身は、自分の仕事がうまく進んでいるとは思えず、上海の企業の速いペースについていけないと思い込んでいた。当時のことをポーシャはこう語った。「カルチャーショックに圧倒された上、懸命に働いて手に入れた地位を失うのではないかと恐れていました。頑張り屋の私は、今は回復途中です。振り返ってみれば、成功をつかもうと、不必要なプレッシャーを自分にかけていたのです」

ある夜遅く、CEOがポーシャに電話をかけてきた。「夜の一〇時にいったい何の用だろう」とポーシャは思った。CEOはこう言った。「ポーシャさん、クリスです。どうしているか気になりましてね。なかなかよい仕事をしていると聞いていますよ。それで、何か助けが必要なら遠慮なく知らせてほしいと、お伝えしたかっただけです」。ポーシャは次のように回想している。「電話がかかってきたときは、『CEOがなぜ電話をかけてきたのかしら。私を解雇する口実を探すため、スパイを送り込んできているのかもしれない』と考えました。客観的に見れば完全に資質が備わっているとしても、自信喪失に陥ると、自分の能力や資格は不充分ではないのかと勘繰ってしまうのです」。電話の後、ポーシャはＣＥＯの言葉をじっくり考え、自分がＣＥＯに支持されていることに気づいた。ＣＥＯはポーシャが仕事で成功することを望んでいるばかりか、成功を確信しているのだ。ポーシャは言う。「頭の中の恐怖感を断ち切り、自分の無知を受け入れ、周囲に助けを求め、完璧主義をやめればいいだけでした」

わずか一晩では心の中の疑念を払拭できなかったが、時間が経つにつれポーシャは中国での生活に慣れ、遠慮なく助けを求められるようになった。ニューヨークに戻った友人たちから励ましを受け、上海の新しい同僚たちとの協力関係を築いていった。それに伴い、自分の能力に対する自信も育ちはじめた。顧客と良好な関係を築く経験を積み、自分自身にはやさしい言葉をかけるようになった。「自分を休ませるようにしました。故郷から遠く離れた、言葉が通じない新しい街で暮らしているのです。私が新しい職場環境で完璧な仕事をすることなど、誰も期待していなかったのです」

それまでポーシャは、自分にこう言い聞かせていた。「私は詐欺師。口を開いた途端、とんでもない詐欺師だと皆にばれてしまう」。ポーシャはこの言葉を変える必要に迫られ、このように言うことにした。「現実問題として、会社は不適任な人物を海外派遣するために、巨額の費用をかけたりはしない。そんなことはありえない」。さらにポーシャは、経歴を自分に語りかけることにした。自信が持てずに苦しんでいるとき、過去の業績を振り返って、自分が何を成し遂げてきたかを思い出すのである。「座ってリンクトイン（ビジネス向けのＳＮＳ）のプロフィールを眺め、自分に言い聞かせるのです。『最近の三件のレビューを見てご覧なさい。何が書いてある？　これがまぎれもないあなた。今のポジションにふさわしい、有能な人物なの』」

ポーシャは、自信をつけるために前向きなセルフトークを取り入れた。状況を好転させるためにセルフトークを利用するとしたら、何に気をつければいいのだろうか。それは、愛する人や尊敬している人には言わないような言葉を、自分にかけてはならないということである。ためしに、今までに出会った素晴らしい人を思い浮かべてみるとよい。その人の悪口など、言う気にはなれないような人だ。その人が何かミスを犯して、あなたが迷惑を被ったとする。あなたはどんな反応をするだろうか。「愚か者」だとか「この能無し」などとは決して言わないはずだ。しかし、何の配慮もせず、自分にそうした言葉を投げかけている人が多い。悪口はやめて、今思い浮かべた人に話しかけるような言葉を使うとよい。このような言い方になるのではないだろうか。「あなたがミスを犯したことはわかっています。でも、誰でもミスは犯すもの。どうすればよいか検討しましょう」。後ろ向きなセルフトークを控えると決めれば、新しいことに挑戦したり、機会をつかんだり、失敗しても許されたりする環境を、自分のために整えられるのだ。

自分に疑念を抱きはじめたら、自分の強みに目を向けるようにすればよい。たとえば、気がかりな課題があり、知識不足で解決できないと心配になったら、自分が知っていることに意識を集中する。また、解決策は思いついたものの、向き合っている課題が大きすぎると感じるなら、なぜその解決策でうまくいくのかという点を考えるようにする。人生について考えて落ち込んでいるなら、今感謝していることを考えるようにする。問題の解決策について話せば、後ろ向きな考え方に陥るのを防ぎ、前向きな考え方に焦点を合わせられるようになる。

また、知識や経験に関して、実際の仕事で求められるレベルと現在の自分のレベルに差があるとわかったら、すぐに対処する。若き支店長だった（第二章「成功のために心の状態を整える」でその波乱に富んだ経験を紹介した）共著者のマイケルもまた、インポスター症候群を経験している。まだ二五歳だったマイケルは、自分は支店長にふさわしくないと考え、同僚に能力不足が露呈してしまうのではないかと恐れていた。「自分は若く、知識不足だと感じていました。そして、二つの選択肢があることに気づいたのです」とマイケルは言った。「自分を悪く思い続けるか、何かをして打開を図るかの二つに一つです。そこで、自分にこう言い聞かせました。『知識不足が問題なら、できる限り学習すればいい』。営業担当者たちに、電話営業に参加してよいか尋ねたところ、全員が承諾してくれました。また、トレーナーが実際に指導している講座への飛び入り参加も認められ、聴講できたのです。両方の機会（電話営業と聴講）を利用して、私は営業担当者とトレーナーに質問を浴びせ、何をしているのか、そしてなぜそうしているのかを知ろうとしました。とても素晴らしい経験になり、数年分の学習を半年で済ませたようなものでした。学べば学ぶほど自信がつき、間もなく、私は自分の仕事を本当に理解できるようになりました。そして、いつの間にかインポスター症候群を克服できていたのです」

自信というものは、自分自身と、自分独自の能力を信じることから生まれてくる。そのため、他の人と比較すると自信が失われる可能性がある。私たちの誰もが、自分以外の人間になることはできないのだから、自信をつけるには自分自身を最高の状態にしていくしかない。

テキサス・レンジャーズの実況アナウンサーを務めていたビクター・ロハスは、当時の花形アナウンサー、エリック・ナデルに憧れていた。エリックは殿堂入りした伝説のアナウンサーで、ビクターは懸命にエリックの真似をしていた。ある野球シーズンの半ば、ビクターの妻は夫にこう言った。「レンジャーズで、あなたはずっとエリック・ナデルになろうとしてきたけど、あなたは、あなたらしくするべきよ」。妻の言葉で、ビクターは「自分は第二のエリック・ナデルにはなれない。最高のビクター・ロハスを目指さなければならない」と悟った。

自分はこうあるべきという考えを捨て、ありのままの自分を受け入れたビクターは、ロサンゼルス・エンゼルスのアナウンサーを一〇年間続けられた。自分の独特な声をそのまま受け入れたことで、ビクターは自身の才能を枠にはめず、自由に開花させることができたのである。そして、以前には想像もしていなかった成功を収めたのだった。ビクターは、自力で伝説のアナウンサーになったのである。

本章のポイント

自信というものは、永久に保てるわけではない。何年もの経験があっても、自信を失う時期は誰にでもめぐってくる。そのようなときは、自己効力感と自尊心を自分の中心に据え直し、再構築しなければならない。失敗や困難な状況を経験した後ならなおさらだ。この再構築は繰り返し行なわなければならず、うまく再構築できれば、何が起きても大丈夫という気持ちになる。つまり、自信がついた状態になるのである。

自信をつけるには時間と労力がかかり、練習も必要になる。しかし、しなやかな心のあり方で臨めば、自信をつけやすくなる。私たちは、自分の能力に対する信用、自分は何者かという認識、これまでの失敗と成功の経験に基づいて、自分に対する信頼（ときには不信感）を形成している。自分の考え方や感情に向き合った後、自信をつけていくことは、私たちが自身の人生を動かすための重要な要素である。

原則

自分が本来持っている素晴らしさに気づき感謝する。

実行するためのステップ

◉自己効力感を高める。

——リスクをとる。安全圏から一歩外に出たとき、小さな機会をつかめば自信をつけられる。どんな機会があるだろうか。

——自分自身のために小さな成功を経験する。達成可能な目標を設定し、達成感を味わう。

——成功を祝う。毎日の終わりに少し時間をとり、その日にやり遂げたことを思い出して祝うとよい。

◉自尊心を高める。

——自分自身を思いやる。

——自分の内面に目を向け、自分の価値を認める。

——自分自身と自分の行動とを、わけて考える。あなたの価値は、仕事や肩書きに基づいてはいない。

——他の人と比較しない。

——愛する人と話すときのように、自分自身に話しかける。

◉自信をつける。

——自分をほめる。

——自信のある人を、お手本にする。

——正の強化を利用する。

——あなたをよく知り、好意を持ってくれている人から、支持と肯定的な意見をもらう。

5 変化を受け入れる

人は出来事それ自体によって傷つくのではなく、出来事に対する自分の意見によって傷つく。

デール・カーネギー

ルーク・マグワイア・アームストロングは、耳に聞こえるのと同じくらいはっきりと、銅鑼《どら》の音を身体全体で感じ取った。今は午前三時で、銅鑼の音は、朝の瞑想のはじまりを告げている。僧衣をまとった僧侶たちが、何もしゃべらずに居室から本殿に向かう。ルークは僧侶たちの後を追いながら、なぜアジア旅行で、タイにある上座部仏教の寺院に来たのだろうかと首をかしげた。この疑問が心を悩ませた回数は数え切れないほどになるが、皮肉なことに寺院は、「心配のない寺」というニュアンスの名前だった。

ルークは、最近出版した本の宣伝のため、バンコクからネパールに向かう予定だった。しかし、突然激しい首の痛みに見舞われたため、計画を変更したのである。病院とカイロプラクティックの治療院に通ったが、何の解決にもならず、痛みが引くことはなかった。だが、偶然が重なって訪れたこの寺院で、この寺に来て一週間ほど瞑想をすればよいとすすめられたのである。これが、ルークの思いもよらない経験のはじまりになった。

寺院で静かに瞑想し、ルークは自分の心の奥底を見つめていた。そしてある日の瞑想中、肉体的な痛みだけでなく、突然の痛みが引き起こした感情にも苦しんでいることに気づいた。このときのことをルークはこう語った。「自分の身体に感じていた不安、恐れ、失望や、自分の身体に裏切られたという思いなど、知らないうちに心の奥底で渦巻いていた気持ちがあらわになったんだ」

作家として成功するため、ルークは懸命に働いてきた。本を執筆し、ブログを更新し続け、作家として独り立ちするのに必要な、あらゆる仕事をこなしてきたのである。そのような生活をしているうちに、数分以上パソコンの前に座っていると、激痛が走るようになってしまった。生活が痛みによって支配されようになり、これまで努力し築き上げてきたものが、次第に崩されていくように感じていた。瞑想中の気づきについて、ルークはこう説明する。「僕が苦しんでいた感情は、実は僕に向けてメッセージを発していたんだ。僕が内心では計画の変更に納得せず、痛みのおかげで失敗したと思っている。そのことを伝えるためのメッセージだったんだ。そして、僕はようやくメッセージに気づいたというわけだ」

ルークは激しく落ち込んだが、この出来事をきっかけに、なぜ身心の調子が悪化したのか、その理由を認識しはじめたのである。

精神科医、心理学者、作家でホロコーストを生き延びたヴィクトール・フランクルは、「状況を変えられなくなったということは、自分自身を変えるよう求められているのだ」と述べている。ルークの場合も、環境を大きく変えることはできなかったため、ものの見方を変えなければならなかった。そこで、現実を認めることからはじめた。ルークは自分の旅の進め方に固執しており、そのことが、負傷した首と同じように痛みを引き起こしていた。「人生はこうあるべきだという、自分のこだわりを手放してしまえば、現実に戻り、今いる場所からスタートできるものさ」とルークは言う。ルークは、ヨガと瞑想を組み入れた日々のルーティンをつくった。このルーティンは、変化を前向きにとらえられる、希望に満ちた心のあり方を育むのに役立った。さらに仏教の沈黙行《ちんもくぎょう》も取り入れ、午後一〇時から午前八時まで、対面でもオンラインでも人と話したり関わったりするのを避けた。あれもこれもやろうとするのはやめ、厳選したことを丁寧に処理するようにした。また、一人で瞑想する機会を増やし、振り返りの回数を増やした。これらの実践により、計画が変更されても、心を開いて受け入れやすくなった。そして、何が起きても最善を尽くせるという、自信をつけるのにも役立ったのである。

変化を受け入れようとする努力は報われ、ここ最近の四年間で次のような成果を挙げている。カルナ・アティトランという名称の、芸術とヨガを取り入れた瞑想センターをグアテマラに設立した。本は四冊刊行している。何人もの作家の出版を支援した。六枚の音楽アルバムをリリースした。そしてグアテマラの学生八五人のために、一〇万ドルの寄付金を集めたのである。適応力に優れたルークは、自分にも他の人にもメリットがある方法で、自身の未来像を完全に描き変えてしまったのだ。

第四章までで、自分の考え方に注意を払い、感情と向き合い、成功に向けて自分を整え、自信をつける方法を学んできた。これらの手法は自分を強くするが、何か変化が起きた場合は、コースから外れたように感じてしまうかもしれない。変化によって計画が狂えば、やる気を失う人も出てくる。

本章の目標は、変化を受け入れ、そこに何かの機会を見出すことである。

ベストセラー『ＧＲＩＴ　やり抜く力』の著者で学者のアンジェラ・ダックワースは、こう語っている。「人生の中で、手に負えないようなひどい出来事が繰り返されると、自分は逆境に対して無力だと思うようになります。しかし、精神的回復力があれば、これとは異なる反応を見せます。自分が対処可能な小さな事柄を見つけていくのです。回復力がある人は、何もかも思いどおりになるという幻想は持たず、常に『あれもこれもうまくいかなかったけれど、まだ試していないものがある』と考えます」

変化を期待していたかどうかで、いらいら感や心理的な抵抗感が減るわけではない。突然の変化に取り乱したり感情的になったりするのは、いたって普通の反応である。感情的な反応は、期待と相関関係にある場合が多い。第三章で紹介したスーザン・デイビッド博士によれば、「自分の感情と向き合う」のは一つの技能であり、「人生の紆余曲折を自己受容、明晰な洞察力、開かれた心で乗り切る」ことを可能にするという。

今度、変化に直面したときは次の三点を実践してみるとよい。

一、心理的な抵抗感があるのを認める。
二、避けられない運命には調子を合わせる（自分で変えられないものは受け入れる）。
三、自分にできることをする。

しかし、混沌の中を上手に立ちまわり、変化を受け入れるということは、抵抗せずに好ましくない経験を甘受するという意味ではない。そのようなことは、すべきではない。デイビッド博士は次のように述べている。「受け入れることは、変わることの前提となります。これは、ありのままの世界を受け入れることを意味します。私たちが宇宙を思いどおりにしようとするのをやめて、はじめて宇宙と平和的な関係を築けるからです……戦いが終わると、ようやく変化がはじまります」

心理的な抵抗感があることを認める

二〇一九年の秋、宗教系大学に通うフェイス・スミス＝プレイスの妊娠が判明した。フェイスにとって予想外の事態だったが、紛れもない事実だった。フェイスにとって不利な条件はいくつもあった。まだ在学中で、寮に住み、子供の父親とは結婚しておらず、健康保険に加入していなかった。以前に想像していたような大学四年生の姿ではなかったし、望んでいた人生でもなかった。

フェイスは、無謀な挑戦を強いられているかのように感じた。さらに悪いことに、長期的な影響が考えられた。大学を卒業できなかった場合、就職とキャリア形成にどのような影響が出るだろうか。そもそも妊娠が就職に影響を与えたら、子供を育てられなくなるのではないか。「自分なりに人生設計をしていました。妊娠が判明し、まるで絨毯《じゅうたん》が足元から取り去られるように、人生計画がなくなってしまったのです」とフェイスは語った。

フェイスは打ちのめされ、腹を立て、将来に不安を感じた。当初感じていたのは、妊娠したという新たな現実に対する拒否感だった。だが、ストレスとつわりに苦しむ中で、自分には選択肢があることに気づく。中絶という、自分で「正しい」とは思えないことに焦点を合わせるか、人生でうまくいっていることに焦点を合わせるかの二つである。フェイスは同時に、人の優しさというものにも気づくことができた。親友であり子供の父親でもある男性は、フェイスと子供を見捨てないと約束してくれた。一緒に家庭を築きたいと思える人は、フェイス以外に存在しないというのである。妊娠を告げると、男性は黙ってフェイスを抱きしめた。優しさが充分に伝わってきた。また、フェイスの母親はこう言った。「たいした財産はないけれど、私たちの持ち物は、みんなお前のものだよ」。そしてお腹の中の子供がはじめて動いたとき、フェイスは優しい気持ちになっていた。「状況は変えられないけれど、その状況のよい点に目を向けることならできると気づいたの」とフェイスは語った。

フェイスには出産前にしておきたいことがあったが、その方法や手順を変えなければならなくなった。期末試験の直前には、コロナウイルスが蔓延《まんえん》して大学が閉鎖されてしまう。大多数の学生にとっては災難だったが、フェイスにとってはありがたかった。フェイスは出産までの二週間を隔離状態で過ごし、大学への提出課題を終わらせ、オンラインで期末試験を受け、口頭試問の準備を進めた。その後、作文の講師として最後のオンライン授業を終えてから、陣痛に見舞われた。赤ちゃんを家に連れ帰った一〇日後、フェイスは学位を取得した。

「今、私は夢のような環境で働いています。快適な自宅から仕事ができて、最愛の息子と夫とともに過ごせるのです。自分ではどうにもならないことが多いと思いますが、喜びをもたらしてくれることに意識を向ければ、どんな状況でも乗り切れます。災い転じて福となすことだってあるのです。もしそうなったら、ありがたく状況を受け入れましょう」

フェイスが当初感じていた、現実を認めることへの抵抗感に屈した可能性もある。また、「こうあるべき」という自分の考えに固執した可能性もある。しかし、どちらも選ばなかった。人生の劇的な変化に応じて、フェイスは自分のものの見方と、状況への対処方法を変えたのである。

たいていの場合、変化に対する抵抗感が私たちの心の中で「戦い」を引き起こしてしまう。ルークは何週間もの戦いの後、現実を認めて前へと進みはじめた。心の中の抵抗感に気づいたフェイスは、人生に起きた変化を受け入れようと決意した。そしてスムーズに変わっていけるよう、できるだけのことをしたのである。大きな困難を経験した二人だが、負担が少なかったのはルークだろうかフェイスだろうか。抵抗をやめれば、今後の計画を立て、次に起きることを自分でコントロールできるようになる。

避けられない運命には調子を合わせる

本書を執筆している期間に、カリフォルニアに飛び、州全体の規模で開催される会議の基調講演を行なうことになった。私にとっては、コロナ禍がはじまって以降、はじめて参加する対面での講演会だった。できるだけの準備をして、無事に講演を済ませたかった。講演会前日に会場に到着した私は、主催者とともに設備を確認した。テストした小さなピンマイクは、ネクタイにクリップで留めて使う。講演のときにジェスチャーを多用するため、マイクで手をふさぎたくないのである。ステージに立つと、天井から吊り下がっている約三メートル四方のモニターが見える。これはうれしい設備だ。後ろを振り向いたり視線をそらしたりせずに、背後の巨大スクリーンや、ステージ前方の床面に設置された小型モニターの画面を確認できる。それらと同じ画面が、目の前に吊り下がっているモニターに分割表示されるからだ。どの設備も申し分なく、主催者は、明日の講演はスムーズに進行するだろうと請け合った。

翌朝、講演会の時間になり、私は舞台裏に立っていた。床から天井までの高さがある垂れ幕がステージの横いっぱいに広がり、観客席からは舞台裏の私が見えないようになっていた。司会者が私を紹介する声が聞こえたので、ステージへと続く階段を駆け上がる。だが、つまずいて転び、這《は》いつくばったような姿勢になってしまった。痛みはなく、まだ垂れ幕の裏側だったため、聴衆に姿を見られることもなかった。ただ、床に手足を打ちつけたときの「ドスン」という音が、聴衆に聞こえたかどうかが気がかりだった。私は立ち上がり、ほこりを払ってステージに急いだ。転倒を冷静に受け止め、満面の笑みを浮かべて登壇する。「動揺して汗をかいているところは、聴衆に絶対見せないようにしよう」と心に決めていた。そして話しはじめた。「リーダーになった皆さんは、これまで以上に、組織にとって重要な存在になったわけです」。話しはじめてすぐ、ピンマイクが動作していないことがわかった。少し時間を置いて、もう一度話してみる。「リーダーになった皆さんは、これまで以上に、組織にとって重要な存在になったわけです！」。語気を強めてみたが、聴衆は私を見たり、互いに顔を見合わせたりしている。聴衆の一人が、「聞こえないよ」と叫んだ。それからの気まずい一分間、私はステージで棒立ちになり、音響チームが私のピンマイクを調整していた。この間、聴衆は辛抱強く待っていてくれた。やがて主催者がステージに上がり、大きなハンドヘルドマイクを私に渡してきた。最も嫌いなタイプのマイクだ。事前の打ち合わせでは、私の希望どおりピンマイクが使えるので、不要だと言われていた代物である。それでも私は、デール・カーネギー・トレーニングのトレーナー養成課程で教えられたことや、臨機応変に対応することの大切さを思い出し、何事もなかったかのように講演をはじめた。だが、トラブルはこれだけではなかった。ふと見上げると、わずか一二時間前までは天井から吊り下がっていたモニターが、跡形もなく消えていた。「おいおい、冗談だろ」と思った。前日の準備は水泡に帰したのである。

大勢の聴衆の前で二年ぶりの講演をしながら、私はいらつき、失望と怒りを感じていた。そして「これは、あとで話題にできるエピソードだな」と思い、まずは講演を成功させることに全力を尽くした。

デール・カーネギーの原則で私が好きなものの一つが、「避けられない運命には調子を合わせる」である。私たちが学ばなければならないことは、自分では変えられないものを受け入れることと、状況への対応方法を変えることである。私はステージ上で、避けられない状況を受け入れて講演会を進行させ、全力を尽くすことを選んだ。結局、講演は成功を収めた。ステージから下りると音響エンジニアが何度も謝ってきた。私は彼を見て言った。「トム、知ってるかい。今日、私に起きた最悪の出来事がマイクの故障だとしたら、かなり幸運な一日なんだ。もっと運が悪い日だってあるからね」

ここで紹介したのは、物事が思いどおりに進まない、ちょっとした具体例である。それでも、柔軟に対処する必要性は充分に説明できたと思う。このような状況に対処する最善の方法は、事態を受け入れて前へと進み続けることなのだ。

自分にできることをする

すべての変化が大々的にもたらされるわけではなく、また、すべての変化が強制されるわけでもない。人生もまた、自分が何者かを問われるような、劇的な場面だけで構成されているわけではない。旧来のやり方を尊重しながらも、変わろうとする意欲は必要とされる、そのような日常を過ごしていかなければならない。

ジョン・モブスとベティ・モブスは、アイダホ州ハウザーで再生型農業を実践する農場を経営している。除草剤、殺虫剤、化学肥料を使わず、家畜は牧場内で繁殖させ、自然のままの土地を使っている。ジョンの祖父母と父母が農場を創設したのは、一九七二年のことで、ジョンは農場経営に必要なあらゆることを教え込まれた。やがてアメリカで従来型農法（農薬や化学肥料を使って作物の収量を上げる農法）が標準となったが、ジョンとベティは、化学物質を使って農地を管理する方法が本当に適切なのか、疑問を持ち続けていた。

二〇一八年に再生型農業会議に出席したジョンとベティは、化学肥料や農薬などの合成化合物が、土壌の健康を促進する微生物や昆虫を殺していることを知る。ジョンは、祖父母が合成化合物を使用せず、鶏糞を肥料に使っていたことを思い出した。二〇世紀初頭の農法が、今も地球にとって最善の農法なのである。またこの会議では、牛の出産シーズンを自然に合わせたものにすることが、強く推奨された。ジョンの農場では、出産シーズンがはじまるのは毎年二月だった。ジョンの祖父母も父母もそうしてきたし、ジョンもそのように教えられていた。ジョンとベティは、再生型農業を実践している他の農業者と話したとき、このように言われたのである。「二月だと冬ですから、気温は氷点下まで下がります。そのあとに泥の季節が到来します。それなら、自然と同じように、草が生えてから出産シーズンがはじまるようにしたほうが、いいのではないでしょうか」

このときのことをジョンが話してくれた。「話を聞いて、どうしてもこう言いたくなりました。『ちょっと待ってください。祖父と父が今のやり方をはじめたのです。出産シーズンは、今までと同じようにするべきでしょうか、それとも変えるべきでしょうか』」。ジョンもベティも、今よりもよい方法があるなどとは、考えたことがなかった。それに、ジョンの祖父と父親の知恵を尊重したいと思っていたため、やり方を変えるのには抵抗があった。しかし、生態系農業を学ぶうちに、家畜と土壌の健康を損なっていることに気づかされたのである。二人は、「全か無か」という極端な変革を行なうのではなく、生態系農業を受け入れ、農場の一部に再生型農業を取り入れながら、これまで家族で行なってきたやり方も残すことにした。同時に、二月から出産シーズンをはじめるなどの慣習は、もはや意味がないことを認めた。

ジョンとベティは、農法を変えるという大仕事に取り組もうと決意する。ベティは言う。「一番大切にしていることは、農地、家畜、そして顧客の世話役に徹するということなの。自分たちがされたいように、他の人に接しているわ」。変化を受け入れることで、二人は自分たちが住む地域を、健康的で幸せな場所にしたのである。

変化を受け入れるには、選択を迫られることもあるのだと理解する必要がある。このまま快適な生活を続けるか、自分にも周囲の人々にも望ましいと思われる生き方へと変えていくか、決断を求められることもあるだろう。また、変化は常に「やって来る」わけではない。自分から出向き、変化に向き合わなければならないこともある。

しかし、変化ばかり求めていると、望ましくない生き方が身についてしまうこともある。ユーリ・クルーマンは、変化への対応力に自信を持っていた。九歳でロシアからアメリカに移住し、新しい言葉と文化を学んだ。そしてフランス人の技術者と結婚し、神経科学の研究をやめてロースクールに通うようになった。ユーリは、人生に訪れる変化に、うまく対応できると自信を深めた。自分の人生は、変化し続けることが定められているかのように感じた。もちろん、よい意味での変化である。しかし、社会に出る頃には、相次ぐ変化に翻弄されるようになる。二〇〇九年にロースクールを卒業したが、ちょうど金融危機の真っただ中で、ユーリには二五万ドルの学生ローンが重くのしかかっていた。求人は少なく、生活費を稼ぐため不承不承、金融の仕事に就いたが、ユーリが望んでいた進路ではなかった。そもそも金融という分野が大嫌いだったユーリは、ヘルスケア、コンサルティング、スタートアップ企業、製品管理、人事というように仕事を転々としたが、決して満足することはなかった。

生後二か月の娘が癌《がん》と診断されたとき、ユーリの人生は急停止した。「私は立ち止まり、自分にこう言いました。『いったい何をやっているんだ。人生を粉々にしてきた。結婚生活はうまくいっていない。子供は癌だ。変化する物事にただ反応するだけの人生はやめて、自分から積極的に働きかけるようにしよう。余計なものは削ぎ落して、重要なことに集中しよう』」

ユーリは、自分では変化に対応するのが得意だと思っていた。しかし実際は、自身の希望や家族が求めているものをじっくり考えず、絶え間ない変化の波に乗っているだけだった。意識して変化を選び取ったのではない。不愉快なことが起きるたび、変化を求めてきたにすぎない。そこでユーリは変化に頼るのをやめ、自分を動かして、人生に望むものを自ら選ぶことにした。

当時、ユーリ一家はニューヨークに住んでいたが、健康と安全を第一に考えてイスラエル移住を決断した。イスラエルのほうが安全で、物価も安く、ゆとりある生活ができると考えた。このときのことを、ユーリはこう語ってくれた。「変化が訪れることはわかっていたので、こう考えました。『自分から飛び込んでみよう。変化を待つのではなく、こちらから動いてみよう』」。ユーリは転職を繰り返すのをやめ、自分が好きで、しかも得意なことに集中した。物語を書き、人々を励ますのである。著書『Be Your Own Commander in Chief（自分自身の最高司令官になる）』には、混沌とした世界で有意義な人生を送るためのヒントが詰まっている。

現在、ユーリは人材コンサルティング企業の「HR・タレント&システムズ」のCEOであり、最高人材活用責任者としての受賞歴を持ち、第一級のリーダーシップコーチでもある。自身の経験と知恵を活かし、フォーチュン500(フォーチュン誌発行の企業ランキング)に取り上げられた企業やテクノロジー系スタートアップ企業向けに、社内教育コースと開発プログラムを提供している。そして、人生の方向性を見つけようとするミレニアル世代とZ世代を支援している。

ユーリはこのように助言する。「賞を勝ち取ることではなく、真実を求めることを人生の目標にするべきです。今考えているのは、真実を求めるということは、変化を受け入れるだけでなく、思慮深い方法で変化を推し進めることも意味するのではないかということです。自分が何者で、何が得意なのかを理解し、それに焦点を合わせて人生の変化を推し進めるのです」。またユーリは、本気で変化を受け入れるなら、失敗も受け入れなければならないことに早い段階で気づいた。「失敗と言っても、同じようなことを何回かしたうちの一回にすぎません」とユーリは語った。私たちは、解雇された、関係が終わった、機会を失ったなど、人生に起きる変化を失敗としてとらえることがある。しかしユーリは言う。「人生の中の驚き、失望、計画外の出来事を受け止めて、自分の人生を望む方向に向けるのに利用しましょう」。そうだ、変化を受け入れるのである。新しいものに向けて変化を推し進め、その過程で、真実と成長を求めていくのだ。

本章のポイント

本章で紹介した話はいずれも、抵抗感を乗り越えて変化を受け入れ、困難に見舞われても喜びを感じ、出来事に意味を見出すというものだ。変化に苦労はつきものかもしれないが、苦労が必須というわけではない。また、自分なりの意図と意識をしっかり持って変化に臨めば、予想外の成長の機会をつかめるかもしれない。人生で最も困難なときこそ最も大切なときであり、出来事に意味を見出し、前へと進むのに役立てることが、その困難に打ち勝つ方法だとさえ言えるかもしれない。そのためには、心を開き、何が起きても受け入れる覚悟が必要である。

原則　変化の中に機会を見つける。

実行するためのステップ

現在直面している状況や、自身の内面の状態のうち、変化を必要としているものについて考えてみる。以下の三ステップを練習する。

◉**心理的な抵抗感があるのを認める。**変化に抵抗する心が、変わることを難しくしている。必要な変化に、どのように抵抗しているだろうか。その抵抗感は、心のあり方、考え方、気持ち、行動に、どのように表われているだろうか。

◉**避けられない運命には調子を合わせる（自分で変えられないものは受け入れる）。**現在の状況で、避けられないことは何だろうか。起こらないよう望んでも、必ず起きてしまうことは何だろうか。手が出せない要因は何だろうか。前へと進むためには、何を受け入れなければならないだろうか。

◉**自分にできることをする。**避けられないことを受け入れたら、何ができるかを考える。これから起きる事態を受け入れるにしても、最善の状況にするため、できることはまだある。実行可能なことを書き出し、計画を立て、すぐにとりかかる。

6 後悔を乗り越える

今日という日を、心を蝕《むしば》む悩み事や痛切な後悔で台なしにするのは、あまりにももったいない。顔を上げて、春の日差しを受ける山の小川のように、アイデアをきらめかせよう。今日という日をしっかりつかまえることだ。二度と帰って来ないこの日を。

デール・カーネギー

アリー・ラブは、アメリカで異人種間結婚がそれほど受け入れられていなかった時代に、黒人の母親と白人の父親の間に育った。

幼い頃、アリーは祝日を二分割して過ごしていた。午前中は父方の祖父母と過ごし、午後は母方の祖父母と過ごすのである。一〇歳になるまで、アリーは自分の祝日の過ごし方に疑問を抱いていなかった。ある年のクリスマスの日、一家は父方の祖父母の家に自動車で乗りつけた。運転席に母親を残し、アリーと妹、そして父親の三人が下車した。三人は母親に別れを告げる。それまで、祝日ごとに繰り返されてきた光景だった。

しかし、その日のアリーは納得がいかなかった。アリーは言う。「母が車で走り去る一方で、玄関にいた祖父母は両手を広げ、笑顔で私たちを迎えてくれました。心が痛みました」。それまで、祝日ごとに両親が離れ離れになっていることに、いささかも疑問を持たなかった。「急に、両親が別れて過ごすことの意味がわからなくなりました。仲良く一緒に過ごしていた両親が結婚したのに、祝日を一緒に過ごさないなんて。崩壊した家庭のようだと思いましたが、それがなぜなのか、何を意味するのか、当時の私にはわかりませんでした」

アリーの母親は自分の親族に会いに行き、アリーもその日遅く、母方の祖父母に会う予定だった。しかし父方の祖父母の家で、母親と一緒にいられないことに、アリーは傷ついていた。当時を思い出して、アリーはこう語った。「母が一緒でないことに腹を立てたわけでも、祖父母が、母が立ち去った理由を尋ねなかったことに腹を立てたわけでもありません。幼い私は、何が起きているかを理解できませんでした。母と祖父母が一緒に祝日を過ごせなかったということに、傷つき、腹を立てていたのです」

その頃のアリーは知らなかったが、父方の祖父は、アリーの父親が黒人女性と結婚することに反対していた。アリーの母親が、父方の祖父母の家に招かれることはなかった。

アリーが大学生のときに父方の祖父が亡くなり、アリーにとって人生最初の大きな後悔へとつながった。「人生でたいした後悔はしていないですが、この祖父の件は別格です。時間をとり、祖父の信念や、そう信じている理由を尋ね、見識を深め、関心を持てばよかったと思います」とアリーは語った。「自分が不快に感じたそのときに、今挙げたような質問をすればよかったと後悔しています。

両親のことも祖父母のことも信頼していました。私と妹が充分に愛されていることもわかっていました。でも、『なぜ母をあんなふうに扱ったの』と尋ねる機会はありませんでした」。アリーが後悔しているのは、祖父に自分の考えを伝えられなかったこと、祖父の考えを理解する機会がなかったこと、そして、アメリカで黒人と白人の間に生まれた女性が、どのような経験をするかを、祖父に伝えられなかったことである。

過去に戻ることはできないが、後悔したアリーは、まだ存命の親類との関係を見直し、家族間で難しい話をする勇気を持てるようになった。たとえ賛成できなくても、親類の考えを理解しようと努め、その一方で、自分の考えを率直に話せるようになったのである。「最終的に、家族は一つになりました。祖母はまだ元気で、私にとってはかけがえのない人です。今では家族の結束が強まり、一緒に成長しています」とアリーは語った。「私は父のことも、一族のことも誇りに思っています。皆が成長し、勇気を持っています。他の人の主張に耳を傾けますし、状況を改善したり変えたりしようとします。団結し、一族が一つになろうとしているのです」

誰でも間違いは犯すものだ。そして、後悔、罪悪感、恥の気持ちを持つことがあり、その結果、前に進むのを妨げられてしまう。この三つは異なる感情だが、避けられない失敗をしたとき、どう対処し、どう乗り越えるかに影響を及ぼすという点は共通している。

仕事で小さなミスをしたときや、何かに失敗するか誤った決断をして、その結果が気に入らないときに、後悔の念に駆られることがある。原因は、食べすぎのようなささないものから、思いやりのない言葉や意地悪な発言で大切な人を傷つけたというような、深刻なものまでさまざまだ。その結果、後悔の程度もさまざまになるが、根本にあるのは、何かをしたこと（またはしなかったこと）が、望まない影響を生じさせたという事実である。後悔によって心が押さえつけられ、あなたが望むような人生を歩む妨げになったり、あなたの自信をなくさせたり、あなたに強いストレスをかけ続けたりする可能性がある。後悔の念を解消できれば、自分の考え方や感情を動かすのが、とても容易になるだろう。

作家のダニエル・ピンクは「World Regret Survey（後悔に関する世界調査）」を主導し、一〇五か国の一万七〇〇〇人から回答を得た。結果は『THE POWER OF REGRET　振り返るからこそ、前に進める』という本にまとめられている。この調査以後、ピンクは、後悔は最も誤解されている感情であると同時に、人の心に最も変化をもたらしやすい感情だと考えるようになった。調査結果を分析すると、後悔は二層構造になっていることがわかった。あの人をデートに誘わなかったとか、自分でビジネスをはじめなかったなどの表層的な理由の下に、ピンクが「深層レベルの後悔」と呼ぶものが横たわっているのである。そして深層レベルの後悔は、次の四つに分類できるという。

- **基盤に関わる後悔。** 生きていく上での基盤を、適切に構築しなかったことにまつわる後悔。例として、学校に行かなかったことや、退職後に備えて貯蓄しなかったことが挙げられる。
- **勇気に関わる後悔。**「何かをしなかった」という事実にまつわる後悔を指す。例として、起業の機会を逃したことや、本当に好きな人をデートに誘わなかったことが挙げられる。
- **道徳に関わる後悔。** 何かをした（しなかった）ことに関する後悔だが、問題となるのは行動そのものである。例として、正しいことをしなかったと感じた場合や、何かをしたものの、間違ったことをしてしまった場合が挙げられる。

●つながりに関わる後悔。人間関係にまつわる後悔を指す。例として、人間関係が壊れたことや、維持するための努力をせず、関係が解消してしまったことが挙げられる。

ピンクは次のように書いている。「後悔も写真と似ている点がある。ここまで紹介してきた四種類の後悔は、『よい人生』のネガのようなものだ。人々がなにを最も後悔しているかがわかれば、それを裏返すことにより、人々がなにを最も大切に考えているかが見えてくる」

後悔には、思っている以上にメリットが多い。後悔とそれに伴う感情を不快だと感じる場合が多く、できれば避けたいと思っている人が多いだろう。だが、これらの感情は、訂正したい、あるいは二度と繰り返したくないことをしてしまったのだと、私たちに知らせる合図かもしれない。また、してしまったことへの償いや謝罪が必要だということや、望む方向に進みたいなら対応策が必要だということを、教えてくれているのかもしれない。後悔も罪悪感も、それらの気持ちを二度と抱かないようにするための、行動指針の役割を果たすことがある。

先に述べた「深層レベルの後悔」の説明を、もう一度よく読んでみる。何かに気づかないだろうか。そう、四分類の過半数が、何かをして後悔するのではなく、何かをしなかったことを後悔しているのである。私たちは、したことよりもしなかったことを後悔する可能性が高いと言えるだろう。

後悔も、他の感情と同じように扱う必要がある。他の感情を抑え込んだり無視したりしてはいけないのと同様に、後悔も否定してはならない。「後悔しない」という主義は、現実には「感情を持たない」と主張しているのと同じである。問題となるのは、後悔するべきかどうかではなく、後悔したときにどうすればよいかということだ。

罪悪感や後悔が生じる状況について考えるときは、ここで紹介する手順を踏むようにしたい。状況を見直して充分に理解したら、下の図を参照して次の二点について検討してみる。

一、したこと、またはしなかったことで生じる影響は重大か重大でないか。

二、修正可能か不可能か。

マイケルと私は、シンプルな四象限《よんしょうげん》マトリクスを使って後悔と向き合ってきた。横軸は、

後悔マトリクス

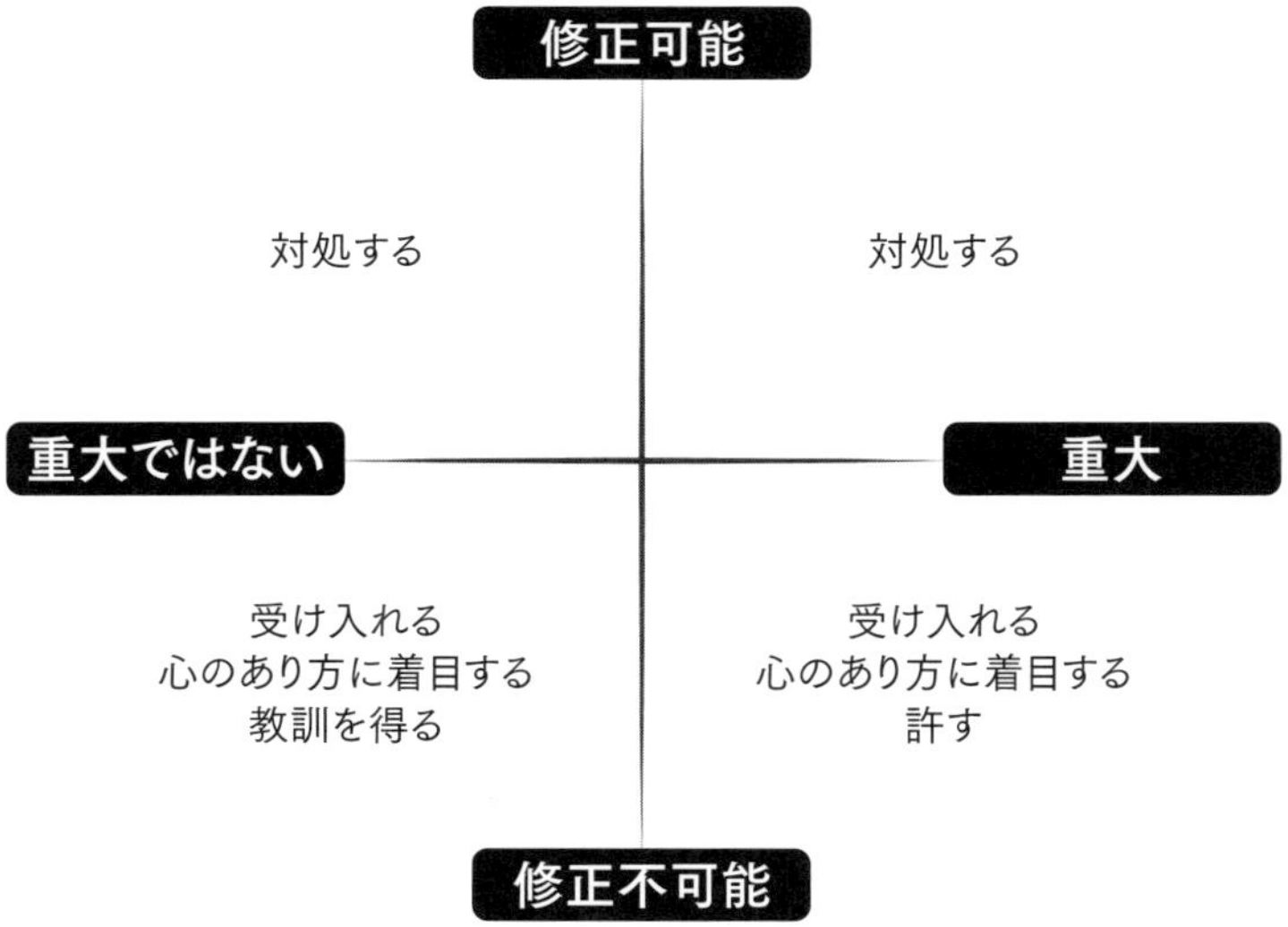

左から右に向かうほど重大性が増す。後悔している出来事が重大か（右側）、そうでないか（左側）を自問する必要がある。縦軸は、出来事が修正可能か（上側）、不可能か（下側）を示している。このマトリクスを使うと、ある出来事が、重大で修正可能か、重大ではなくて修正可能か、重大で修正不可能か、重大ではなくて修正不可能かに分類できる。出来事や状況をこのマトリクスに当てはめれば、何をすればよいか決められるだろう。

出来事がマトリクスのどこに当てはまるかを検討したら、実行に移せる対策を決めなければならない。状況を修復、修正できることがあるのなら、直ちに実行する。そして、今回の出来事から学んだことを振り返り、同じ間違いを繰り返さないようにしなければならない。そのために、何をすればよいのか考える。最後に、第三章「自分の感情と向き合う」で説明した四ステップを使い、悲しみ、罪悪感、恥など、残っている感情に対処するのだ。

では、実際の例を見てみる。以前、私が同僚に電話をしていたときにいらつき、とげとげしい言い方をしてしまったことがある。自分だったら、そのようには話しかけてほしくない言い方だった。通話中は何とも思わなかったが、電話を切って少しすると、後悔の念がわき上がってきた。そこで、先ほど紹介した四象限のマトリクスで検討したところ、重大ではなく修正可能と判明した。私は反省し、翌日その同僚に電話をかけて、昨日はきつい言い方をしてしまったと伝えた。あんな話し方は私の本来のやり方ではないし、適切なやり方だとも思わないと説明し、謝罪したのである。同僚は謝罪の必要はないと言ってくれたが、謝罪されて気をよくしているのは確かだった。この例は、重大ではなくて修正可能だったため、すぐに対処し、後悔の念を長引かせないで済んだのである。

だがその一方で、重大ではないが修正できない状況に直面することもある。影響は小さいのだが、どうしてもこだわり続けてしまう。このような場合、結局は何ができるかで、以後の状況が左右される。はじめてフルタイムの仕事に就いたウェンディ・ワンは、外部の参加者を交えたオンライン講座の第一回を運営することになった。上司に信頼されていたウェンディは準備を一任されたが、スケジュール表も手順書（SOP＝標準操作手順書）も渡されなかったのである。加えて、顧客から使用するよう求められたWeb会議システムは、ウェンディが使ったことがないものだった。ウェンディは準備不足を感じていた。それでも、ウェンディは最善を尽くした。事前にWeb会議システムをテストして慣れようとしたが、結局、役に立たなかった。オンライン会議はひどい結果に終わった。インターネット接続もWeb会議システムも頻繁に切れてしまい、同僚の運営担当者も技術トラブルの対応に追われていた。このような状況で集中できなかったウェンディは、プレゼンテーション中に大失敗を犯してしまう。さらに、予備のシステムが用意されていないため、オンライン講座の環境が改善されることはなく、参加者は落胆した。ウェンディにとって、運営チームを率いるのははじめての経験だった。情けない結果に終わってしまい、恥ずかしさと後悔でいっぱいだった。

今回のプレゼンテーションをやり直すことはできなかったが、ウェンディは経験から学び、以後のプレゼンテーション方法を変更することはできた。次のオンライン講座の準備では、手順書とスケジュールの作成に時間をかけ、予想される技術的問題への対処方法をしっかり理解した。その結果、もう充分だと思えるほど準備を整えられた。後悔をきっかけに失敗から学び、仕事の能力を向上させたことで、ウェンディは報われたのである。

重大だが修正可能な出来事を後悔しても、期待した方法で解決できるとは限らない。ロン・カーターは、テレビドアホンのためのストリーミング技術を開発した。この技術には、家庭の防犯対策を変えてしまうほどのインパクトがあった。私がポッドキャストのゲストにロンを招いたとき、ロンは最も後悔している出来事と、そのときの対応について話してくれた。「二〇〇三年と二〇〇四年の段階では、ストリーミング技術を利用したドアホンはまだありませんでした。当時は、ドアホンで撮影した動画は、専用のアンテナと電線を経由して送信され、閉じた環境で処理されていたのです」。ロンの母親は股関節の手術を二回受けていた。そのため、来客があっても玄関のドアを開けられなかったのである。そこでロンは、ブラックベリーの携帯電話とパナソニックのビデオレコーダーを接続し、ドアの前に誰がいるか確認できるようにしようと思いついた。そうすれば母親は、玄関まで行かなくても、ドアを開ける必要があるかどうか判断できる。「ドアの外を映した動画を表示するまでに一日半かかりましたが、うまくいきました」とロンは回想する。何年もの月日と、蓄えていた貯金をすべて使い果たしてロンが開発したストリーミング技術は、現在、さまざまな機器で利用されている。ロンは言う。「この技術で特許をとれた理由の一つは、誰よりも技術開発で先行していたからです」

巨大な商機を見て取ったロンは、製品化のためにビジネスパートナーと提携した。このときのことをロンが語ってくれた。「とても頭がよい彼を、信頼しきってしまったのが間違いでした。私を破滅させようとしているとは、思いも寄りませんでした。彼はさまざまな策略をめぐらし、ビジネスを掌握してから、私を追い出したのです。私は打ちのめされました」「私は彼を信頼していましたが、彼は私からすべてを奪い去ったのです。会社を失い、実質的に破産しました。こんな結果は予想していませんでした」。ロンは裏切りに何か月も苦しみ、人間を信頼できなくなった。無力感に苛《さいな》まれ、何もできず、別の道を歩めるとも思えなかった。

しかし、貯金をすべて失っていたため、生活費を稼がなければならない。ロンは貨物運送会社のUPSでドライバーとして働きはじめた。そして、電子商取引が急成長していることを知る。その一方で、玄関先に「置き配」された商品の盗難が増加していた。「調べたところ、電子商取引は五兆ドル規模の産業に成長していました。そこで、配達された商品を監視し窃盗を阻止するための、AIとドローンを利用したセキュリティシステムの開発を思いついたのです」。開発に数年をかけたロンは、今では新技術の特許を取得している。間もなく発売される製品は、ホームセキュリティ業界に大変革を引き起こすだろう。以前開発したテレビドアホンのシステムをベースに、AIを利用して大幅に機能を向上させている。だが、ロンはビジネスパートナーにだまされたときの後悔を、どのように乗り越えて前に進んだのだろうか。ロンによれば、受容と行動が鍵だったという。「私は癌の経験者です。そのこともあって信仰に救いを求めた結果、最初のビジネスは時宜にかなっていなかったと信じるようになりました。神様はもっとよいものを用意してくださっていると信じていましたから、二つ目のビジネスを受け入れる心がまえができていました。それに、だまされた経験が私を苦しめていましたから、いつまでもこだわっていてはいけないこともわかっていました」

信頼していた人に裏切られ、すべてを奪われたときの絶望感を想像できるだろうか。ロンは、後悔、怒り、悲しみに押しつぶされる可能性もあったが、信仰と、しなやかな心のあり方に助けられた。そして苦い経験を乗り越え、日々、前に進み、自分自身を許すことができたのである。

最後に、重大で修正不可能な状況の例を挙げてみる。マイケルは、母親が亡くなった際のことを後悔していた。マイケルは母親のローズマリーと大会に参加していたが、ローズマリーが突如体調不良に陥った。病院に救急搬送されて検査を受けたところ、子宮癌と卵巣癌の診断を受けた。直ちに治療がはじまり、週一回のペースで通院することになる。

「長い間、現実に起きたことだとは信じられませんでした」と、マイケルは言う。「癌になったという事実だけでなく、母がかかる可能性がある癌の中で、特に悪質な種類だということも、私は受け入れられなかったのでしょう。負担の少ない治療法を探しましたが、見つかりませんでした」。当時のマイケルは、平均して週に九五時間以上働いていたため、治療の初期段階では、母親と過ごす時間よりも仕事の時間のほうが多くなっていた。ローズマリーはニューヨークで暮らし、マイケルはカリフォルニアで暮らしていた。そのためマイケルが母親を訪問できるのは、月に一回、数日間だけだった。マイケルは、母親はまだ大丈夫だと自分に言い聞かせていた。

癌の宣告から四か月後、ローズマリーは癌が末期になっていることを受け入れ、積極的治療をやめることにした。マイケルは動揺し、治療方針の転換をなかなか受け入れられなかった。マイケルは自分が置かれた状況に腹を立てたが、まだ仕事から離れるわけにはいかなかった。そのため、母親がヨーロッパへ人生最後の旅行に出発したときも、マイケルはいつもどおりの生活を続けたのである。

やがてマイケルは、現実を否定するのをやめた。そして、母親の命が終わりを迎えつつあることを受け入れると、母親と過ごさなかった「失われた時間」を後悔しはじめたのである。これは重大な状況であり、しかも失われた時間は取り返せないので修正不可能だ。そこでマイケルは、残された時間を無駄にせず、母親のそばにいられるようにしようと決意した。マイケルは、このように当時を振り返る。「母の人生の最後の数週間を、母とともに過ごしました。特別な時間でした。これほど長い間仕事から離れたのは、五年間ではじめてでした。しかも休暇をまとめてとったのです」「病状が許すときは母をそばで見守っていました。母は他の人に親切で優しく接し、電話や来客があるたびに元気を取り戻しました。不満は言いませんでした。亡くなるとき、私は母の手を握っていました。母を看取《みと》れてよかったです。いい死に方の一つの例でしょう」

マイケルが、後悔の念にとらわれて苦しむ可能性もあった。しかしそうなれば、母親の看取りに集中できなかっただろう。マイケルは、集中すべき状況だということを受け入れ、最終的には自分自身を許した。そのことが母親の看取りに役立ったのである。

ときには、経験したことに圧倒され、身を委ねざるを得ないこともある。そこで、「平静の祈り（ニーバーの祈り）」を紹介したい。この祈りは、どうしようもないと感じるほどつらい経験をした大勢の人たちを助け、前に進めるようにしてきた。

「神よ、変えることのできるものについて、それを変えるだけの勇気をわれらに与えたまえ。変えることのできないものについては、それを受けいれるだけの冷静さを与えたまえ。そして、変えることのできるものと、変えることのできないものとを、識別する知恵を与えたまえ」

前の章で述べたように、出来事を不承不承受け入れるのはすすめられない。過去の過ちを受け入れるということは、過ちから教訓を得た上で前に進むということである。後悔、罪悪感、恥の気持ちにとらわれたままでいるのは、誰にとってもよくない状況だ。

ここで、それぞれの人の「ものの見方」がとても重要になってくる。そして、考え方や感情に対処するために学んだことが、すべて活かせるのである。私の場合、物事は最善の結果で終わると信じる傾向が強い。おかげで、別の選択をすればよかったと思うほど困難な状況でも、前に進みやすくなっている。修正できない過ちを犯したとしても、自分に何ができて、何をすれば状況が改善するかを検討できるのだ。

自分自身や他の人を許すというのは思っているより難しく、大半の人は苦労して取り組んでいる。私のポッドキャストのインタビューで、『The Earned Life（獲得された人生）』の著者マーシャル・ゴールドスミスが無常という教えを紹介してくれた。マーシャルは、「深呼吸するたびに、新しい自分になる」というブッダの教えが気に入っているという。マーシャルによれば、私たちは呼吸するごとに再出発しているという。つまり、常に再出発の機会があるというわけだ。マーシャルは言う。「この教えの素晴らしい点を挙げてみよう。第一に、過去の過ちは、再出発する前の自分が犯したのだと考えれば、自分自身を許しやすくなることだ」。言い換えれば、過去にとった行動（あるいはとらなかった行動）と、今の自分の間に距離を置くのである。過去の行動は、あなたを悪人にしたのではなく、よりよいあなたになるための踏み台として貢献したのだ。さらにマーシャルは、「第二に、そうした心のあり方は、過去に生きることを防いでくれる」と言う。最も避けるべき事態は、後悔や罪悪感が消えず、避けられなかった過ちにとらわれ続けることである。

本章のポイント

人生を望む方向に動かすためには、後悔から立ち直って前に進む方法を学ばなければならない。今すぐ練習をはじめるとよい。過去はやり直せないが、決意して歩んでいけば、望むような未来を手に入れられるのだ。

原則

後悔と向き合い、償いをし、前に進む。

実行するためのステップ

後悔している状況について考えてみる。以下の質問に対する回答を、紙に書き出してみるとよい。

◉**状況を完全に理解できるよう、振り返ってみる。**何が起きたのかを振り返るが、実際の出来事と、それに対する自分の気持ちを区別する必要がある。

◉後悔マトリクスを利用する。

――自分がしたこと（またはしなかったこと）の影響は、重大だろうか、重大ではないだろうか。関係者全員について、影響を考えてみる。他の人にどのような影響を与えただろうか。また、自分にはどのような影響があっただろうか。

――修正可能か不可能か。たとえ小さなことでも、状況を改善するためにできることはあるだろうか。ない場合は、正直にそのことを認める。

◉可能な対策を実行に移す。謝罪や関係の修復、あるいは単に自分自身を許すなど、何かしらできることはあるものだ。状況に対処するため何ができるかを判断し、実行に移す。

◉状況から何を学んだかを明確にし、再発を防止する。修正や修復が終わったら、今回の状況から学んだことを振り返る。同じことが再び起きないようにするには、何ができるだろうか。得られた教訓を活かすには、自分のふるまいや心のあり方をどう変えればいいだろうか。

◉自分自身を許し、後悔の念から生じる感情に対処する。第三章「自分の感情と向き合う」の四つのステップを使い、後悔の原因となった出来事にまつわる感情に対処する。

7 ストレスに対処する

私たちの疲労は仕事によって生じたのではなく、悩み・挫折・後悔が原因となっていることが多い。

デール・カーネギー

私は、首と左肩の上のほうにできた発疹《ほっしん》を指して、「このぶつぶつは何ですか」と皮膚科医に尋ねた。発疹は痛かった。

「帯状疱疹《たいじょうほうしん》でしょうね」と医師は答えた。

「え、帯状疱疹ですか。帯状疱疹は高齢者の病気だと思っていました。私はそれほど年をとっていないのですが」

「いいえ、若い人でも帯状疱疹にかかります。最近、ストレスがたまっていませんか」と医師は答えた。

この医師の質問はショックだった。直前の一二週間、私は台湾の台北、ブラジルのリオデジャネイロ、ギリシアのアテネ、アメリカのサウスカロライナ、ミシガン、イリノイ、ワシントン、オレゴン、ノースカロライナ、ミズーリと移動を繰り返していたのだ。大半は会議とプレゼンテーションがついてまわり、過度の緊張を強いられるものもあった。また、一時間から一二時間の時差が伴う移動が多かった。規則的な運動は実質不可能で、食事はほとんど外食頼み。朝と夕方遅くに襲ってくる疲労感に対抗するため、エナジードリンクに頼っていた。どの会議でも最善を尽くせるよう、自分に強いプレッシャーをかけていたが、同時に、最高の夫であり父親であるよう努めていたのである。しかし正直なところ、もう疲れ切っていた。

「はい。この数か月間、働きづくめでした。ストレスが心臓などに問題を引き起こすことは知っていましたが、帯状疱疹ですか。確か、帯状疱疹はウイルスが原因でしたよね。ストレスとウイルスが結びつかないのですが」

「確かに帯状疱疹は、ウイルスによって引き起こされます。ただ、ストレスはあなたの免疫系を弱める働きもするのです。そうなると、ウイルスに感染しやすくなったり、以前に感染して休眠状態になっていたウイルスが再び活性化したりするのです」

この説明は私の目を覚まさせてくれた。当時、私は四九歳だったが、新しく生まれ変わった二九歳だと思うようにしていた。けれども正直に言えば、途方もないストレスにさらされていた。移動と仕事で肉体的に疲れ果てているだけでなく、仕事で高い成果を出さなければならないと、自分で自分にプレッシャーをかけていた。また、見栄えを気にしてミスを恐れ、他の人からの評価も気にしていた。しかし、これらの精神的ストレスが、帯状疱疹のような身体的反応を引き起こす場合もあるのだから、上手にストレスに対処し、自分を甘やかす必要があるということだ。休暇中は、メールや仕事、その他の責任から解放されるよう手を打つことにした。そして、ストレスの程度に注意を払い、ストレスが急激に高まったら仕事のペースを落とすことにした。今のところストレスにうまく対応できているが、この取り組みは継続しなければならない。

私たちは皆、健康、人間関係、生活環境を損ねるような、ストレスだらけの状況に身を置いている。ストレスをコントロールするには、ストレスが自分や他の人に悪影響を及ぼす前に、ストレスが存在することを認識して手を打つ必要がある。「言うは易く行なうは難し」という言葉があるが、実際、そのとおりだ。あまりにも大きなストレスだと、コントロールできないと思ってしまう。しかしここまでの章で、自主的に動くための意志と能力の育み方や、自分自身、そして直面する課題への向き合い方を学んでいるはずだ。正しい考え方を選び、感情に対処し、心のあり方と自信を養い、変化を受け入れ、後悔にとらわれず前に進むため、懸命に努力してきたのである。これらの学びの中で身につけた技能は、ストレスに対処する能力に直接結びついている。選択肢は常にあるのだということを、忘れないようにしたい。ストレスの多い状況で、考え方と感情について適切な決断を下すことができれば、ストレスとの戦いの半分以上が終わったようなものである。ストレスから悪影響を受ける前に、ストレスに対処してしまうことが、本章で学ぶ内容である。

ストレスとは何か

ストレスは、人間にとって正常な反応だ。外界の物事だけでなく、考えや記憶など、自分の内側にあるものが原因になることもある。ストレスの原因になるものをストレッサーと呼ぶ。つまり、ストレッサーによる刺激は、私たちの内側からも外側からもやって来る可能性があるのだ。この刺激は、感情を生み出す原因にもなる。また、ストレス自体は生理的反応だが、あたかも負の感情のように感じられることがある。課題や脅威に直面したときには、ストレスを感じるものだ。一方でストレスには、新しい状況に適応したり、やる気と注意力を維持したりするのに役立つというメリットがある。ストレスを感じると、心拍数が上がる、呼吸が荒くなる、手のひらから発汗する、思考があいまいになるなどの変化が見られることがある。誰でも、どこかでこの闘争・逃走反応を体験しているだろう。

ストレッサーの種類も強さもさまざまである。失業、引っ越し、愛する人との死別、別れなどが強いストレッサーであり、職場での言い争い、やるべきことが多い状況、学校に遅刻するなどが、弱いストレッサーである。

ストレスと不安の違い

さて、先に進む前に、ストレスと不安という言葉の違いを整理しておく。どちらもよく使う言葉で、ときには同じ意味を持つものとして扱われる。だが、ネットやテレビの記事でよく触れられるため、言葉の正確な意味と、ストレスや不安が生じるメカニズムを知る機会は多いはずだ。両者を区別するのに充分な基礎知識は、持っているだろう。

たとえストレッサーが消え去ったとしても、現実離れした心配や誇張された心配が続くと、不安を感じるようになる。ストレスは、請求書を抱えたまま給料日を待つなど、現実の出来事に根差して感じるものだ。これに対して不安は、現実の出来事を大げさに解釈したことで生まれてくる。請求書の例で言えば、支払いを済ませたあとで、この先、やりくりできなくなるのではないかと心配し不安になるのである。状況から考えて実際に脅威はないとしても、不安を感じることがある。この点は、恐怖や恐れと同様だ。ストレスの多い出来事が終わった後も、不安を感じ続ける可能性があり、深刻な場合は精神疾患になることもある（ここでは一般的なストレスと不安について述べている。より深刻な不安障害の場合、医師による診察が必要である。また、不安障害はここで扱うストレスとは異なり、精神疾患の一つである）。もし些細なことを大げさに騒ぎ立てるか、ミスや間違っていると思うことにこだわりすぎる傾向があるなら、不安を感じやすいタイプかもしれない。

通常、ストレスは短期間で収束するが、不安は長引く場合がある。また、ストレスは認識された脅威に対する反応だが、不安は、何が引き金になったかを特定できない場合がある。

ストレスの現われ方

ストレスに対する反応は人それぞれだ。決められた時刻に集合場所に行くことにストレスを感じる人もいれば、まったくストレスを感じない人もいる。スピーチをすることにストレスを感じる人がいる一方で、スピーチ慣れしていてまったく問題がない人もいる。なお、スピーチの場合で言えば、失敗を恐れて夜眠れず、スピーチが終わった後も緊張がとれないのなら、不安を感じている可能性がある。

重要なのは、何がストレスを引き起こしているかを理解し、慢性化する前に対処法を見つけることだ。非常に強いストレスを感じたときのことを思い返してみる。どのような感じがしただろうか。生活には、どのような影響が出ただろうか。具体的な事例について検討すれば、ストレスが役立つこともあるのだと気づくかもしれない。提出日直前に作文を仕上げようとしたことがあれば、ある程度のストレスは、物事をやり遂げるのに役立つのだと理解できるはずだ。先に進む前に、通常のストレスと慢性的なストレスの違いを見ていく。

通常のストレス

実際、私たちは何かをするために、適度なプレッシャーを必要としている。ユーストレス（よいストレス）は、有益なのである。何か新しいことを学んでいるときや、いつもの快適な環境から一歩外へ踏み出して挑戦するとき、そして、適度な難易度の課題に取り組むときに、ユーストレスを感じているはずだ。

政府機関で働きはじめたばかりの弁護士ティム・ライリーは、先輩のレイチェルとともに、ある公民権事件の調停を担当していた。当事者たちが調停開始を待っている部屋の前で、レイチェルはティムを見て言った。「調停の直前に、緊張することがある。問題が発生したり、調停が合意に至らなかったりしたらどうしようと思ってね」。ティムは答えた。「僕はいつもどきどきですよ。でも、それでストレスを感じるのではなく、目の前のことを気にかけている証拠だと思うようにしています」。ティムは、わき上がってきた感情を、気にかけていることのしるしだと受け止め直し、不安のしるしだとは見ていない。そして、目の前の問題に立ち向かうのである。自分が何を感じているかを認識し、建設的に利用できたことで、ティムは心配の悪影響を回避できただけでなく、能力を思う存分発揮できた。望ましい種類のストレスであれば、能力を発揮し、目標達成に役立つのである。

慢性的なストレス

ストレスが問題になるのは、ストレスに対する反応が原因で、不安や心配を抱えた状態に長く置かれた場合である。慢性的なストレスがあると、ストレスから解放されることがなく、プレッシャーが和らぐとは思えないようになる。常にストレスにさらされ続ければ、身心ともに回復する時間がなくなってしまう。たとえば免疫系について考えてみる。免疫系は、外部から侵入してきた細菌や病原菌に接触することで、強さを保っていられる。細菌などが、ユーストレスの役割を果たしているわけだ。しかし、健康な免疫系でも、対処する準備ができていない細菌や病原菌から絶え間なく攻撃されれば、弱体化してしまう。人間の身体は、短期間しか続かない弱いストレスには充分に対応できるが、長期間続く慢性的なストレスにさらされると、免疫系に深刻なダメージを受けてしまう。心拍数や血圧が上昇し、感染症にかかりやすくなり、糖尿病のリスクが上がる。脱毛、頭痛、消化器系の問題、さらに帯状疱疹などが引き起こされる。このため、ストレスのコントロールが重要になってくる。ストレスのコントロールに失敗すると、長期的な悪影響に苦しみかねないのである。

ストレスを見直す方法

興味深い調査結果がある。アメリカの成人三万人に参加してもらい、八年間にわたって調査を行なった。参加者は、「去年一年間で、どれくらいのストレスを経験しましたか」という質問に回答した。また、そのストレスが健康に悪影響を与えたと思うかどうかも回答している。この調査の過程で、研究者は公開情報から死亡記録を集め、参加者が亡くなったかどうかを判断した。残念なことに、前年にストレスを多く受けたと回答したグループの死亡リスクは、そうではないグループより四三パーセントも高かった。ただし、死亡リスクが高くなったのは、ストレスが健康に悪影響を与えたと答えたグループだけであり、悪影響は受けなかったと答えたグループでは、死亡リスクの増加は認められなかった。さらに驚くべきことに、ストレスは受けたが健康に悪影響は受けなかったと答えたグループの死亡リスクは、他のどのグループよりも低かった。前年にストレスをあまり受けていないと答えたグループよりも、低かったのである。調査により、ストレスをどのように受け止めているかは、ストレス自体と同等以上の影響を私たちに及ぼしていることが判明した。

ハーバード大学が実施した別の研究では、先に述べたティム・ライリーのように、ストレスにはメリットがあると考えている人に何が起きるかを調査している。被験者たちは、心拍数や呼吸の速さは、何か行動するための準備のしるしだと考えるよう指示された。ストレスには能力を全体的に向上させる働きがあり、メリットが多いと考えるよう訓練された被験者たちは、自信をつけ、ストレスや不安が減ったのである。

スタンフォード大学の健康心理学者で講師のケリー・マクゴニガル博士は、以下のように述べている。「ストレス反応を有益と見なせば、勇敢にストレスと向き合うようになります。そして、ストレスを受けている状態で他の人たちとつながりを持てば、回復力を養えるのです。……このようにストレスをとらえることで、ストレスにうまく対処できるだけでなく、非常に奥の深いメッセージを周囲に発していることになります。つまり、自分自身を信頼して、人生の課題に立ち向かえるというメッセージです」

手軽にストレスを減らす方法――問題解決法

ストレスがたまったとき、何か対処方法があるのではないかと思うかもしれない。ところが、考えついた対処方法が、もともとのストレッサーよりも強いストレスの原因になることがある。また、ストレスと不安が原因で生じる問題としては、自分で自分をコントロールできなくなることがよく挙げられる。どのような結果になるか不安で決断を避け、さらなる不安を招くのである。その上、何をすべきか迷って時間を浪費し、実際の行動に使える時間が減ってしまいがちだ。これが、負の循環のはじまりになる。ストレッサーだけでなく、それに対して打つ手がないという思い込みも、問題を引き起こしているのである。

前の第六章では、心のあり方が持つ力を説明した。感情がわき出てきた場合も、どのような心のあり方で受け止めるかによって結果が異なってくる。そして、ストレスがたまると感情的になるのは、いたって普通のことだ。他の人より感情的になる人もいるだろうが、誰でも感情にとらわれたくはないはずだ。ストレスをコントロールする鍵は、どのような感情を抱いた場合でも、問題をどうとらえどう行動するか、しっかりと認識しておくことである。無力に思える瞬間があるかもしれないが、私たちはストレスに対して決して無力ではない。

デール・カーネギーが著書『道は開ける』で示し、マイケルと私がストレスのコントロールに愛用している方法の一つが、ここで紹介する「仕事の悩みを半減させる方法」だ。ストレスの根本的な原因を突き止めるのに役立つ。ストレスを感じたら、次の四つの質問に対する回答を書き出してみるとよい。

一、**問題点は何か。**この最初の段階で、自分自身に真剣に向き合う。問題だと思っていたことが、実際にはそうではなかったという場合があるからだ。何かが頭に浮かんでも、そのまま鵜呑みにせず、本当の問題点にたどり着けているか検討する。

二、**問題の原因は何か。**原因候補の多寡にかかわらず、できるだけ要約した形で書き出し、重大だと思う順に順位付けをしておく。

三、**いくとおりの解決策があり、それらはどのようなものか。**自由な発想で、解決策を考えてみる。ただしステップ一と同様に、自分に真剣に向き合い、可能性が高い解決策を絞り込む。

四、**望ましい解決策はどれか。**いよいよ解決策を選択する。最善のものを選び、その解決策のために必要なことを、最低一つはすぐに実行する。ここで大事なのは、すぐに行動することだ。心配を減らすには、実際に何かをすることがとても重要になる。

アハメド・カマルは、「仕事の悩みを半減させる方法」を使ってストレスを理解し対処した好例だ。エジプトのアレクサンドリアで家族とともに暮らしているアハメドは、住宅管理組合の委員を務め、信じられないほどのストレスにさらされていた。会計係として、五〇〇以上の物件の管理に携わっていたのである。数百人以上の住民から、パイプの水漏れ、近隣騒音、トイレの詰まり、電気機器の故障などのクレームが寄せられる可能性があり、それらに対処しなければならない。さらにアハメドは、販売業に従事しフルタイムで働いていた。ある日のこと、入居者同士のやりとりに使っていたワッツアップ（世界最大規模のメッセージアプリ）のメッセージスレッドに批判が殺到し、炎上してしまった。アハメドには手の打ちようがなかった。また、会計係としてのストレスが睡眠に悪影響を及ぼし、眠れない夜が多くなっていた。自覚がないまま、ストレスを家庭生活にも持ち込んでいたのである。ついに妻が、アハメドのストレスのおかげで自分と二人の娘が嫌な思いをしていると苦情を言うまでになった。家族を巻き添えにしたくなかったアハメドは、何か変化を起こさなければならないと感じ、「仕事の悩みを半減させる方法」を実践してみることにした。

アハメドはまず、「問題点は何だろう」と自問自答した。答えは簡単に出た。会計係としてのストレスがたまり、自分の睡眠と健康だけでなく、家族にまで悪影響を及ぼしたことは明らかだ。何か対策をとらなければ、さらに事態が悪化するだろう。そのようなひどい状況は、想像したくもなかった。

次に、問題の原因を検討してみた。まず、皆が連絡に使っているワッツアップのスレッドだった。否定的な言葉、嫌み、批判だらけで、スレッドにアクセスするたびに何時間も嫌な思いをしていたのである。また、他の委員がアハメドの期待ほどには働いてくれないことにも思い当たった。おかげでアハメドは、自分が委員会の負担をすべて背負っているような気持ちになっていたのである。ワッツアップのスレッドと、働かない委員たちが、ストレスの二大要因だとアハメドは結論づけた。

それからアハメドは、可能な解決策をいくつも書き出して検討し、特によいと思われる方法を三つ選んで実行に移した。まず、ワッツアップのスレッドへの参加をやめ、グループから脱退した。一対一での連絡には対応するが、誹謗中傷が渦巻くグループチャットには参加しないことにしたのである。次に、他の委員に期待するのをやめ、自分の委員会での仕事に集中して手際よく片づけることにした。そして最後に、任期中は会計係の役目を誠実にこなすが、任期後は再び立候補したりしないと心に決めた。他の委員にきちんと仕事をしてもらうのは無理だったが、アハメド自身が怠惰な委員会から距離を置くのは可能だった。さらに、ストレスが多い状況を思い出させる通知は、受信しないようにした。アハメドは、可能なことをすべて実行し、状況を動かしたのである。

この三つの対策は、すぐに効果を発揮した。アハメドの気分はよくなり、先の見通しも立つようになる。気分が落ち着き、家族と過ごすときはなおさらリラックスできた。また自分のストレスに注意を払うようになり、兆候が現われるとすぐに気づくようになった。アハメドによれば、慢性的ストレスの変化に気づくため「センサーをオンに」しておき、問題化しはじめるのを見逃さないことが大事だという。慢性的なストレスが家庭生活にのしかかってくる前に、すみやかに対処する必要がある。アハメド自身は、「ストレスに対処できる」と自分に言い聞かせ、実際に対処可能だったかもしれない。しかし、家族、特に子供たちがアハメドのストレスに対処するのは無理な相談だった。

身体からのペースダウンや休養の要求を無視すると、燃え尽き症候群に陥る可能性がある。燃え尽き症候群で問題となるのは、精神状態や、長期にわたるストレスに対する感情的な反応だけではない。研究によれば燃え尽き症候群は、患者の個人的、社会的機能に悪影響を与え、患者の認知機能を低下させる上、内分泌系にも影響する。その結果、脳の働きを変えてしまうのである。精神面や感情面での影響に加え、不眠症、吐き気、頭痛、動悸、息切れ、パニック発作を引き起こす可能性もある。

最近のギャラップ社の調査によると、ドイツでは二七〇万人に燃え尽き症候群の自覚があるという。イギリスでは、組織の人事責任者を対象に調査が行なわれ、回答者のほぼ三〇パーセントが、自分の所属組織全体に燃え尽き症候群が広がっていると報告している。

ネギン・アジミも燃え尽き症候群を経験したが、その経緯は劇的だった。イランで生まれたネギンは、母親に連れられて三歳のときにスウェーデンに移住した。母親は生活が楽になると期待していたが、一家は何年もの間、経済的に苦労した。デール・カーネギー・コースを一四歳で受講し、人前で話す方法を学んだネギンは、皆の前で話すのが大好きになった。就職できなかったネギンは、一六歳でコンサルティング会社を立ち上げる。この会社の経営は非常にうまくいき、スウェーデンの複数の大企業から講演の依頼が来るようになった。スウェーデンとは異なる文化圏からやって来た若いネギンの経験談が、聴衆をひきつけたのである。そしてネギンは、世界最年少のTEDxオーガナイザーになった。スウェーデンでTEDxを主催して表彰され、同国での運営に数年間関わっている。さらに、「SOS子供の村」の理事も四年間務めていた。

すべてが順調だったが、一八歳で燃え尽き症候群に陥ってしまった。症状は深刻で、二年間、ベッドから起き上がれなかった。高校の最終学年だったが、体調が悪くて通学できなかった。

ベッドで長時間過ごしていたネギンは、なぜこのようなことになったのかを考えた。思い返せば、燃え尽き症候群になったのも不思議ではなかった。身体からは、ストレスがかかり疲労しているというサインが何度も示されていた。気分もよくなかったが、ネギンはこれらの兆候を無視していたのである。ネギンは、このときの燃え尽き症候群が、人生最悪であると同時に最良の出来事だったと感じている。病気や疲労と闘う中で、心と身体の良好な結びつきをどう維持すればよいかを教えられた。寝込む前に、望んでいたことをすべて達成できたのはうれしかった。しかし、健康でなければ意味がないということを、療養中に学べたのである。ネギンが得た最大の教訓は、「すべては水のようなものであり、常に変化し続ける。流れに身をまかせ、身心が発するメッセージに耳を傾けなければならない」ということだった。次第に体力を回復させたネギンは、以前よりも自分を大切にしながら業界に復帰した。現在では、長期間続くストレスの兆候に注意を払い、燃え尽き症候群の早期警報として利用している。兆候を察知したときは、必要なら仕事や生活の仕方を変えてみる。ネギンは世界有数のPR会社バーソン・コーン&ウルフで、広報担当およびコミュニケーションコンサルタントとして働いている。また『Fight Smart and Dream Big（賢く戦い、大きな夢を描く）』という著書がある。

ストレスに対処するためのヒント

ストレスには、きちんと向き合う必要がある。ここでは、ストレスに圧倒されないための実用的な方法をいくつか紹介してみる。

- **話す。** セラピスト、コーチ、アカウンタビリティパートナー（目標達成をサポートしてくれる相手・役割）、家族、友人など、信用できて話を聴いてくれる人が必要だ。誰かに話すことは、ストレスや難しい感情と向き合うのに役立つ。
- **運動する。** 緊張やストレスを和らげ、健康を保つのに運動が有益だという研究成果が山のようにある。妻ケイティは、私が運動をさぼるとすぐにチェックしてくれる。私は、運動をはじめる前とは別人のようになった。一〇マイル走ることだけが運動ではない。散歩、自転車、何かのスポーツを楽しむ、水泳など、とにかく身体を動かせばいいのだ。重要なのは、自分に合った運動を選ぶことである。
- **電源を切る。** テレビ、ニュース、ソーシャルメディアから一日でも離れたことがあるだろうか。もし経験があるなら、どのような感じがしただろうか。世界で何が起きているかを知るのは大事だが、悪いニュース、極端な意見、ソーシャルメディアの誹謗中傷に触れ続けるのは、かなりのストレスになる。一日から数日の間、ニュースやソーシャルメディアの投稿に触れないという習慣を長年続けてきたが、この期間はいたって気分がよい。一日でも一週間でもよいから、試してみてはどうだろうか。いつもとの違いを感じられるかもしれない。
- **呼吸法を実践する。** 呼吸法の主な効果は、リラックス、ストレス解消、自己認識の促進である。今この瞬間に意識を集中し、気持ちを落ち着かせるのに役立つ。たとえばボックス呼吸法は、四つ数えながら鼻から息を吸い、息を止めて四つ数え、四つ数えながら息を吐き出し、再び息を止めて四つ数える。他には四七八呼吸法という手軽な方法もあり、こちらは四秒間で息を吸い、七秒間息を止めてから、八秒間かけて息を吐く。呼吸法は心拍数を安定させ、不安を減らすのに役立つ。

休息

充分に休息していれば、よりよい判断が可能になる。では、休息という言葉から何を連想するだろうか。大半の人は睡眠を思い浮かべるかもしれない。サンドラ・ダルトン＝スミス博士はウェルネスの専門家で、休息と回復についての啓発や講義を担当し著作もある。博士によれば、私たちは休息と睡眠を混同しがちで、そのため不利益を被っているという。休息にはいくつかの種類があり、睡眠はその一つにすぎない。休息には以下のような種類がある。

一、**身体の休息。**睡眠（昼寝も含む）のように身体の動きを控えて行なうものと、ヨガやマッサージのように身体を積極的に動かしたり、身体に働きかけたりするものがある。
二、**心の休息。**ちょっと一息ついて仕事をペースダウンするなど、一日に何回もとる短い休憩も含まれる。
三、**感覚の休息。**明るい光、画面、騒音、会話（対面とオンラインの両方）から距離を置く。
四、**創造力の休息。**自然や芸術に触れ、不思議なものに素直に驚けるような、感性のみずみずしさを取り戻す。

五、**感情の休息。** 誰かを喜ばせるためではなく、ただ自由に感情表現する。それが可能な時間と場所を確保する。

六、**対人関係からの休息。** 社交から離れて休息をとる。特に、気をつかう人間関係から離れる。

七、**精神的な休息。** 人生における高い目的とつながるための、時間と場所を確保する。どのような時間、どのような場所であってもかまわない。

休息をとるのは、怠惰とは異なる。休息することで効率が高まるのである。アメリカの疾病予防健康推進局によると、毎晩最低七時間の睡眠をとっている成人は、睡眠時間が七時間未満の人よりも病気にかかりにくく、健康的な体重を維持し、頭が冴え、社交に積極的で、よりよい判断をし、全体的に幸せな気分でいられるという。睡眠以外の種類の休息に関しても、同じことが言える。

マイケルは一五歳のとき、バックパッカーとしてヨーロッパをめぐったが、旅の途中で重い病気にかかってしまった。そのため旅行を中断し、フランスのロワール渓谷で療養せざるを得なくなる。若い旅行者は、先を急ぐ気持ちが強いものだ。突然の中断は、マイケルにとって衝撃的な経験だった。四八時間にわたって何もしないという経験を強いられたマイケルだったが、何もしないでもいいのだということをはじめて理解できた。読書や生産的な活動に明け暮れる必要はないのだ。このときの経験は今でも、マイケルの休息に対する考え方に影響を与えている。生産性を維持することに重きが置かれる社会の中で、マイケルの経験は特に重い意味を持っている。

本章のポイント

ストレスは避けられない。ストレスを好ましくないものと考える人が多いが、実際には生きていくために必要なものだ。ユーストレスの恩恵を得ていなければ、食事や入浴のような基本的な行動さえ、やり遂げられないのである。重要なのは、ストレスに圧倒されないことだ。また、忘れてはならないのは、ストレスで嫌な経験をする場合、原因は直面している問題だけではないという点だ。問題自体よりも、問題に対する心配や不安のほうが、ストレスに密接に関係していることが多い。ストレスに対する反応を最小限に抑えられれば、逆にストレスを利用できるだろう。

原則 **ストレスを上手に利用する。**

実行するためのステップ

◉問題にこだわり続ければ、感情の悪循環に陥ってしまいかねない。頭を切り替えて「仕事の悩みを半減させる方法」を使ってみる。回答は書き出しておくこと。

——**問題点は何か**。現実の状況と、それに対する自分の気持ちや考えは切り離しておく。

——**問題の原因は何か。**根本原因にまでさかのぼる。

——**いくとおりの解決策があって、それらはどのようなものか。**過激な方法でも平凡な方法でも、実行可能なものをすべて書き出してみる。

——**望ましい解決策はどれか。**最も望ましい結果をもたらしそうなものは、どれだろうか。複数の解決策を組み合わせられるだろうか。解決策を選んだら、すぐにとりかかる。

◉**ストレス解消法を身につける。**実行するのが楽しく、リラックスに役立つ方法を選ぶ。候補となる方法を箇条書きし、その内最低一つは日常生活に取り入れる。いくつか例を示しておく。

——信用できる人と話す。

——毎日運動する。

——テレビやソーシャルメディアをやめる時間をつくる。

——呼吸法を実践する。

——休息する。

8 回復力と勇気を育む

無為は疑いと恐れを生み、行動は自信と勇気を生む。

デール・カーネギー

ジェニー・シューは、家族旅行で訪れたニューヨークのタイムズスクエアで、職業人として最悪の知らせを受け取った。周囲は人混みと電光掲示板で埋め尽くされている。スマートフォンが振動したので画面を見ると、ジェニーにとって唯一の資金提供者からの着信だった。ジェニーのゲーム会社は、ソーシャル・ゲームの要素を取り入れた健康管理アプリを開発するため、ある企業と協力関係にあった。ジェニーはすぐに電話に出た。すると相手は、「君には知らせておく必要があるからかけたんだ。プロジェクトは中止だ。あまりにも費用がかかりすぎる。我々は手を引かせてもらうよ」と言った。ジェニーのチームが一年かけて開発してきたゲームへの資金提供が、何の前触れも説明もなく打ち切られたのだ。ようやく状況を飲み込めたジェニーは、タイムズスクエアの真ん中で言葉もなく立ち尽くしていた。

ジェニーはこの分野において豊富な経験を持っていた。一六歳でインディーズ系のゲーム会社を設立し、開発したモバイルゲームは九二〇万回ダウンロードされている。マサチューセッツ工科大学でコンピューターサイエンスの学位を取得した後、タロファ・ゲームズというゲーム会社の共同創業者となり、複数の賞を受賞した。これらが二五歳になる前の経歴である。ジェニーはゲーム業界の厳しさを聞いてはいたが、自分では体験したことがなかった。そのため今回の資金提供打ち切りを、アパートから強制退去させられるかのように感じた。その後の数日間でジェニーは、自分ではどうにもならないさまざまな要因により、会社間の関係が切れてしまったことを知った。両社は意見が一致しておらず、相互の連絡もうまくいっていなかった。信頼できる先輩に相談したところ、このような突然の打ち切りは、ゲーム業界ではよくあることだと言われた。

翌週、ジェニーは開発チームとの打ち合わせで、自分たちが厳しい状況にあることを率直に打ち明けた。ジェニーは若干取り乱しながらも、チームの半数を解雇しなければならないと告げたのである。非常につらい時間だったが、自分自身を信じて前進するためには、避けて通れないことだった。周囲の出来事を無視し、自分の世界に閉じこもるのは簡単なことだ。しかしジェニーは、自分には前に進み続ける強さと回復力があることを自覚していた。

これから何が起きるか皆目見当がつかなかったので、ジェニーは自分が把握していることを検討した。まだ二三歳だったが、ゲーム開発には一〇年近く携わってきたのだ。今まで積み上げてきた知識が、失敗感を和らげてくれた。また、自分が一人ぼっちでないことはわかっていた。残っているチームメンバーは意欲的で、新しいことに喜んで挑戦するだろう。資金提供者がジェニーの事業構想を信じていなかったと聞き、徒労感と腹立たしさを感じた。だが、事業を継続したいなら、敗北を認めてあきらめるようなことはできないのだ。

ジェニーと開発チームは作業にとりかかり、資金提供者と協力を続けた場合よりも早く、ゲームをリリースできる可能性が浮上してきた。そしてジェニーは、この早期リリースは可能だと判断した。

マラソンランナーでもあるジェニーは、疲労困憊した経験がある。「スポーツや運動には、回復力という要素があります。この回復力は、スポーツ以外の分野にも通じるものです。レース途中で疲れ果てても、そのレースはいつか必ず終わります。そして回復し、次回はさらに強くなっているのです」。スポーツで得られた回復力への理解を、ジェニーはさらに深く追究した。その結果、前進し続けるための精神的回復力と、自分の事業構想を貫き通す勇気を手に入れたのである。本書の執筆時点で、チームはゲームを開発し直しており、間もなくリリースの予定である。

回復力と勇気は、密接に関係している。回復力とは逆境から「立ち直る」力であり、困難の中にあっても、何か意味あるものを生み出す力である。回復力は、世界が多くの課題に直面している現代にあって、特に重要な意味を持っている。ただし、強硬な態度を維持し、人生を力ずくで乗り切る力ではない。逆境に立ち向かい、その経験から成長する力が回復力である。

これに対して勇気は、危険、恐怖、困難に耐える、精神的または道徳的な強さのことである。勇気のある人は、簡単に怖がったり、おびえたりはしないものだ。勇気というと、読み物に出てくるような英雄的行為や、大胆で力強い偉業を思い浮かべがちである。しかし勇気は、ここぞというときに瞬間的に発揮するものではない。育むことができる日常的な習慣であり、正面から取り組まなくてはならないものだ。

回復力も勇気も、強さ、敏捷性、大胆さを必要とし、恐怖に立ち向かってこそ育まれるものである。勇気と回復力を育むには、本書でこれまで学んできたすべてのことを活用する。正しい考え方を選び、感情と向き合い、ストレスに対処し、変化を受け入れれば、生涯を通じて強くなっていける。

ライアン・ホリデイは著書『Courage Is Calling（勇気を奮い起こす）』でこう述べている。「臆病の源は何か。それは恐れだ。恐怖なのだ。理解できない敵を倒すのは不可能である。恐怖、無関心、憎しみ、そして卑下することまで、どのような形態をとっていたとしても、恐れは勇気の敵なのだ。そう、我々は恐れと戦っているわけだ」

それでは、困難な状況下で、どのようにすれば勇気と回復力を養えるのだろうか。

一、感情と向き合い、前向きな考え方を選ぶ。
二、前を向くために、後ろを振り返る。
三、自分への信頼を強める。

まず、状況を正確に把握しようとしても、感情がわき上がり、恐怖心にとらわれているときには無理な話だ。第三章「自分の感情と向き合う」の四ステップを使い、時間をかけて感情に対処する。

それから、後ろ向きな考え方を捨て、前向きな考え方に切り替えなければならない。

次に、どのように前に進むかを判断するため、過去を省みる必要がある。困難な状況を乗り越えたときのことを思い出してみる。どのような状況で、どれほど困難だっただろうか。何を感じただろうか。そして最も重要なのは、どのように乗り越えたかという点だ。具体的にどのような行動をとっただろうか。そして、どのような心のあり方が、状況を乗り越えるのに役立っただろうか。誰にでも、困難な時期というのはあるものだ。そのときの回復力や勇気を少し振り返ってみれば、自分が意外と忍耐強いことに気づくかもしれない。現在の課題に対処するため、以前と同様の行動や心のあり方を利用できないか考えてみるのだ。

私はコロナ禍の初期に、デール・カーネギー・トレーニングを率いるための勇気を手に入れたが（第一章「正しい考え方を選ぶ」参照）、その際に役立ったことの一つが、過去の最も困難な時期を振り返ることだった。二〇〇一年の同時多発テロ事件のとき、私は起業したばかりで、事業が失敗するのではないかと恐れていた。本来なら、さっさと会社をたたむべきだった。何しろ最初の製品をリリースしたばかりで、収益はほとんどなかった。主要な出資者が撤退したため、資金調達ラウンドを乗り切れるとは思えない状況だった。状況を好転させる出来事がすぐにでも起きない限り、数週間で事業は行き詰まるだろう。だが、なぜか会社はこの苦しい時期を乗り切った。信じられないほどの経費削減を実行できた。素晴らしいチームワークで新製品のリリースを加速し、追加の収益を得られた。既存の出資者からの強い支援を得られた。これらが組み合わさり、困難を乗り越えられたのだ。そうして私は、メンバーが不屈の犠牲的精神と決意を持って団結すれば、どのようなことも乗り越えられるという教訓を得たのである。コロナ禍の初期段階で、このときのこと思い出して元気づけられた私は、デール・カーネギー・トレーニングを率いていけると確信した。株主、役員、社員に「我々は可能なことはすべて実行し、現在の困難な状況を乗り切ります。失敗は許されません」と本心から語りかけた。そして、今、この瞬間のために、私は経験を積んできたに違いないと思っていた。

さて、最後に、自分への信頼を確かなものにするために何かしてみるとよい。自己成就的予言を紙に書き、目につく場所に貼り出すのもよいし、困難な状況を一緒に乗り越えた人と話すのもよい。難しい時期を切り抜けられた自分の姿を、想像してみるのもよいだろう。とにかく、効果があるなら、何でも実行してみる。恐れや不安が再びわき上がってきたら、自分の強さを思い出し、成功の記憶から力を得ることだ。

恐れというものは、常にはっきりと現われるわけではない。難しい話題を避けたり、話題をそらしたりする。あるいは、人間関係や仕事の状況に問題がないふりをするといった、ささいな行為に恐れが垣間見えることもある。対処を先延ばししたり、無関心を決め込んだりすることもあるだろう。だが、逃げてばかりで対処をなおざりにしていると、事態は悪化するばかりである。

リア・ガブリエルは、アメリカ海軍の戦闘機操縦士、秘密諜報員、ジャーナリスト、アメリカ合衆国特使兼グローバル・エンゲージメント・センター調整官など、多様な職歴を積み上げてきた。軍歴の中で、非常に危険な場面に何度もめぐり合った。死と隣り合わせの状況で、勇敢にふるまわなければならなかったこともある。操縦士時代のリアは、原子力空母に配置された航空団で、一人乗りのF／A‐18C戦闘攻撃機を操縦していた。戦闘配置についていたとき、尊敬していた先輩操縦士のロバート・E・クルーキー三世少佐が、F／A‐18C機の墜落事故で殉職した。少佐は、厳しい訓練で有名なトップガン（アメリカ海軍戦闘機兵器学校）を卒業したエリートで、このときは洋上で夜間飛行訓練を行なっていた。「少佐ご自身も、愛機も発見できませんでした」とリアは回想する。「少佐は素晴らしい人物で、卓越した操縦士でした」。空母は作戦行動を中断し、クルーキー少佐のために正式な海軍葬を執り行なった。リアはそのときの思いをこう述べた。「空母に配置された海軍の操縦士の任務や訓練。つまり、カタパルト（航空機射出装置）からの射出、飛行訓練、アフガニスタン上空での戦闘任務、着艦などは、いずれも危険に満ちているのだと、この悲劇を通して全員が再認識したのです」。海軍葬が終わると、航空団は直ちに通常の活動に戻った。操縦士たちは、航行中の空母での危険な発艦と着艦を、昼夜を問わず続けたのだった。

命の危険にさらされながら発艦するたび、回復力と勇気が求められる。任務への専念と集中力の維持は、神経を使う発艦に大いに役立った。飛行前のブリーフィング（計画と命令の伝達）を終えると、装備を身につける。駐機場所に向かい、機体の点検を終えてからコックピットのシートに身を沈める。すべてのシステムが正常動作するのを確認したら、機体をカタパルトまで移動させる。親指を立てて発艦準備よしの合図をした後、さらに敬礼する。このときリアは、自分自身と任務の両方に意識を集中させていた。「カタパルトから射出され空を飛ぶたびに、勇気が必要になります」とリアは言う。「そしてそのとき、自分がいったいどのような人間なのかを思い知らされるのです。……自分自身に挑戦し、前に進む機会があるなら、その機会を逃してはならない。でも、挑戦するたびに、前回からほとんど進歩していない自分に気づかされます」。リアには、勇気を引き出し続ける力が備わっていた。その結果、ネイビーシールズとともにアフガニスタンに地上要員として派遣されるなど、輝かしい軍歴を築けたのである。自分を信じられなくなったときは、ウィリアム・アーネスト・ヘンリーの詩『Invictus（インビクタス　征服されざる者）』の一節を思い出した。「私は我が運命の支配者／我が魂の指揮官なのだ」

私たちの経験では、恐れを克服し、内なる勇気と回復力を見つけるには、自分に正直になるという決意が必要である。自分の感情を自覚しながら、それでも行動しようという意欲をもつことだ。そうすれば恐れという感情を持ちながらも、思慮深く、戦略的に、力強く行動する力を養える。

恐れを「克服する」だけでは充分ではないし、現実的でもない。恐れとの向き合い方を学ぶ必要がある。感情と向き合うには、第三章「自分の感情と向き合う」で説明した方法を実践すればよい。恐れの原因を特定し、対処が可能になるだろう。恐れが身体のどこで生じるのか把握する練習をすれば、恐れにとらわれることなく、恐れを経験する方法を学べる。さて、前章では、ストレスを自分に有益なものと見なすことを学んだはずだ。同じことを恐れにも適用できる。緊張しているとき、不安なとき、恐れているときに経験する身体感覚は、どのようなものであっても自分に都合よく解釈し直せる。ただし、もっと重要なことがある。恐れを感じていても行動することを学ぶのだ。そのためには、行く手を阻むものに着目するのではなく、行きたい場所までの過程に着目しなければならない。

ビナ・ベンカタラマンは、ボストン・グローブ紙で自称「新米記者」だった頃、周囲の人々から威圧感を感じることがよくあった。また、ビナは自分の意見や考えよりも、他の人の意見や考えを信じる傾向が強かった。記者である自身よりも、新聞の読者や、記事に反発する人々の意見を信じてしまうのだった。

ビナはとある仕事で、洋上風力発電所について知る機会を得た。このとき得た情報に刺激され、マサチューセッツ州の有力な政治家だった故テッド・ケネディ上院議員を取材対象にした。そして、洋上風力発電所の建設阻止に動いていたケネディ議員の活動を、詳細な記事にまとめたのである。この記事が掲載されたのは土曜日だったが、ケネディ議員はボストン・グローブ紙のほぼすべての編集者に苦情の電話をかけた。編集者たちは次々にビナに電話をしてきたが、ビナの答えは同じだった。ビナは、自分が書いた記事の裏づけとなる、事実や声明があると回答した。

実際にはビナは、恐れを抱いていた。国政で最も影響力がある政治家の一人から非難されていたのだ。引き下がるほうが簡単だったかもしれないが、ビナは勇気を出して主張を貫くことにした。ビナは言う。「編集者たちからの電話を受けていたわずかな時間は、私のキャリアの中では、特に目を引くようなこともない時間でした。しかしこのわずかな時間が、決定的な転機になったのです。自分のために立ち上がった瞬間なのですから。……今でも勇気を奮い起こすのは簡単ではありません。でも、自分が意義のある戦いをしていると自覚できれば、勇気がわいてくるのだと気づきました」

ビナの勇気は報われた。のちにビナは、二〇一〇年から二〇一九年まで、マサチューセッツ工科大学とハーバード大学が共同運営するブロード研究所で、グローバル政策イニシアチブのディレクターを務めている。また、大統領科学技術諮問会議の共同議長を務めていたエリック・ランダーの上級顧問でもあった。さらにその後、ホワイトハウスで、気候変動対策のためのイノベーションを担当する上級顧問になっている。

ビナが圧力に屈しなかったのは、高い目的意識を持っていたことと、ビナの価値観に照らして正しいと思えることを、追求していたからだった。

では、あなたが過去に直面した（または現在直面している）、強い心で臨まなければならなかった状況について考えてみる。どのように対処しただろうか。今振り返ってみると、もっとうまく対処できたはずだと思うだろうか。

デール・カーネギー・トレーニングの独自調査から、回復力の高い人は前向きな姿勢を保ち、能力に自信を持ち、課題にうまく対処し、危機から素早く立ち直る傾向が強いことが判明した。さらに、好ましくない経験をしても、将来に活かせる教訓を得ようとしていることがわかっている。心が強く、回復力のある人たちは、このように自問している。「今回の事態から何を学べるだろうか。現状を乗り切ることで、どのように成長できるだろうか。前に進むには何をしなければならないのか。状況の悪い面にこだわり続けると、どのような状況に陥るだろうか」

また、回復力には、その人の認識の仕方が大きく影響していることもわかっている。同じ出来事を経験しても、回復力が高い人のほうが、ストレスが少ない状況だと認識する傾向が見られた。困難な出来事を経験した被験者のうち、強いストレスを受けたと回答した人の割合を見てみる。回復力が高いグループではわずか一六パーセントだったが、回復力が低いグループでは三一パーセントに達している。この結果は、逆境にどう対応するかに回復力の差が現われるのと同じように、逆境をどう認識するかにも回復力の差が現われることを示している。回復力が高いグループに入りたいと思うのは当然だろう。そのためには、自分が状況をどう認識しているか、自問することからはじめるべきだ。

ルーシー・ホーンはペンシルバニア大学で回復力について学んだ後、ニュージーランドのクライストチャーチに戻って博士課程での研究に着手した。だが、直後に同地を大地震が襲い、街は壊滅状態になってしまった。ルーシーは地震後の困難を乗り越えるため、地域の人たちに協力することにした。自分の研究を実践するのにも、ちょうどよい機会だと考えたのである。だが残念ことに、この決定が不幸な事故につながってしまった。

三年後、ルーシーは家族とともにニュージーランド南部のオハウ湖に滞在していた。娘のアビーは、ルーシーの親友サリーとその娘エラとともにドライブに出かけたが、一時停止を無視した自動車に衝突され、三人とも即死してしまう。

そしてルーシーは、助言する側からされる側に移っていた。他の人から回復力について助言されるのだが、ルーシーはその内容が気に入らなかった。助言のせいで、自分が、人生の転機を乗り越えられない被害者であるかのように感じるのだ。自分は「無力」で、ひどい経験に対して「受け身の対応しかできない」存在だと感じた。

ルーシーは、自分に必要なものは希望だと考えた。また、悲しみに陥る過程をある程度コントロールしたいとも思った。そこで助言を無視し、逆境に耐えた人々の研究から得られた三つのポイントを実践することにした。

第一に、回復力が高い人々は、苦しみを人生の一部として受け入れていた。いつか訪れる困難な時期に備え、心に余裕を持たせておくよう努めているのだ。ルーシーは言う。「『なぜ私が』と思ったことは一度もなかったわ。むしろ、『なぜ私ではないのかしら』と思っていたの。誰にでも、そう、あなたにもひどいことは起きる。ひどいことが起きたら、それが今のあなたの人生なの。沈んでしまうか泳ぎきるか、二つに一つね」。ルーシーが言っていることは正しい。ひどいことは起きてしまうし、残念ながら、ひどい出来事も人生の一部である。ソーシャルメディアでは幸せな場面や、物事が計画どおりに進んでいる場面が共有されている。そのような投稿を見ていると忘れがちだが、人生には困難な時期があるものだ。そのことを受け入れるのだ。

第二に、強い心で感情に向き合える人は、注意を向ける点を上手に選んでいた。自分では何が変えられないかを自覚し、変えられることに考えと注意を向けている。感情に飲み込まれそうになったとき、ルーシーは自分が何のために生きなければならないかを思い出した。娘は亡くなってしまったが、残っている二人の息子にはまだ親の支えが必要だ。また、事故後に家族が受けてきた社会的支援や、周囲の人々から受けた親切にも思いをめぐらせた。「よいことに注意を向けられれば、困難に立ち向かうのに非常に有効だと、研究によって示されているの」とルーシーは語った。

第三に、強い心で感情に向き合える人は、「この行為は、自分を助けているのだろうか害しているのだろうか」と自問し続けていた。これは、ルーシーが娘の事故後に考え続けていたことでもある。事故を起こした運転手の裁判を傍聴するかどうかを決めたときも、娘の写真をじっくり眺めたときも、この質問を自分に投げかけた。ルーシーは、自己憐憫に陥らないよう、気を引きしめていた。自分の心のあり方と行動が、自分を助けているのか害しているのか、また、よい経験につながるのか悪い経験につながるのかを見極めるため、意識を集中させなければならなかった。時間が経つにつれ、これらの対応が効果を発揮しはじめる。健全な方法で悲しみを受け入れ、悲劇の渦中で希望を見出すのに役立ったのである。

次は、自身が重傷を負った事例である。起業家のライアン・チェンは下半身が麻痺しているが、マイケルと私が知り合った中で、特に勇気と回復力に優れた人物である。信じられないほどの困難を乗り越え、今でも人生に前向きに取り組んでいる。子供時代のライアンは非常に楽天的だった。元気で、運動神経がよく、常に冒険心に富んでいた。一九歳のとき、スノーボードで大きくジャンプしたところ回転が止まらず、背中から地面に激しく叩きつけられた。

雪の中に横たわったライアンは、身体に異変を感じていた。脚の感覚がなく、起き上がることもできない。猛吹雪をついて出動したスキー場のパトロール隊が、ライアンを病院まで搬送するのに成功した。手術は八時間に及び、麻酔から目覚めたライアンに医師は、脊髄《せきずい》がひどく損傷しているため二度と歩けないだろうと告げた。ライアンは、病院のベッドで呆然としていた。診断は間違っているに違いないと自分に言い聞かせた。どんなことをしても歩いて退院し、間違いを証明してやろうと心に決めた。

それからの六か月間、ライアンは厳しいリハビリに耐えた。再び座れるようになり、バランスをとったり車いすで移動したりもできるようになる。しかし、何回もの手術の甲斐もなく、見通しは次第に暗くなっていった。「自分自身について知っていたこと、そして自分のアイデンティティだと思っていたことが、すべて失われてしまったのです」とライアンは語った。もうできないことばかりを考えていた。負傷する前は非常に活動的で、剣道の練習や試合に参加し、高校のクロスカントリーチームのキャプテンを務め、シーズンになればスキーを楽しんでいた。歩けなくなれば、人生はどうなってしまうのだろうという思いが、ライアンの頭の中を渦巻いていた。

ようやく退院したライアンは、復学し、運転免許を取得し、職も得たが、失ったもののことばかりを考えていた。思いつく限りの鎮痛剤を服用したため、二年間、頭に霧がかかったようになり麻薬中毒にも悩まされた。処方薬をやめるのに数年かかったが、いったんやめてしまえば頭はすっきりし、元の自分を取り戻したように感じた。そして、事故以来、友人や家族が自分を支えてきてくれたことに思い至った。生きていることがいかに幸運であるかを、ようやく理解できたのである。同様の事故にあった人の多くは、ライアンほどには回復せず、二度目の機会を手にすることはできなかっただろう。ライアンは勉学に励み、事故前と同様に、自分の可能性を追求しはじめた。『同じ生きるなら、中途半端な生き方ではもったいない。最善を尽くしてみよう』と思ったのです」

ある日、高校時代からの親友マーカスが旅行に誘ってくれた。マーカスはコールドプレイやマムフォード&サンズなどの一流ミュージシャンに同行し、ドキュメンタリーを制作していた。事故以来旅行に出かけていなかったライアンは尻込みしたが、この誘いは魅力的だった。そしてマーカスは、ライアンを説得して連れ出すのに成功する。この旅行でライアンの視野は、狭い閉ざされた範囲から、無限の可能性があふれる世界へと、大きく広がったのである。

それまで生活圏のみに向けていた視線を、未来へと向け直すやいなや、実行可能なことがいくつもライアンの目に飛び込んできた。負傷する前はマラソンに挑戦したいと願い続けていたが、事故であきらめていた。しかし、世の中には車いすマラソンという競技や、ハンドサイクルという自転車があることがわかった。ライアンはコーチとともに練習を開始し、三週間経たないうちに、車いすマラソンに参加する自信をつけていた。「最後のほうはぎりぎりの精神状態でしたが、完走できました。四時間かかり、死にそうな目にあったのですが、車いすマラソンの魅力にどっぷりはまっていました」とライアンは話してくれた。

機会を手にするたび、ライアンは自分が強くなり、できることが増えていると実感した。そしてリスクをとって成功すると、自己効力感が高まったのである。やがてライアンは、ビジネスの分野にも挑戦してみようと思い立つ。以前、処方薬で困った経験があることから、自然由来の物質で人々に活力を与え、頭をすっきりさせられないかと考えた。もちろん、製品は安全でなければならず、効能には科学的な裏付けが必要だ。大学時代の友人ケントとともにニューロという会社を設立し、脳の機能を高め活性化させるため、ガムやミントにビタミンを配合した。

ライアンは、スノーボードの事故を後悔していない。人生と世界観を再構築する中で、実に多くのことを学んだからである。ライアンは言う。「追い詰められ、機会など一つもないと感じたら、少し時間をとってまわりを見わたしてください。他にも機会が転がっているかもしれないし、新しい道に続くドアが開かれるかもしれません。決してあきらめないことです」

自分でコントロールできる分野に集中しようと決めてから、社会や人との向き合い方は改善されていった。アメリカのパラリンピックチームと一緒にトレーニングすることもあれば、スキューバダイビングの講習を受けることもある。現在は航空機の操縦士資格を取得しようとしている。ライアンは、単に障害を克服しただけではない。自分の限界を意識することで、世界を新しい視点から眺めるようになり、ある種の強さを手に入れたのである。この強さは、もともとライアンが持っていたものだが、本人が自覚していなかったのである。

本章のポイント

回復力と勇気を育むのは、これまで取り組んできたことの集大成だという点を忘れないようにしたい。正しい考え方を選び、感情に対処し、自信を育み、変化を受け入れ、後悔を乗り越え、ストレスに対処することの直接的な結果として、心が強くなっていく。人生で起きる出来事は、自分ではコントロールできないことのように思える。しかし心の強さ、勇気、回復力を使い、どのように出来事に反応するかは、自分で選択できるのである。

原則

困難を糧《かて》にして内面的な強さを育む。

実行するためのステップ

◉勇気と回復力を育む。

――**感情と向き合い、前向きな考え方を選ぶ。**

。第一章から第三章で取り上げた枠組みを使い、状況を前向きにとらえ、感情を和らげるようにする。

――**前を向くために、後ろを振り返る。**

。過去に直面した課題を思い出す。どのような状況だっただろうか。

。勇気、回復力、心の強さを示すために何をしただろうか。

。当時の心のあり方は、どのようなものだっただろうか。どのような考え方や感情を抱いていただろうか。

。過去の状況から何を教訓とし、現在に活かせるだろうか。

――**自分への信頼を強める。**

。感情面での強さを養うため、今すぐ何ができるかを考えてすぐに実行する。

。自己成就的予言を使い、自分の心は強く、有能だということを再確認する。

◉回復力が高い人は、困難な時期を乗り切るのに役立つ、特定の行動パターンを決めている。回復力を高める必要があるときは、このことを思い出す。

――**苦しみを人生の一部として受け入れる。**「避けられない運命には調子を合わせる」と言われるとおり、人生はときどき変化球を投げてくる。どうすれば、変化球に慣れることができるだろうか。

——**注意を向ける点を上手に選ぶ。**何が起きるかはコントロールできなくても、どこに注意を向けるかは自分で決められる。目標と、実際にとれる行動のそれぞれについて、何に焦点を合わせるかを決めてしまう。

——**「この行為は、自分を助けているのだろうか害しているのだろうか」と自問する。**恐れや感情を何度、思い返しても、たいていは役に立たないものだ。困難な時期に役に立たない行動をとらないようにするには、どのような技法を使えばよいだろうか。

PART

2

自分の人間関係を動かす

自分を内向的だと思っているだろうか、外向的だと思っているだろうか。どちらとも言えないと感じる人もいるだろう。だが、他の人に敬意を払い、誠実な人間関係をつくる能力が重要であることに変わりはない。振り返ってみればマイケルも私も、人生で特によい思い出になっている出来事は、人間関係にまつわるものなのだ。

文化圏ごとに交際の仕方は異なるが、人間関係が重要なことは共通しているはずだ。だが、親密な関係だとしても、その質は時間とともに変化していく。最初は、つきあっていると都合がよいという友人関係、つまり学校や何かの活動で知り合った関係かもしれない。年を重ねて疎遠になると、このような関係は切れてしまうこともある。また、仕事を通して知り合うこともあるだろう。時を経ても変わらない、有意義な人間関係を築きたいと願うものだが、関係は良くも悪くも変化し続ける。人間関係を維持するには、不断の努力と注意が必要になる。

第二部（PART2）では、他の人とのつながりを育むことの重要性と、強固な人間関係を築くことの意義を説明する。親友であろうが同僚であろうが、その基盤となるのは信頼である。信頼を築く方法を探っていく。次に、厄介な「批判」というものについて考えていく。批判をするのもされるのも、決して愉快なことではない。いくつかの事例を取り上げ、批判と、フィードバックを目的とした評価の違いを明確にする。なお、どのような関係であっても不和は生じるものだ。それでも、他の人はコントロールできないが、自分自身をコントロールすることはできる。加えて、難しい会話を楽に乗り切る方法にも触れる。このような状況は、敵対的な相手との会話で生じがちだろう。そして最後に、他の人の視点で物事を見る方法と、共感を得るための実用的なヒントを紹介する。

自分の内面を動かせるようになったら、人間関係も動かせるようになるのだ。他の人と確かなつながりをつくり、他の人を思いやるには、まず自分自身を理解しなければならない。強固で互いに有益な人間関係を築くことによってのみ、私たちは有意義な人生を送れるのである。

9 つながりをつくる

人に好かれたいのなら、本当の友情を育てたいなら、そして自分自身を益し同時に他人を益したいのだったら、次の原則を心に刻みつけておくことだ。「誠実な関心を寄せる」

デール・カーネギー

デール・カーネギーが『人を動かす』を執筆した理由の一つは、強固な人間関係を築く方法を知らない人があまりにも多く、その状況に懸念を抱いたことだ。人間関係を築く技能を持たなければ、キャリアアップも、家族と健全なコミュニケーションをとることも困難になる。デールが見たところ、他の人と上手に交流しコミュニケーションをとれる人のほうが、より豊かで充実した幸せな人生を送っていた。『人を動かす』は、原則が列記されたハガキ大のカードからはじまり、リーフレット、小冊子とサイズが大きくなっていき、最終的に一冊の本にまとめられた。八五年以上が経過した現在でも、ベストセラーの一角を占めており、人間関係の築き方を知りたがっている人が多いことを示している。英語のタイトルをそのまま訳すと「友人を獲得し、人々に影響を与える方法」となる。このタイトルどおりのことを望んでいる人たちが、世の中には大勢いることになる。デールは『人を動かす』で、友人、家族、同僚と意図的に強いつながりをつくることの重要性を説いた。現在、その重要性が高まっているものの、つながりをつくることは困難になってきている。『人を動かす』でデールは、「人づきあいは、読者にとっておそらく最大の課題であろう。特に仕事上のこととなるとなおさらだ」と述べている。そして、よく知られた研究から引用し、「工学のような技術分野においてさえ、個人が高い収入を得る要因は、技術知識が約一五パーセントで、約八五パーセントは本人の人格や指導力といった人間工学的な技術による」と指摘する。また、技術的な能力は重要だが、「技術的な知識に加えて、自分の考えを表現でき、指導力を発揮し、人々の熱意をかき立てる能力を持つ人は、より高い収入を得ることができる」と判断していた。『人を動かす』がはじめて刊行されたのは一九三六年だが、これらの指摘は現代にも当てはまる。およそ一世紀が経過したわけだが、人間関係は相変わらず重要である。成功したければ、他の人といかに協調するかを学ばなければならない。

二歳児たちの遊びを見たことがあれば、人間関係を築く技能は先天的なものではなく、習得するものだということがわかるだろう。大人になると、人間関係は構築できて当たり前と見なすようになり、人間関係を築く技能はマスターしていると思いがちである。しかし実際には、世界は急速に進歩しており、人と人とのつながり方も、進歩に合わせて変えていかなければならない。

それでは、人間関係とは何か、考えたことはあるだろうか。簡潔に言ってしまえば、二人の人間が感情的、精神的、ときには家族的つながりを持つことである。ラテン語ではnecessitudoと言い、英語のnecessity（必要の意）と語源は同じである。人間は、他者とのつながりを必要としているのだ。しかし、自分一人でやっていけるので必要ないと考える人が多い。「自分一人でやったほうがよい」とさえ考える人も多いようだ。もちろん、このような考えは間違っている。

ロバート・ウォールディンガーは、世界で最も長期間、幸せについて研究しているチームの責任者である。この研究は、ハーバード大学が研究者を入れ替えながら続けているもので、メンバーはついに四代目になった。これまでに三つの大きな発見があった。

一つ目の発見は、社会的なつながりが有益な一方、孤独は命取りになるということである。家族、友人、コミュニティと強くつながっている人のほうが幸せで、健康状態がよく、長生きだという結果が出ている。二つ目の発見は、友人の数よりも、友人関係の質のほうが重要ということだ。温かい関係は有益だが、常にぎすぎすしているような関係は、健康に悪影響を及ぼすことが示されている。そして三つ目の発見は、良好な人間関係は身体の健康だけでなく、脳の健康も守ってくれるということである。信頼できる人間関係を維持している人は、記憶力がいいという研究結果がある。ウォールディンガーが講演動画のＴＥＤトークで述べているように、どれも昔から知られていたことである。では、なぜ幸せになるために人間関係をよくすることが、これほど難しいのだろうか。

「本当にほしいのは、手っ取り早い解決策です。つまり、生活を向上させ、その状態を維持できる何かなのです。人間関係は複雑で厄介なものです。家族や友人をお世話することは、魅力的でも華やかでもありません。おまけに一生続き、終わることがありません。……過去には、成人した男性の多くが、名声、富、高い業績こそが、よい人生を送るために必要だと信じていました。しかしこの七五年間の研究では、最もよい人生を過ごせたのは、家族、友人、コミュニティとの関係を大切にした人々であるという調査結果が、繰り返し示されているのです」

私自身の過去を振り返ると、人生に強い影響を及ぼした重要な瞬間には、いつも人間関係が大きな働きをしていた。周囲の人たちが私に喜びや満足感を与えてくれ、私の学びと成長に手を貸してくれたのだ。私も、お返しをしたいと思っている。さて、人間関係は「あったらよい」程度のものではない。人間関係が強固であれば、健康を維持し長生きするのに役立つ。一四八件の研究結果を集計したところ、強い社会的つながりを持つ人は、早世する可能性が五〇パーセント低かった。また、相手から気遣われていると思えるような友人関係は、ストレスを和らげる機能を持っている。これに対し、孤立している、あるいは社会的支援の対象から外されていると感じると、抑うつ状態、免疫力の低下、血圧の上昇など、健康状態が悪化しかねないことが判明した。人間関係は、精神、感情、身体の健康のために必要なのである。

マイケルと私は、二〇年以上のつきあいだ。最初はビジネス上でのつきあいだったが、次第に強い友人関係に育っていった。私は一九九五年にデール・カーネギー・コースを受講し、教わった原則が強い影響力を持つことに気づかされた。だが望みどおりには活用できず、歯がゆい思いをしていたのである。そこで自分なりのメニューをつくり、日々のルーティンに組み込むことにした。毎日、実践する原則を一つ、実行するためのステップを一つ、振り返りのときにインスピレーションを与えてくれるような名言を一つ選んでおくのである。最終的には、日ごとに原則、ステップ、名言を書き込んでおけるようフォーマットを決め、一年分をまとめた特製の手帳をつくってしまった。

そして、この特製手帳を数年ほど使った頃、友人に、デール・カーネギー・トレーニングに特製手帳を見せたらどうかとすすめられた。「他の受講生にもきっと役立つよ」と友人は積極的だ。「どうだろう」と私は答えた。「デール・カーネギー・トレーニングのような大企業なら、いろいろなアイデアを持っているだろう。私の話なんか聞いてくれるかな」

「やってみなければわからないよ。うまくいかなくても、失うものはないじゃないか」。これには反論できなかった。そこで、デール・カーネギー・トレーニングのCEOオリバー・クロムに、私の特製手帳を説明した手紙を書いた。フェデックス（航空便）で発送したので、翌日には到着するだろう。一日待ってから、オリバー・クロムに電話をかけた。緊張している私の耳に、「こんにちは。デール・カーネギー・トレーニングです」という感じのよい声が飛び込んできた。電話交換スタッフに「オリバー・クロムさんとお話ししたいのですが」と告げると、「少々お待ちください」と言われた。驚いたことに、次に聞こえてきたのは「こんにちは、オリバー・クロムです」という声だった。なんとデール・カーネギー・トレーニングのCEO自らが電話に出てくれたのだ。これには本当に驚いてしまった。オリバーは私の手紙を読み、特製手帳をすっかり気に入ってしまったのだという。オリバーは言った。「一部のフランチャイズに試行導入してみたいですね。このプロジェクトのリーダーにうってつけの者がいます。私の息子マイケルなのですが、当社の経営陣の一人です。マイケルに声をかけておきますから、一緒にやってみてください」。これが、マイケルと私が出会うきっかけだった。

専門知識はあるが、おとなしくて少々堅苦しい人というのが、マイケルの第一印象だった。マイケルとともに試行版の特製手帳をつくり、フランチャイズの加盟者二人にテストに協力してもらった。私はマイケルのことをもっと知りたかったので尋ねてみた。「マイケルさん自身についてお尋ねしてもいいですか。オフのときは何をしているのですか」

「仕事以外で大事にしているのは、教会、家族、それに友達ですね。教会や地域での奉仕活動にもよく参加しますよ」

「本当ですか。もっと詳しく教えてください」とお願いした。毎日、オンライン聖書の聖句を学んで一日をはじめること、妻ナンシーと幼い子供ニコールとアレックスのこと、デール・カーネギー・トレーニングに関わるようになった経緯など、マイケルはいろいろと話してくれた。さらに、デール・カーネギー・トレーニングが個人や組織に劇的な影響を与えるのを見ると、仕事にやりがいを感じるとも言っていた。話を聴くうち、マイケルと私には共通点が多いことに気づいた。私も信仰を大切にしており、妻のお腹の中には最初の子供がいた。私もまた、デール・カーネギー・コースで人生が変わっていた。マイケルのことを知り、一緒にする仕事がさらに楽しいものになった。

フランチャイズでの試行は成功したが、デール・カーネギー・トレーニングは、その時点では、プロジェクトをさらに進めようとはしなかった。マイケルと私が開発していた特製手帳を世界展開したのは、私が最初の会社を立ち上げた二年後のことである。この間にマイケルは昇進し、特製手帳のプロジェクトは別の上級役員が率いていた。それでもマイケルと私は連絡をとり合い、私が二ユーヨークへ出張した際や、デール・カーネギー・トレーニングの年次大会のときに、近況を知らせ合った。このような機会がないときも、おりを見て互いに電話をかけていた。話をするたび、私はマイケルがどのような人物で、何を大切にしているかを理解していった。最初は仕事上のつきあいだった関係が、友情へと変化していったのである。

数年後、私は、デール・カーネギー・トレーニング次期CEOの選考プロセスに招待された。マイケルに電話して意見を求めた。「あまりすすめられないと言うなら、やめておくよ。どう思う」と尋ねると、マイケルは「素晴らしいじゃないか」と言った。そして、採用プロセスについて私に助言をしてくれた。この助言はとても役立った。

マイケルとの友情を通して、強固な人間関係を築くには時間がかかることを学んだ。自然に築かれることはなく、時間と労力を使って育まなければならない。マイケルと私は、本心から互いのことを知りたいと思い、共通の関心や価値観を通して、相互の信頼と尊敬の気持ちを育んだのだ。

これとは対照的に、過去に一緒に仕事をした人々の多くは、機械的なやりとりに終始した。ビジネスは望んでも、相手のことを本当に気にかけるということはないのだ。真のつながりを築くには、互いに相手に関心を持つ必要がある。自問してみるとよい。「この人から何を学べるだろうか。相手が本当に気にかけていることは何だろう。自分は相手に何を提供できるだろうか」

周囲の人々に本心から興味を抱くようになると、通り一遍の会話で済ますのではなく、実際に交流を楽しめるようになる。ただし、出会う人すべてと友情を築くことはおすすめしない。この点は、はっきりさせておく。あらゆる人と人間関係を築く必要などないし、あなたもそのようなことはごめんだろう。あなたの目標や価値観に賛同してくれる人は限られる。そのため、人間関係を築くために時間を使ってよい相手も限られるというわけだ。なお、相手を選ぶのに慎重になるのは問題ない。もし相手を気に入ったら、その人との人間関係の構築を、生活の中の優先事項にしておく。

普段、魚は水のありがたみを意識していないだろう。しかし、水がなくなってしまうと危機的な状況に陥る。同じように私たちも、困難な状況に陥るまで、人間関係の大切さに気づけないものだ。困難な状況の例として、信頼が失われて関係修復が不可能になったり、大病や死によって愛する人と引き離されそうになったりすることが挙げられる。

アンディ・ジンスマイスターは、大人になれば両親と一緒に働くのだと思っていた。しかし父ボブが癌と診断され、夢の実現は危うくなってきた。当時、ボブは小さな会社の副社長で、アンディはボブの下で働いていた。アンディは社員に癌のことを伝え、父親が置かれた状況を理解してもらえばよいと考えたが、ボブの望みは違っていた。ボブは花束や同情は求めておらず、甘やかされたいとも思っていなかった。自分の仕事をこなし、気を散らさず、会社が普段どおりに運営されることを願っていたのだ。

まだ二二歳だったアンディは、父親の病気をどう受け止めればよいかわからなかった。困ったことがあれば、父親がいつも励ましてくれた。だから今度は、アンディが父親を同じように励ましたかった。これまでのボブとアンディは、伝統的とも言える親子関係で、父親であるボブが主導する関係だった。しかし、父親を失う可能性に直面したアンディは、父親がどれほど大切な存在であるかに気づき、親子関係にもっと積極的に関わりたいと考えるようになった。

毎日、アンディは、少しでも父親とつながりを持とうと努力した。容体を尋ね、今まで聞いたことがない父親の経験談をねだった。自分を育てているとき、どのように思っていたのかとボブに尋ねたこともある。一緒に過ごせる時間が残り少ないかもしれないと考えたアンディは、父親のことを真剣に知りたがった。この頃のことを、アンディはこう回想している。「父との絆を強くしようと、真剣に取り組みました。父の反応はいろいろで、体調がよい日や、自分から話したがる日があるかと思えば、ただうなずくか、私がそばにいるだけで満足という日もありました」

ボブは最終的に癌を克服した。癌のおかげで、親子の関係は以前より強固なものになった。そしてアンディは、愛情と気遣いを父親に示すことの大切さに気づいた。そのような愛情と気遣いは、これまでボブがアンディに示してくれていたものだった。アンディは父親との絆を意識して育んだ。アンディは語る。「自分の内面の葛藤であろうと、人間関係であろうと、あるいは必要とされる変化であろうと、自分が主導権を握れば、望む方向に事態を動かせると確信しています。大事なのは、第一歩を踏み出す勇気です」

人間関係を強固にする五つの方法

人間関係を築くといっても、何やら漠然とした目標で、具体的にどうすればよいかが常にはっきりしているわけではない。そこでマイケルと私は、特に有意義と思われる人間関係について考察し、共通する要因をリストアップした。その上で、次の五つの助言をまとめてみた。たとえ一つでも、この助言を実践すれば、相手をよりよく理解するのに役立つだろう。また、相手を大切にしていることを、他の人に示すのにも役立つはずだ。

●温かみを持つこと。人が持つ資質の中で、温かさは過少評価されているものの一つだ。人間の行動を科学的に分析する研究所「サイエンス・オブ・ピープル」の主宰者であり、人間行動についての著書が二冊あるヴァネッサ・ヴァン・エドワーズは、カリスマ性の高い人物は温かさと能力の両方を兼ね備えていると指摘する。人間関係を築くには、単に信用されるだけでなく、自分が感情的に安定し信頼に値する人物だと示す必要がある。

では、温かみがあるとは、どういうことだろうか。開放的で親しみやすいことだと考える人が多いだろう。人間関係を築くための第一歩であり、当然のことと思えるかもしれない。しかし、大切なのは反復することだ。身ぶり、表情、声の調子で、自分は開放的だと繰り返し示す。最初の数分間で、相手とどのようなやりとりをするか想像してみるとよい。笑顔を見せるだろうか。うなずくなど、相手の話を聴いているという素振りを見せるだろうか。眉を上げて見せたり、相手のちょっとした動作を真似たりするだろうか。コミュニケーションの五五パーセントは、言語を介していないという研究結果もある。状況に応じて自分を表現する方法が、発言内容より重要なのはほぼ確かだ。

●耳を傾けること。相手の話をさえぎってしゃべりさえしなければ、上手に聴けているというわけではない。次に何を言おうか考えながら聞くのではなく、相手の言っていることに心を開いて耳を傾ける必要がある。理解を深めるために質問するのも、話に注意を払っている証拠として受け止めてもらえるだろう。相手が話している間、忍耐強く待つことも重要だ。相手の言葉の裏側にひそむものを探り出し、相手の口に出せない要望をかなえられるよう、上手に話を聴く。その方法を学べば、人間関係の構築の半分は達成できたようなものだ。

デールが書いたように、熱心に、集中して聴くことは、私たちが誰にでも与えることのできる最高の賛辞なのである。

● **共通点を見つけること。**私たちは、関心事、趣味、職業、価値観のうち、共通するものを土台に人間関係を築いている。知り合いになったばかりの頃は、共通点を通してつながりを持つことになる。そして、共通点を見つけることが有効なのは、人間関係を築きはじめた段階だけではない。希薄になった関係を再び強固にしたり、活気づけたりしたいときも、共通点が役立つのである。人間関係が壊れそうなときにも有効だ。人間関係で苦労しているときは、まだ共通点は残っているか、そしてどのような点なら意見が一致するかを検討してみる。

● **相手を思いやること。**「調子はどう?」「まあまあだね」などといった決まり文句の応酬では、本当の思いやりは示せない。誰かを心から気遣うのなら、自分に何が起きていても開放的に話すことだ。ときには弱みをさらけ出すぐらいがよい。また、お祝いするような出来事だけでなく、つらく深刻な出来事についても、時間をとって相手と話すべきだ。相手の話に耳を傾け、理解を深めるための質問をすること。相手と一緒の時間をつくること。これらの行為で、思いやりを示せる場合が多いだろう。

●**誠実な感謝の気持ちを表わすこと。**デールはこう述べている。「人間の心を絶えず揺さぶっている焼けつくような渇きである。……自己の重要感に対する欲求は、人間を動物から区別している主たる人間の特性である」。誰もが感謝されたいと切望し、自分は重要人物だと感じたがっている。たとえ知り合ってまだ数日の人であっても、長いつきあいの人であっても、あなたが大切に思っているなら、その人たちの存在は自分の人生を変えるほど大きいのだと伝える。時間をかけて伝える中で、それぞれの人が本来持っている素晴らしさを再確認できるだろう。

マイケルの親友の一人であるイェセニア・アギーレは、一七年間教師を務めた後、現在は母親の介護をしながら、空いた時間に配車サービスのウーバータクシーで運転手をしている。そしてイェセニアは、並みの運転手ではない。先ほど紹介した五つの方法すべてを駆使し、人間関係を築き上げている。イェセニアは、乗客を気分よくさせるのも仕事のうちだと考えている。「お客さんはとらわれているようなものね」とイェセニアは言う。「目的地まで連れて行ってもらわなければならないから、一度タクシーに乗れば途中下車することはないわ。それなら、タクシーを降りるときに幸せな気分でいてもらうには、どうすればいいかしら。お客さんに希望を与えるには、どうすればいいかしら」

アプリからウーバータクシーの配車依頼があると、ドライバーは乗客の名前を確認できる。そこでイェセニアは、乗車時に名前で呼びかけ、温かくあいさつするのである。乗客の多くは、この出迎えに驚くという。さらにイェセニアは、乗客をほめるのである。「人はほめられるのが大好きね。すぐに会話がはじまるわ」

イェセニアのプロフィールを見た乗客から、教師だったのに、なぜ夜通しタクシードライバーをしているのか尋ねられる場合もある。そんなときイェセニアは、母親の健康問題で教師を辞めたことを素直に話している。日中はフルタイムで母親の面倒を見たかったのだ。「そうするとさらに打ち解けるわ。目の前で運転している人は、両親を助けるために自分の人生、将来、夢を犠牲にしたのだとわかるから。すると、お客さん自身の人生についても、話してくれるようになるの」

乗車したヘッジファンド会社の重役が、自分はみじめな状態だと打ち明けたことがある。仕事では一流の成果を出しているが、人間関係はほとんどなく、人生に楽しみも見出せないというのである。ビルから飛び降りて、自殺しようと考えたこともあるという。イェセニアは静かに聴いていた。

イェセニアは、私たちが生きているのは、何か生きる意味があるからだと信じている。この信念を重役に伝え、翌朝、セントジュード子供研究病院か地元のボーイズ&ガールズクラブに連絡をとり、手伝えることはないか問い合わせてはどうかと提案した。イェセニアは「いったん頭を空っぽにしたらどうです」と言った。熱心に聴いていた重役は、「ありがとう。心理療法を受けたような気分だよ。とても気分がよくなった」と答えた。

最近乗せた男性は、一週間後に連邦刑務所に収監され、一〇年の刑に服することになっていた。イェセニアが、いったい何が起こったのか尋ねると、男性は、四日前に麻薬の密売で有罪判決を受けたと答えた。ロングアイランドでは、過去最大の摘発だったという。

男性は、足場から転落して背中を痛め、それがきっかけで麻薬取引に手を染めるようになったと語った。友人からバイコディン（麻薬性鎮痛薬の一種）を渡され、たちまちバイコディン中毒になった。さらに多量のバイコディンを求めるようになり、売人になる決心をする。芋づる式に転落人生を歩むことになったのである。男性は告白した。「正しく生きようとしたが、住宅ローンも車のローンもあった。売人をやめたらローンを返せなくなる。どうしようもなかった」。こうして男性は、何度も麻薬取引をやめようとしたが、足を洗えなかったのである。

逮捕された日の朝、男性は神に、「私に麻薬取引をやめさせたいなら、今の環境から完全に縁を切らせてください」と祈った。不思議なことに、この祈りは聞き届けられたのだ。

イェセニアは男性に、刑務所でどれほど長い時間を過ごすとしても、所内の教育プログラムに参加し続け、釈放後に何をしたいか考え続けるべきだと助言した。

男性は、イェセニアとともに神に祈りを捧げてから下車した。イェセニアが、必要なら自分に連絡するようにと言って電話番号を教えると、男性は「あんたは何もわかっていない。俺の心をひっかき回しただけだ」と言った。この言葉を思い出すたび、イェセニアは頬がゆるんでしまう。男性もイェセニアも、今できたばかりの二人のつながりに心を揺さぶられ、涙を流していたからだ。後日、男性の母親から、息子への思いやりに感謝する電話がかかってきた。

イェセニアの思いやりあふれる応対は、乗客の気分をよくしている。タクシーに乗るというありふれた行為が、特別な出来事に変わるのである。運転手と乗客の、その場限りのつながりのように思えるかもしれない。しかし、つながりをつくろうとするイェセニアの働きかけで、乗客の多くが友人になっているのだ。

デジタル世代の人間関係

デジタル技術を使えば、簡単にコミュニケーションがとれる時代だが、深く個人的な人間関係は、かえって築きにくくなっている。社会福祉の研究教授であるブレネー・ブラウンは指摘する。「ソーシャルメディアは、友人グループを持つべきだという考えを広めましたが、実際には、本当に親しい友人が一人か二人いれば幸運だと言えるでしょう」。Z世代のソーシャルメディアユーザーは、一日に九時間も画面を見ており、メールや投稿などが友人との主な連絡手段になっている。サンディエゴ州立大学の心理学教授ジーン・トウェンギの研究を見てみる。「一九七〇年代後半、一二年生（日本の高校三年生に相当）の五二パーセントがほぼ毎日、友人たちと集まっていた。この割合は、二〇一七年には二八パーセントまで低下している。減少傾向は二〇一〇年以降、特に顕著である……この年は、スマートフォンが急速に普及しはじめた年だ」。二〇一二年から、抑うつ状態や孤独を訴える一〇代と若年成人（ヤングアダルト）の割合が急上昇し、以後は増加の一途をたどっている。デジタル技術を利用したコミュニケーションは、普段一緒にいられない人たちにとっては非常に有用かもしれない。しかし、ソーシャルメディアは、対面でのやりとりの代わりにはならないという調査結果もある。

娘を出産したばかりのレイ・ジョルダーノは疲れ果てていたが、誰かとのつながりがほしかった。このときの気持ちを、レイはこう述べた。「でも友人と会話をするのは、負担が大きく大変でした。授乳、おむつ交換、自分の身づくろいや身のまわりの整理、そして眠れるときに眠るという生活パターンを繰り返していて、このサイクルの中に閉じ込められているようでした。本当の会話をする時間もエネルギーもないと感じていたのです」。それまで、ソーシャルメディアにのめりこむようなことはなかったが、スクロールするだけで情報に触れられるのは大助かりだった。徐々にスマートフォンを手放せなくなり、気づけば、夜明け前の授乳の時間にも、暇つぶしにスクロールしていた。他の人の動向がわかるため、つながりを持てているかのように感じたのである。

「しばらくはうまくいっていましたが、パートナー以外とは一週間以上、直接会って話をしていないことに気づいたのです」。そしてレイは、ソーシャルメディアで感じていたつながりが、本当のつながりではないことに思い当たった。「一方通行だったのです。直接の会話やつながりというものは存在せず、誰かの投稿に私がコメントしたとしても、私の実際の様子は誰にもわからないのです」。さらに悪いことに、偽《いつわ》りのつながりの感覚に満足してしまい、本当の友人関係をおろそかにしていた。レイはスマートフォンからフェイスブックのアプリを削除し、ソーシャルメディアはデスクトップのパソコンで使うようにした。さらに、一日に何時間アクセスするか、制限時間を決めた。次に、関係を強めたい人のリストをつくり、ソーシャルメディアを使いたくなったら、リストの誰かに電子メールを送るようにした。これらの対策の結果、少なくとも週に一回は友人と直接会う約束をするようになった。対策を実行に移して一週間経たないうちに、レイの気分も人間関係も好転しはじめた。本当のつながりを持つよう努めたことで、人間関係が改善されたのである。「実際に友人に会って過ごす時間は、ソーシャルメディアに費やす時間よりも、はるかに貴重なものでした」とレイは語った。

本章のポイント

人間関係によって人生はより豊かで有意義なものになり、生涯をかけるような大きな目標を達成するのにも役立つ。意識して人間関係に取り組めば、周囲の人たちにとっても有益な関係を築き、望むような人生を送れるだろう。そのような人間関係を育む鍵になるのが、意識的な行動である。

原則

人間関係を優先事項にする。

実行するためのステップ

◉**人間関係の棚卸しをする。** 特に大切な五人を思い浮かべてみる。その人たちとの関係は、あなたが望むほど強固なものだろうか。現状のようになっている理由も考えてみる。

——それらの人々との人間関係がなかったら、人生はどうなっていただろうか。

◉大事な五人との関係を強固にするため、今日にでもできることを一つ挙げる。その際、以下の点に留意すること。

——**感謝の気持ちを表わす。** 相手があなたにとってどのような存在か、言葉や行動で示す。

——**共通点を見つける。** 共通の関心事を通してつながりを持つ。

——**温かみを持つ。**

——**相手を思いやる。** 相手を気遣っていることを示す方法を考える。今日からできることは何だろうか。

——**耳を傾ける。** 相手の様子を知るため、最後に連絡したときのことを思い出してみる。誰にでも困難な時期はある。時間をとって、相手が自身の人生について語れるようにする。

◉人間関係を強化するために、普段からどのような対策をとれるだろうか。それらの対策を、日々のルーティンに組み入れる。

10 信頼を得る

あなたの評判よりも、あなたの人格に気を配るのだ。人格はあなた自身だが、評判は他の人があなたをどう思っているかにすぎない。

デール・カーネギー

デール・カーネギー・トレーニング・ドイツの上級トレーナー、ミリアム・ドゥアルテは、共通科目の研修を終えて戻ってきた受講者に、熱意あふれるまなざしを向けていた。研修は、別会場で二日間にわたって実施されたていたのだ。満面の笑みとともに「おかえりなさい」と声をかけ、今後の予定を説明する。「これから一人ずつ立って、二分間のお話をしてもらいます。昨日、クラスで人間関係の原則について話し合いましたね。その原則の一つを適用したら何が起こったかを、クラスのみんなに紹介してください。質問はありますか」。質問が出ないのを確認すると、ミリアムは最初の受講者を教室の前に呼び、前日の経験を話してもらった。

一人ずつ受講者が前に出て経験を語り、拍手を受けて席に戻っていく。三〇分後、教室の後ろの隅に静かに座っていた女性一人を除き、全員が話し終えた。ミリアムが女性に声をかけたが、女性は立ち上がるのを拒み、「ごめんなさい」と謝った。「無理なの。人前で話すのが怖いの」と言う。同時に、女性は「彼女の意志を尊重したいけれど、これは成長するよい機会になるわね」と思った。そこで、ミリアムは女性はミリアムや周囲の受講者を信頼できず、安心感を抱いていないことを察した。そこで、ミリアムは提案した。「それでは、こんなふうにしてはどうかしら。あなたは座ったままで、私の質問に答えるの。嫌なら無理にとは言わないわ」

「それならできると思います」と、女性はためらいがちに答えた。ミリアムが優しく質問を投げかけ、女性が静かに答えるというやりとりがしばらく続いた。この「インタビュー」が終わると、他の受講生たちが大きな拍手を女性に送った。

その後もコースは続き、一日の終わりに、また短いスピーチの時間が設けられていた。受講生が次々と前に出て、クラスで何を学んだかを発表する。ミリアムは、当時を思い出して言った。「先ほどの女性が前に出てくるか興味があったので、彼女に不快感を与えないよう、そして信頼を失わないよう注意を払いました」

女性の番になると、ミリアムはその日の女性の言動をほめ、認めることからはじめた。他の受講生たちは、再び熱心に拍手してくれた。ミリアムは女性がどうするか見守った。女性は受講生たちの顔を見回し、少しためらってから立ち上がる。そして、教室の前に出て話しはじめた。「今朝、私は逃げ出したいくらいでした。ここに立って皆さんにお話しすることなど、想像もできませんでした。高校生のとき、私は妊娠しました。そのせいでいじめられ、批判されてしまい、誰にも近づきたくなかったのです。まして、大勢の前で話すなんて、絶対にできませんでした。正直に言えば、今も怖くて仕方がありません。でも、感謝もしています。今日、私は生まれてはじめて、勇気を出せたのですから」。女性が話し終わると、他の受講生は立ち上がり、惜しみない拍手を送っていた。

ミリアムは、もっと早い段階でスピーチを強いていたら、女性と信頼関係を築けないだろうと判断していた。そうなれば、女性が自ら立ち上がって発言することなど、あり得ない。女性が自分は安全だと感じるよう、そして、皆が女性の成功を望んでいるのだと理解するよう、誘導しなければならなかった。このエピソードから得られる教訓を、ミリアムがまとめてくれた。「それぞれの人が持つ心理的な境界線がいかに重要か、再認識できた貴重な経験でした。どの人も理由があって、そのような行動をしているのです。私が行動の是非を裁くことはできません。私が受講生に期待しているのは、潜在的な能力を発揮することだけです。この事例から、信頼関係をつくることで、潜在能力の発揮を応援できるのだとわかりました」

信頼についての考え方はいろいろあるが、マイケルと私は、信頼とは、特定の人や物が頼りになるという信念だと思っている。自分自身、他の人、あるいは品物（自動車、コンピューター、各種機器など）を信頼していれば、それらの性格、能力、強さ、実績などが頼もしく思えてくる。また、信頼は、良好な人間関係の基盤をつくっている。他の人からの信頼を勝ち得る能力は、役員室、家庭、スポーツチームなど、さまざまな場面の人間関係で大いに役立つ。信頼は多面的で、漠然としていて、定義しづらいが、私たちが育もうとするあらゆる人間関係で、重要な役割を果たしている。

誰かと交流すれば、利益だけでなく、リスクも生じるのは避けようがない。信頼の必要性は、私たちの人間性、安全、自衛本能へとつながっている。有名な発達心理学者のエリク・エリクソンは、信頼することは「自我に課せられた最初の仕事」だと指摘し、周囲の人々を信頼する能力は、人間関係を築き、自らの役割を果たすのに不可欠だと述べている。人間として誕生した直後から、誰が自分を傷つけ、誰が助けてくれるかを判断しなければならない。これこそ、デールの原則が、信頼関係を築き、他の人の尊厳を尊重することに重点を置いている理由である。

誤解のないように、はっきりさせておきたい。相手を信頼できなくても、人間関係を維持することは可能だ。機能さえすればよいというレベルの人間関係なら、信頼はなくてもよい。しかし、人間関係を発展させたいなら、信頼が欠かせない。マイケルも私も、信頼できない人たちと働いたことがある。同僚を選べないため、一緒に仕事をする必要があったのだ。その状況には、お互い満足していなかったが、仕事を中心に据えた機能重視の関係だった。だが、互いに有益で、活気づくような人間関係は、信頼の上に築かれるものだ。

過去に傷ついた経験があり、他の人を信頼しづらいことがある。傷つき方がひどい場合や、今も心の痛みが続いている場合は、心理的な壁をつくって誰も寄せつけないことさえある。一見すると、当然の対応のように思えるかもしれない。だが、他の人を受け入れられないままなら、自分自身や誰かのために役立つことは、何もできないだろう。機会を無駄にしてはならない。

デール・カーネギー・コースでは、信頼の方程式というものを説明に使っている。信頼の方程式は、「信頼＝個人の信頼性（その人がどの程度信用できるか）＋共感（感情的なつながり）」として表わされる。ある人の信頼性に加え、どれほど共感できそうかを見極めた上で、どこまで信頼するかが決まる。一貫した誠実さを見せるときに、信頼は築かれる。強い信頼関係は、一度きりのスタンドプレーではなく、関係を維持、発展させるための行動と努力の賜物《たまもの》なのだ。そのような努力をしていないのなら、他の人から信頼されているとは考えないほうがよい。

信頼は、さまざまな集団やコミュニティの形成に重要な役割を果たす。たとえば、メディアに対して集団的な不信感があるため、提供されるあらゆる情報に疑念を抱いてしまう。今聞いたことは本当だろうか。人、サイト、ネットなどのニュース源は、隠された意図を持っているのだろうか。もしそうなら、そのニュースの真偽をどうやって確かめられるだろうか。信頼が欠如していると、非常に大きな影響が実際に発生してしまう。最近の研究によると、世界のどの大陸にも、高信頼社会と低信頼社会が存在する。低信頼社会の地域では慈善活動が低調で、犯罪が多発し、寿命が短く、高所得世帯と低所得世帯の格差が大きい。これらは、コミュニティに信頼感が欠けているときに見られる現象である。それでは、個人間の信頼関係が壊れたときには、何が起きるのだろうか。

アニとジョンは、行きつけのタコス店で夕食を食べていた。アニはジョンに久々に会えるので、おしゃべりを楽しみにしていた。二人はそれぞれの生活について話し、ここ数か月間の出来事にも触れた。話が他のクラスメイトのことになり、ジョンが「メレディスは何をしているの。君は彼女とルームメイトだったよね。懐かしいでしょ」と言った。

「えー！　そんなことないわよ。メレディスはとにかく文句と悪口ばっかり。この間もお昼を一緒に食べたら、（友達の）ベスが太ってきたって言ってたわ。あなたに会いに行くって言ったら、『ジョンは野心家よ。出世のためなら手段を選ばないわ』だって」。アニは、メレディスはそれほどひどいことは言っていないと判断していた。アニもジョンを野心家だと思っていたが、それもアニにとっては魅力だった。しかし、顔を上げてジョンの表情をうかがうと、メレディスの言葉に加え、アニとメレディスがジョンの陰口を叩いていたことに傷ついているようだった。ジョンは「そんなことを話していたんだ。メレディスは友達だと思っていたのに」と言った。若干の緊張感が漂う夕食になり、アニは早く時間が過ぎればいいのにと思った。そして、明日になればジョンも忘れてくれるだろうと願っていた。

だが、アニの期待は打ち砕かれる。翌日、メレディスが激怒して電話をかけてきた。実は、ジョンがメレディスに電話し、発言について問い詰めていたのだった。「アニ、あなたは親友だから、あんなことを言ったのに。どうしてジョンに伝えたの」。アニは、友人二人にとんでもないことをしてしまったと後悔した。二人に謝罪したものの、信頼を取り戻すのに数か月かかってしまった。流出した情報が事実で、訂正が伴わない謝罪になった場合、信頼関係に悪い影響が残ることが多い。

信頼関係が崩れると、たとえ傷つけるつもりがなかったとしても、大切な人たちは裏切られたと思うかもしれない。あるいは、疑心暗鬼になったり自己防衛の必要性を感じたりした結果、相手は交際に消極的になるか徹底的にこちらを避けるようになり、関係が疎遠になるかもしれない。だからこそ、人間関係では、意識して信頼を築く努力をすべきなのだ。相手が私たちを信頼していなければ、弱みを見せたり、心を開いたりはしてくれないだろう。私たちも、信頼していない人には、心を開かないはずだ。望むような結果が得られるという信頼がなければ、顧客は企業から商品を購入しない。上司は、部下が仕事をやり遂げられると信頼していなければ、昇進させたり責任ある役割につかせたりしない。恋愛関係でも、信頼がなければ親密にはなれないはずだ。

弱みを見せることの重要性

誰かを信頼したら、その人に弱みを見せても平気になる。同じように、相手もこちらを信頼していれば、弱みを平気で見せるだろう。弱みを見せるということは、心を開いて防御態勢を解除することだ。ただし、弱点は望ましくないものと見なされることが多い。劣勢であることを示すのに、「攻撃に対して無防備だ」とか「自分を無防備な状態にした」といった表現を使う。特定の状況で自分自身を守れない、あるいは非常に不利な立場に置かれる人々を、「〜弱者（交通弱者、災害弱者など）」と呼ぶ。弱みが、望ましくないものとされるのも不思議ではない。

しかし、弱みというものは信頼を得るための鍵になる。互いに警戒を解かなければ、本当に深い信頼関係は築けない。弱みを見せられるかどうかは、信頼関係が本物かどうか、発言に信憑性《しんぴょうせい》を感じられるかどうか、そして共感できるかどうかに影響する。人生の大部分は、人間関係を育むことに費やされている。そして、つながりを強める重要な方法の一つが、本当の自分を相手に提示し、逆に相手の本当の姿を受け入れることなのだ。ときには、自分自身をさらけ出すことで、思いも寄らぬ反応を引き起こす危険性もある。

二〇一五年六月、私はデール・カーネギー・トレーニングの会長兼ＣＥＯに任命されたばかりだった。デール・カーネギー・トレーニングはフランチャイズの比率が高い。つまり個々のオーナーが世界各地で、デール・カーネギー・トレーニングの看板を出して事業を営んでいる。フランチャイズオーナー協会は私に講演を依頼してきた。会員たちの前ではじめてスピーチをするわけだ。今後の経営のためには、どうしても聴衆に強い印象を与えなければならない。私は心配になった。「気に入ってもらえるだろうか。信頼してもらえるだろうか。デール・カーネギー・トレーニングの関係者は、世界でも指折りのプレゼンテーションの達人たちだ。私のスピーチが要求基準に達していなかったらどうしよう。失敗したらどうしよう」。さらに、取締役会の役員三名が同席し、私を紹介するのだという。その中にはマイケルもいた。講演の前夜、私はホテルの寝室でまんじりともせず、翌日のプレゼンテーションについて考えていた。「心配事がもう一つできたぞ」と私は思った。「朝、目の下に隈《くま》ができているかもしれない」

翌朝、満員の大宴会場で演壇に立った私は、温かい口調で話しはじめた。背筋を伸ばし、微笑みながら聴衆を見回す。そして、デール・カーネギー・トレーニングが自分にとってどれほど大切な存在だったか、そしてフランチャイズ加盟者の熱心な事業活動にどれほど感謝しているかを話した。次に、私が掲げる「ワン・カーネギー」という方針に触れ、効果的な協力関係の必要性を説明した。出席したフランチャイズ加盟者たちには、ブランドの再活性化と、受講生の募集、特に若者へのアプローチもお願いした。そして妻と私が、大切な故郷ミシガンからニューヨークに引っ越すという苦渋の決断をしたことに話が及んだ。ミシガンには老いた両親を残してきたし、一七歳の娘は高校の最終学年を終えるため、ミシガンの友人宅に居候しているのだ。「私はデール・カーネギー・トレーニングにすべてをかけているから、このような決断をしたのです」と言い、さらに続けた。「私は妻のところに行き、『ケイティ、この提案を受けたら、家族で引っ越すことになる。僕らはミシガンから離れたことがないのに』。すると妻は……」。ここで、思いがけないことが起きてしまった。聴衆には決して見せたくなかったことだ。感情があふれてきたのである。どんなに努力しても言葉が喉に引っかかり、スピーチを続けられなくなった。幸いにもティッシュをポケットに入れていたので、下を向いてメガネを外し、あふれてきた涙をぬぐった。会場は静寂に包まれてしまったが、聴衆の中に経験豊富なトレーナーが大勢いたことも幸運だった。一人が演壇にやって来て、デール・カーネギー・トレーニング流の助け舟を出してくれた。「それで、奥さんのお返事は？」。聴衆が笑い、私も笑った。この瞬間、私は落ち着きを取り戻せたのである。私は答えた。「妻は『全力でやるわ』と言ってくれたのです」

講演を終えると、聴衆が立ち上がって拍手してくれた。私はとても驚いた。感情的な弱い部分を見せたことで、あいつは弱いやつだと思われ、低評価につながったのではないかと心配していたのだ。しかし聴衆は口々に、人間味のあるよいスピーチだったと声をかけてくれる。私は、声を詰まらせるのではなく、強さを示すべきだったと考えていたので、このような反応は意外だった。振り返ってみれば、確かに強さを見せるのは重要なことだが、聴衆とつながりやすくなったのは、私が開放的になり、弱さを見せたおかげだった。計画した行為ではないし、自分が感情的になるとは予想外だった。それでも、感情を隠したりせず、聴衆に見せたのである。感情的な弱みがあっても、それは弱点ではない。講演中、私は聴衆を信頼し、ありのままの自分を見せられた。その結果、聴衆は、私とデール・カーネギー・トレーニングの両方に、深いつながりを持てたのである。あれから何年も経つが、今でも参加者は私の講演を覚えていてくれる。そして、経営者としての私の評価が、よい方向に変わるきっかけになったと言ってくれるのだ。

私のお気に入りの著者で、リーダーシップを教えているパトリック・レンシオーニ（著書は『あなたのチームは、機能してますか？』など）によれば、信頼には二つの種類があるという。一つ目は「予測に基づく」信頼で、相手の過去の行動をもとに今後の行動を推測し、そのように行動すると信じ期待する。たとえば友人が遅刻常習犯なら、その友人が絶対に間に合うと主張しても、昼食の約束に一〇分は遅れると見なして対応することになる。

二つ目は「弱みを見せることに基づく」信頼で、互いに感情をさらけ出しても問題ないと思える関係である。たとえば、会議中に質問されたとき、答えられないとは認めず、ありふれた内容であっても、とにかく回答しようとすることがある。弱みを見せたくないのである。弱みを見せてもかまわないと考えているなら、正直に「わかりません」と答えるだろう。もう一つ例を挙げる。大切な人とのやりとりで間違いを犯してしまったとする。最初、あなたは防御的な反応を示し、なぜそのようなことをしてしまったのか、理由を説明しようとするかもしれない。だが、弱みを見せてもかまわないと思っているなら、心を開いて「ごめんなさい」と謝るだろう。そして、申し訳ないことをしたが、今後は気をつけることを伝えるはずだ。

信頼を失う

では、どのような原因で信頼を失うのだろうか。まず、何かの情報を共有した場合、秘密にしておくことを期待するのが普通だ。この情報を、相手を傷つけたり信頼関係を壊したりするやり方で漏らせば、相手は裏切られたと感じるだろう。なぜそんなことをしたのだろうかと、私たちの動機を疑うかもしれない。それなら、私たちに話されたことを、「弁護士・依頼者間秘匿特権」の対象として扱ったらどうだろう。この特権は、秘密に行なわれた相談の内容を、依頼者が不開示とする権利である。私が弁護士として働いていたときは、依頼者の相談内容を他の人と一切共有しないという倫理的な縛りがあった。なお、依頼者が犯罪を予告した場合など、非常に限られた例外はあったが、幸いにも私はそのような場面に出くわしたことはない。この秘匿特権によって、依頼者は私に完全に心を開き、正直に相談できたのである。もし私が秘匿特権を踏みにじる行為をしていたら、弁護士資格と仕事を失っていただろう。この秘匿特権をはじめて学んだとき、私は自分に問いかけていた。「このルールを自分のすべての会話や通信に適用したらどうなるだろうか。私に秘密を話しても、誰にも漏らさないことがわかっていたら、皆はどうするだろう」。それからというもの、扱いに注意が必要な情報や、極めて個人的な情報を教えてくれた友人に、私はまずこう伝えておくことにした。「君が話してくれたことは、誰にも話さないよ。弁護士・依頼者間秘匿特権があるときのように対応するつもりなんだ。まあ、実際にその特権が適用されるわけではないけどね。でも話してくれた内容は、確実に秘密を守るよ」。三〇年近く、私はこの原則を人間関係に当てはめ、深い信頼を得るのに役立ててきた。テニス選手のアーサー・アッシュの言葉である。「信頼は獲得するものであり、獲得するのに時間がかかるものだ」。言われたことを秘密にしているからこそ、これまでさまざまな人の信頼を勝ち得てきた。

第二に、一貫性を持たないと信頼を失ってしまう。上司に、日によって異なる指示を出されたことはないだろうか。あるいは、昇進の内示をしてくれた上司が、幹部会議で昇進が議題に挙がるたびに欠席するなど、発言と行動が一貫しないこともある。発言と行動が食い違えば、誠実さが足りないと感じ、その人を信頼しにくくなる。物忘れしやすい、整理整頓が苦手で発言の記録を残せないなど、意図的ではない場合でも、言ったことを守れないのではないかと疑念を抱かせてしまう。

第三に、周囲の人たちの話に耳を傾けず、うまくコミュニケーションをとれないと信頼を失ってしまう。逆に、相手の話をよく聴いてコミュニケーションを良好にすれば、信頼を取り戻せることも多い。ケイティ・ディルは、民泊サービスのエアビーアンドビーの規模がまだ小さかった頃に入社した。うれしいことに、一〇人しかいないデザインチームに配属された。強く希望していた職種だったのだ。「面接を通して、会社とチームに必要なものがよくわかりました。デザインチームのエンゲージメントスコア（愛社精神や信頼関係をスコア化したもの）がとても低かったのです」とケイティは語った。「デザイナー、エンジニア、プロダクトマネジャーの間に摩擦があり、チームとして充分に連携できていないのは明らかでした」

成果を出したがっていたケイティは、直ちに改善に乗り出した。「物事は順調に進み、いずれ変化が起きると期待していました。しかし、一か月ほどたった頃、ミーティングのお知らせが届きました。デザイナー一〇人のうち五人が私との面談を希望し、人事部の人も立ち会うというのです」

嫌な予感がした。何が起きるかわからないまま、ケイティはミーティングに臨んだ。会議室に入ると、それぞれのメンバーの前に書類の束が置かれていた。「彼らは私を座らせると、私の行動やリーダーシップで、気に入らない点を順に読み上げはじめたのです」

防御的な感情がわき上がってきたケイティだったが、立ち止まり、平静を保つ努力をしながらデールの言葉を思い出した。「デール・カーネギーは、このような場合、私たちは意見が合わない相手を本能的に説得しようとすると指摘していました。また、相手を非難するたびに会話が防御的になり、誰の得にもならないとも述べていました。私は、デザイナーたちの間違いを指摘したいという気持ちを抑え、彼らの主張に耳を傾けました。批判を聞いているのはつらく、リーダーとしてのキャリアの中で、特にひどい時間でしたが、同時に非常に役立つ学習時間でもありました。私が信頼を勝ち得ていなかったのは明らかです。私がどれほどデザイナーたちを気遣い、信じ、待遇が改善されるよう取り計らっていたか、当のデザイナーたちはまったく気づいていなかったのです。私は変化を起こそうと焦り、デザイナー一人一人を知るための時間を、充分にはとっていませんでした。基本的に私は、受け身の態度で話を聴くべきときに、積極的に打って出ていたのです」

ケイティはこの学びの機会を真剣に受け止め、すぐにチームのメンバーとの信頼関係の構築に取り組んだ。メンバーと一対一で話す機会を増やし、一人一人を把握し、今後の仕事の進め方について意見を聴いた。「気遣いを示し、耳を傾けることが、社内に変化をもたらす基盤になりました」とケイティは言った。

わずか数か月で、ケイティとメンバーの取り組みは実を結び、デザインチームのエンゲージメントスコアは社内でトップクラスになった。エアビーアンドビーから配車サービスのリフトに転職したとき、ケイティは前回の経験を活かし、適切な方法をとることにした。つまり、相手の話をよく聴き、信頼関係を築くことに力を入れたのである。

強固な人間関係を築く上で、信頼関係は不可欠な要素である。しかし信頼関係を築くのは困難で、たとえ築けたとしても壊れやすいものだ。他の人が私たちに信頼を寄せていることに気づけないと、人間関係を傷つけてしまうかもしれない。スタンフォード大学のキャロル・ロビン教授とデイビッド・ブラッドフォード教授は、著書『スタンフォード式　人生を変える人間関係の授業』の中で、そのような危機的状況について触れている。何年もかけて築き上げた仕事上の関係を、失いかけたときの話だ。デイビッドはキャロルの指導者だった。問題へのアプローチ方法は異なっていたが、目標の設定では合意できるため、二人の議論はすぐに収まるのが常だった。

デイビッドが長年教えてきたインターパーソナル・ダイナミクス・コースからの退任を表明すると、大学はキャロルを後任に据えようとしたが、キャロルには大学側に要求したいことがあった。コース担当のデイビッドの苦労を目にしてきたキャロルは、自分が同様の成果を挙げるには、コースをプログラムに昇格させる必要があると考えていた。プログラムのほうが、資金や設備の点で優遇されるだろうと考えていたのだ。また、プログラムに昇格した場合、担当者はディレクターという肩書きになるため、信用がつくことも期待できた。だが、大学側はプログラムの件も、ディレクターの件も、キャロルの要請を却下した。激怒したキャロルは、デイビッドに一部始終を話した。「キャロル、どうしてそんなにプログラムという名称と肩書きにこだわるんだい」とデイビッドが尋ねた。

キャロルは答えた。「あなたが今やっている予算獲得の戦いを、私が引き継ぐことになる。名称と肩書きがなければ、うまくいくとは思えない」。デイビッドは、予算獲得が大変だということには同意できたが、名称と肩書きの要求がそれほど重要だとは思えなかった。次に大学側と予算折衝をする際にキャロルの要望を取り上げたが、どうしても必要なことかと問われると、「まあ、希望がかなわないとキャロルは大変でしょうが、なんとかなるとは思います」と答えてしまった。

この発言を知ったキャロルは、誤解され裏切られたと感じ、デイビッドにこう言った。「もしも逆の立場だったら、私は今すぐ飛んでいって、あなたのために全力で戦う」。キャロルはこのときの気持ちを、こう表現している。「再び彼を信頼できる日が来るのだろうか」。一緒に取り組まなければならない仕事があったため、二人は必要最低限の会話はしたものの、仕事を離れればほとんど口を利かなかった。

数か月後、二人は自分たちの関係修復について、落ち着いて話す機会を持った。キャロルはまだ怒っていたが、デイビッドはその理由がわからず、「次の地雷がどこに埋まっているかわからないと考えると、すごく緊張する」と言った。キャロルがデイビッドを信用しなくなる以前に、デイビッドはキャロルを理解できなくなっていたのだ。二人の信頼関係が失われていたことは、明白だった。ぎこちない話し合いが数時間続いた後、二人は問題の核心にたどり着いた。それぞれが本当の気持ちを口に出すことで、ようやく対立を解消できたのだ。話し合いの中でデイビッドはキャロルに共感し、「君の状況がわかったよ、おそらく今はじめて。悪かった」と謝罪の気持ちを口に出した。この言葉を聞いたキャロルは、ようやく自分の気持ちが理解されたと感じたのだった。『スタンフォード式　人生を変える人間関係の授業』では、このように解説している。「問題は極めて複雑にもつれており……以前よりずっと深く原因を掘り下げ、相手のふるまいの理由についても理解を深めたが、すべてがすっきりしたわけではない」。まだすべきことはあったが、それでも、人間関係の再構築に取り組めるだけの信頼は回復できていた。

信頼を回復しようと本心から努力するなら、長い道のりを覚悟すべきだろう。誠実に向き合い、誤りを認め、相手も信頼関係を築き直したいと思える状況をつくる必要がある。

では、あなたを信頼していない人がいるかどうかを知るには、どうすればよいのだろうか。職場や友人グループの中に入り、ふるまいや身ぶりに注意を向けることだ。コミュニケーションをとるときに警戒するなど、あなたとつながりを持ちたくない、あるいはあなたに不満を持っていることを示す人がいるかもしれない。周囲に、意図して口を閉ざしている人、緊張や不安を感じている人、冷笑的か疑い深い態度をとっている人はいないだろうか。話をするときに防御的な態度をとるなら、あなたを信頼していない可能性が非常に高い。

信頼を失ってしまったら、以下のような対応をとってみるとよい。

一、**自尊心は脇に置いておく。**特にあなたが権威的あるいは指導的立場なら、相手に心を開いて接し、自分の弱さや本当の姿を見せるよう配慮する。

二、**相手の信頼を裏切った責任を自覚する。**どのような思い込みをして、それによってどのような行動をとってしまったかを省みるとよい。問題となった状況で、自分がどのような役割を果たしたのかを振り返る。

三、**相手と非公式に話し、考えを伝える。**相手があなたをどう見ているかを尋ね、心を開いて耳を傾ける。できるだけ相手の立場に立って聴くようにし、良否の判断は行なわない。

四、**相手の要望を評価する。**壊れた信頼関係を修復するため、相手があなたに何を求めているかを把握する。同時に、あなたが相手に何を求めているかを伝える。互いに理解し合えるよう、話はよく聴いて内容を確認する。定期的に会い、進捗を確認し合うのもよいだろう。

五、**実際の行動で意志を伝える。**相手と交わした約束は必ず守ること。英語には「行動は言葉より雄弁」という古い格言があるので、指針にするとよい。

信頼されていないことがわかると、自己防衛に走ったり、侮辱されたと感じたりしがちだ。また、闘争か逃走かという極端な反応に陥りやすい。だが、信頼されていないとわかったら、ちょうどよい機会だ。自分の視点だけでなく、客観的な視点から物事を見る練習をしてみる。信頼できない人とやりとりをしなければならないとき、あなたはどのような気持ちだっただろうか。そのとき、相手がどのようなことを言ってくれれば、もっと信頼できるようになっただろうか。常にうまくいくわけではないが、それでも挑戦し続けることが大切だ。予想できない浮き沈みがあるとしても、感謝して人生の旅路を進んで行くのである。

心理的安全性

一対一の人間関係だけでなく、グループ全体を覆うような信頼関係もあり、心理的安全性を感じる度合いとして表わされる。個人間の関係で信頼が重要な位置を占めるのと同様に、組織や集団にとっては、心理的安全性が重要になる。意見を共有する、事実を指摘する、難しい問題を提起する、質問するなど、対人関係でのリスクを負うような行為がもたらす結果によって、その組織や集団の心理的安全性が左右される。発言したら、愚かだとか無能だとか言われるのではないか、否定されるのではないか、混乱を招くのではないかなどと恐れているなら、その場の心理的安全性は低いのである。この点は、職場の会議だろうと家族の話し合いだろうと変わりはない。これに対し、他の人があなたの意見を率直に受け止めてくれると信じているなら、その場の心理的安全性は高いと言える。

デイビッド・バリオスは、グアテマラに拠点を置く工具の卸売業者ＨＰＣのＣＥＯである。新たに昇進した役員にとって、自分の欠点を聞いてまわることなど、できればやりたくない仕事だ。だがデイビッドはまさにそれを実行し、心理的安全性を手に入れたのである。

ＨＰＣのリーダーシップのあり方を検討する会議に、デイビッドはある心理演習を取り入れることにした。この演習は、「弱みを見せることに基づく」信頼の価値を、参加者が理解しやすいようにデザインされていた。デイビッドは、このタイプの信頼こそ、一緒に仕事をするための基盤なのだと信じている。演習は、本章の前半で触れたパトリック・レンシオーニ著『あなたのチームは、機能してますか？』で紹介されていたもので、以下の要領で実施する。

- 仕事で同じチームに属するメンバーが参加する。
- 参加者は、他のメンバー一人一人について以下の二点を指摘し、建設的な評価を行なう。

一、最もチームに貢献している点
二、改善するか、やめてほしい点

自分の番になり、皆からの評価を聴いたデイビッドは不安になった。全員一致で、デイビッドはもっと他の人に共感するべきだと指摘されたのだ。演習が終わると、デイビッドは参加者一人一人に個別に面談してもらい、さらに詳しい評価と改善策の提案をしてもらった。

デイビッドはこのように回想した。「自分の欠点をこうもはっきりと指摘されるのは、もちろん苦痛でした。ですが、何に取り組めばいいのかが明確になったのは素晴らしい成果です。私に対する評価は非常に率直なやり方で伝えられ、私の能力を伸ばすとともに、役員会を活性化させたいという意図がはっきりしていました。役員会が、よりよいチームになるという目標に沿ったものでした」。

どのような立場であっても、計算された強気な態度を貫くほうが安全だと感じるかもしれない。だが、成長するには他の人の指摘に耳を傾ける必要があるのは、どのような立場でも同じなのだ。デイビッドは言う。「私は同僚を信頼していたので、CEOだったときでさえ、自分の弱みを見せて助けを求めていました。いや、CEOだったからなおさら、そのような行動をとったのです。同僚たちは、私が期待していた以上に助けてくれました。おかげで、個別面談を土台にして、よりよい人間、よりよいリーダーになれたと自負しています」。この事例では、双方向の信頼が成り立っていなければならなかった。デイビッドが役員会を信頼し、同時に役員会も、デイビッドを率直に評価しても大丈夫だと信頼する必要があったのだ。

本章のポイント

何年もかけて築いた信頼も、一瞬にして崩れてしまう。それでも信頼は、あらゆる良好な人間関係の基盤になっている。私たちは、身近な人をどのように信頼するようになり、また、なぜ信頼するのかを深く考えたりはしない。だが、信頼なしに関係が深まることはない。人間関係を築き、さらに強固なものにしたいなら、まず信頼について検討しなければならない。

原則

信頼を得るために自分らしくする。

実行するためのステップ

◉人生で信頼が果たす役割を考えてみる。最も信頼している人は誰だろうか。そして最も信頼できない人は誰だろうか。この人たちが、あなたの信頼を左右する行動をするとしたら、何だろうか。この人たちは、あなたにどのように接し、どのように話しかけてくるだろうか。

◉現在の人間関係の中で、どのように見られているかを考える。あなたは信頼できる人だろうか。信頼を築くために何をしているだろうか。信頼を失うようなことをしているだろうか。大切な人との人間関係を強固にするため、今日できることは何だろうか。

◉誰だって、信頼を裏切ったことがある。最近、誰かの信頼を裏切ったときのことを思い出してみる。関係を修復するには、次のような行動が必要になる。

——自尊心は脇に置いておく。

——相手の信頼を裏切った責任を自覚する。

——相手と非公式に話し、考えを伝える。

——相手の要望を評価する。

——実際の行動で意志を伝える。

11 批判しない

人を非難する代わりに、相手を理解するように努めようではないか。……そのほうがよほど得策でもあり、また、面白くもある。そうすれば、同情、寛容、好意も、自ずと生まれ出てくる。

デール・カーネギー

上司のスコット・マッカーシーは、私の年次業績評価を終えようとしていた。肯定的な評価だったが、最後にスコットは「話し合っておかなければならない重要なことが、一つあるんだ」と言った。

「何でしょうか」と私が答えると、スコットはこのような指摘をした。

「長年、さまざまな人と一緒に仕事をしてきたけれど、君はその中で最も自己弁護の傾向が強いと言わざるを得ない。気に入らないことを耳にすると、好戦的になるだろ。君には大きな可能性を感じるけれど、過度に防衛的になる点を改善しなければ、いずれ昇進は望めなくなると思う」

私は座ったまま呆然としていた。次第に怒りを感じるようになり、また、ひどく傷ついていた。「この私が最も防衛的だって？　嘘だろう」。スコットの言葉を理解し、次いで否定の段階を経たが、私の心の中にあったのは疑問だけだった。

怒りに身をまかせることもできたし、スコットに背を向けて助言を無視することもできた。だが、そのようなことをすれば人間関係を壊す上に、スコットの主張を実証してしまうことになる。そこで、私はこう返事をした。「スコットさん、貴重なご指摘をありがとうございます。申し訳ないですがよくわからない点もあるので、具体的な例を挙げていただけないでしょうか」

具体例を一つ挙げてほしかったのだが、スコットは四つの例を挙げてきた。どの例も、私が見逃していたことに目を向けさせてくれた。スコットに批判するつもりはなく、私を助けるために指摘してくれたのだ。このことがわかると、スコットの言葉が贈り物のように思えてきた。このときの面談は私にとって、ビジネスパーソンとして決定的な転機になった。それまで見えていなかったものが、見えるようになったのである。

批判と、それに対する反論は、人間関係を最も短時間で台なしにしてしまう。デールは、この件について何度も触れている。「批判も非難もしない。苦情も言わない」がデールの第一の原則だった。「他人のあら探しは、何の役にも立たない。相手は、すぐさま防御体勢を敷いて、何とか自分を正当化しようとするだろう。それに、自尊心を傷つけられた相手は、結局、反抗心を起こすことになる」と述べている。また、「死ぬまで他人に恨まれたい方は、人を辛辣《しんらつ》に批評してさえいればよろしい。その批評が当たっていればいるほど、効果はてきめんだ」とも指摘している。

世界的に有名な心理学者で作家でもあるジョン・ゴットマンは、批判が人間関係にいかに破滅的な結果をもたらすかを指摘している。臨床研究と、何千人もの患者との対談により、人間関係を破滅させる「黙示録の四騎士（新約聖書の『ヨハネの黙示録』に登場し地上に災いをもたらす）」の一つが、批判であることが明らかになった。この四騎士は、自己弁護、逃避、侮辱、批判という否定的な行動を指している。ジョンは、カップルにこれらの行動が見られるかどうかをもとに、離婚の可能性を九〇パーセントの精度で予測したことで知られている。

批判にどう応じるかによって、大切な人との関係が左右される。本章では、批判と評価（フィードバック）を区別し、両者の例を挙げる。そして、批判ではなく、相手のことを思った評価が、健全な人間関係の維持に役立つことを示す。

批判と評価（フィードバック）

批判は破壊的で、決めつける性格を持っている。代替案を提示せず、相手の間違っている点を繰り返し指摘するのである。これに対して評価（建設的批判とも呼ばれる）は、実行可能な事柄に目を向け、相手に協力的である。問題点を認識し、前に進むための解決策を見つけ、物事を「正しく」する方法に焦点を合わせている。

それでは、批判と評価の違いを例示してみる。

- **批判は何が間違っているかに着目する。**「なぜ、約束の時間に一度も間に合わないのですか」
- **評価は改善方法に着目する。**「どうすれば、ちょうどよい時間に来られるでしょうか」
- **批判は個人的な欠点を指摘する。**「あなたは無知無教養ですね」
- **評価は相手の人格ではなく、行動に目を向ける。**「あなたが役割をより効率的に果たすには、どのような教育が必要でしょうか」
- **批判は相手を貶《おとし》める。**「あなたには無理だと思います」
- **評価は相手を励ます。**「どうすればよいか、一緒に考えましょう」

批判は相手を遠ざけるが、評価はつながりを育む。批判は相手の人格に関わるものだが、評価は解決策に関わるものである。そして、評価は相手を傷つけるためでなく、助けるために行なわれるものだ。

批判への対処法

間違えた、ミスをした、プロジェクトでの働きが悪かった、などと批判されれば、誰でも面白くはないはずだ。批判が的外れだと思っていれば、なおさらだ。批判の仕方にもいろいろあるもので、面と向かって敵意を表わす人（「そんなことをしたなんて信じられない。どうしたの？」）もいれば、婉曲《えんきょく》に伝えてくる人（「そんなことをしたのには理由があるよね」）もいる。そうかと思えば、受動的攻撃を行なう人（「そんなことをしなければ、こんな目にはあわずに済んだのに」）もいる。あなたが本当に間違いを犯していた場合も含め、このような批判に、どう応じているだろうか。

私はもちろん、ほとんどの人は批判されると防御態勢に入り、好戦的になるはずだ。「何だって。一生懸命やったのだから、文句を言われる筋合いはないよ」と言い返すかもしれない。そして、批判自体が間違っていることを証明するための努力を惜しまない。説明し、弁解し、議論し、否定する。

心が傷つけられて守りに入ると、批判されたことを、必要以上に重視してしまうことがある。だが、これは誤りだ。批判を封じるのは不可能だが、批判にどう影響されるかは自分で決められる。また、自分に役立つ公平な評価であれば傾聴する必要があるが、不公平な判断に基づく意見には、時間も労力も費やす必要はない。批判を耳にしたら、次の二つの質問を自分に投げかけてみる。

一、批判は、信頼し尊敬している人からのものか。
二、公平な視点からの批判か、不公平な視点からの批判か。

第一の質問には、簡単に答えられるだろう。この人を信頼し、尊敬しているだろうか。答えは「はい」か「いいえ」の二択だ。「はい」なら、その批判を受け入れ、第二の質問に移る。そして「いいえ」なら無視してしまえばよい。世の中には不満を抱えている人が大勢いるので、何を言われるかいちいち気にしていられないのだ。そんなことはないと思うなら、どのソーシャルメディアでもよいから、数分間、投稿を眺めてみることをおすすめする。

第二の質問は、答えるのが難しいだろう。批判を受けると、殴られたときと同じような感情がわき出てくることがある。殴られたときは、闘争か逃走かという両極端な対応をとるのが普通であり、感情が高ぶって判断力も鈍っている。批判されたときも同じである。では、腹を立てたり傷ついたりしている状態で、批判が「公平か不公平か」を判断するにはどうすればよいだろうか。まず、冷静さを保ち、自分をできるだけなだめる。そして、批判された当事者だという意識を捨て、客観的に判断できるようにしたい。

デール・カーネギー・トレーニングのCEOに就任して約一年後、私を含む経営陣を対象とした三六〇度評価（上司、同僚、部下からの評価と自己評価を合わせて検討するもの）を実施した。普段、一緒に仕事をしている人たちが、評価対象者に関する質問に匿名で回答するのだ。このときの調査では、直属の部下たちに私の評価をお願いした。報告書を受け取り、大半の内容に満足したものの、「もっと決断力を発揮できるはず」というコメントにかちんときた。「えっ？　この会社に移って、経営チームの主張を聴き、意見を引き出し、協力しようと努力しているのに、もっと速く決断できないのかだって？　決断を急がされているなら、そうしてやろう。今度から意見は求めないで、指示だけ出せばいいわけだ」。ここで私の良識が働いた。「いや、落ち着こう。私は彼らを気に入っているし、信頼し尊敬している。彼らはいつも私に対して誠実だった。このコメントには、考慮すべき何かがあるのかもしれない」

　疑念を解消するため、ミーティングを開くことにした。「最初に、三六〇度評価に回答してくれて、ありがとうございました。このような調査では、本音を隠して波風を立てないのが一番楽な答え方なのですが、皆さんはそうはしなかったようです。そのことに感謝しています。皆さんが正直に伝えてくれることが、この仕事をする上での頼りなのです。皆さん一人一人を、そしてこの会社を大切に思っていますし、私の目標は会社をよりよくすることなのです。そこで、私に送られてきた報告書に書かれた指摘を、深掘りしたいと思います。怒りはしません。指摘をよりよく理解したいだけなのです」。会議室に満ちていた緊張感が次第になくなり、参加していたメンバーは腕組みを解いて視線を上げた。ある幹部が口火を切った。「CEOが皆で協力することを大切にし、私たちも重要な決定に加われるよう配慮してくださっていることには、本当に感謝しています。このような方針は、確かに正しいと思います。ですが、最終的な決断はCEOに一任することにしておけば、もっと迅速に決定できる場合もあるのではないでしょうか。全員が同意する必要はありません」。他の参加者がうなずき、発言しはじめる。私は彼らの話を聴いて納得した。合意形成にこだわりすぎていたのだ。どのメンバーも大量に仕事を抱えており、私が皆の同意を得るために会議を招集すれば、貴重な時間が奪われてしまうのである。結局、私はミーティングに参加してくれたメンバーに心からお礼を言い、重要な決定をより速く明確に下せるよう努力することになった。メンバーの指摘のおかげで、私は適時に決断を下せるリーダーに成長できた。

　カレン・シャウブはカナダのモントリオールに拠点を置く芸術家だが、ネットに作品を発表すると、頻繁に炎上してしまう。多色を使った明るく目を引く絵画には、何千ものコメントがつけられるが、「これはフェイクアートだ」とか「誰にでも描ける」といった悪評も少なくない。「芸術家のふりをするなんて恥を知れ」と書かれたこともある。これに対してカレンは、作品の制作やネットでの共有をやめるどころか、批判を作品の材料にしてしまった。スクリーン印刷した批判的なコメントを貼り合わせて絵にしたところ、何千ドルもの値段がついたのである。批判に勝ったと言っていいだろう。カレンは誹謗中傷の言葉を集め、「#fakeart」というハッシュタグをつけてソーシャルメディアに投稿した。非難殺到にもかかわらず、カレンのビジネスはいたって好調である。また、七〇万人のフォロワーから励ましのコメントが届いている。

カレンによれば、「アンチ、荒らし、否定的なコメントをする人」への対処法はいくつかあるという。通常は、まず無視し、必要であればブロックするかコメントを削除する。「ヘイトに対処するために感情的なエネルギーを費やしたくない、あるいは費やせない場合には、この方法がよいと思うよ」とカレンは言う。「でも、ネット上で話題にならなくても、憎しみの気持ちは消えたりしない。この点は忘れないほうがいい」。二番目の方法として、コメントをする人に思いやりを示すというものがある。カレンは次のように説明する。「誰だっていろいろな経験をしている。否定的なコメントをする人たちは、そうした経験を意見に投影しているんだよ。たいていは無意識にね。そうした人たちは、誰かからの助け、思いやり、優しさ、共感を求めているのさ」

批判をどう受け止めるかを判断するのに、相手の動機を見極める方法がある。相手が、あなたをけなしているように感じるだろうか。批判の中に建設的な点はあるだろうか。相手について何を知り、過去にどのような関係を築いてきただろうか。これらを自分に問いかけ、批判が不当な場合と、相手に善意が見られない場合には、その批判を無視してかまわない。厳しい言葉に一時的に苦しめられても、無視してしまえば、無益な批判に惑わされずに済むだろう。

だが、批判者が自分とは異なる視点を持っている可能性を、認めざるを得ない場合もある。そのようなときは、痛烈な批判であっても、批判の理由と真意を問い続けることだ。私は、批判を耳にしたらメモをとり、さらなる情報を得るため相手に質問するようにしている。何かを学べる貴重な機会だと思っているからだ。最終的には、相手の言葉をふるいにかけて、批判の中に何か有益な評価が隠されていないか確認したいのだ。信頼できる人からの評価を手に入れるのは、試験を受ける前に解答を知るようなものである。事前情報なしに受験することもできるが、解答を教えてくれるという人がいるのだ。その親切に甘えてしまうとよい。自分が望む人生を手に入れるのに役立つのなら、なおさらだろう。

だからこそ、批判は心を開いて受け止めるべきである。聞きたくないような批判であっても、真実が含まれているかもしれない。気をつけなければならないのは、学習意欲や向上心を圧倒するほど、感情がわき上がったり心が傷ついたりしないようにすることだ。

大学時代、マイケルにはヘンリーという親しい友人がいた。一年先輩だった。マイケルは卒業したヘンリーに、デール・カーネギー・トレーニングで働くよう説得した。そして、ヘンリーは教育部門、マイケルは配送センターで勤務するようになった。当時の会社には、リアルタイムの在庫管理システムがなかったため、マイケルは配送センターのニーズに応じたプログラムを作成した。へンリーもこのプログラムを使いたがるかもしれないと考え、マイケルはヘンリーにもプログラムを渡した。

「驚いたことに、ヘンリーはプログラムを批判してきたのです」とマイケルは語った。「ヘンリーは、プログラムの処理方法を変えるべきだと主張しました。自分に都合のよいやり方にすべきだと言うのです。私は短期間で開発できたと自負していたので、この反応にいら立ちました。感情を抑えきれなくなり、ヘンリーにこのようなメールを送ったのです。『ヘンリー、このプログラムは自分のために書いたんだ。君のためじゃない』」

以後、ヘンリーは在職中にマイケルとほとんど話をしなかった。「一時的とはいえ、素晴らしい友人を失いました。今は再び連絡をとり合っていますが、やはり以前のようにはいかないですね」とマイケルは言った。マイケルはこの一件をとても後悔している。やり直せるなら、ヘンリーにこう言うだろう。「ヘンリー、評価をありがとう。少し改造すれば役立つプログラムになるかもしれない」。人生の大きな流れの中での、小さなやりとりにすぎなかったが、二人の関係に与えた影響は甚大だった。

批判的にふるまっているという自覚は、なかなか持てないものだ。何かの出来事が起きてから、ようやく気づくこともある。ザック・ハリスは、最初の上司であるマークと非常に親しかった。フランチャイズ方式のホテルチェーンに入社したザック・ハリスは、自分を採用し、最初の上司になったマークと親しくなった。ザックは徐々に昇進し、さまざまな部署に異動したが、マークとはよい友人関係を維持していた。やがてホテルチェーンが買収されると、マークは別の会社に転職した。

ザックは失業しないか心配になり、マークに話を聞いてもらうことにした。マークの転職先で、自分が役に立てるだろうと売り込んだのだ。ザックは手ごたえを感じた。マークが自分に機会をくれるだろうと期待したのである。しかし、どういうわけかマークからは音沙汰がない。やがて、ザックが望んでいた地位に、マークがザックの同僚を雇ったという噂が耳に入る。

ザックは裏切られたように感じ、悲しみと怒りを覚えた。なぜこうなったのか、いろいろと考え、憶測もしたが、マークに直接連絡をとることはしなかった。だが数か月後、ついにマークに電話し、納得がいかないと伝えたのだった。

ザックが少し前に読んだ本には、開放的で正直にふるまうことが、職業上の心がまえをつくるのに役立つと書かれていた。ザックは早速、会話に役立てることにした。「マーク、君は機会をくれると言ったよね。でも、理由もなく約束は破られてしまった。なぜだい?」。そして、なぜ自分ではなく同僚が職を得たのかを問いただした。このときのことを、ザックはこう説明した。「私が率直に話すのを、マークは喜んでくれると思いました。でも、マークは私の率直な物言いを、攻撃と受け取ってしまったのです。謝罪はなく、本当のことを説明してもくれませんでした。冷え冷えとした会話でした」。マークはどのように反応したのだろうか。あっさりと「ザック、こんなこともあるんだよ」と言っただけだった。きつい言い方ではなかったが、マークはすぐに会話を終わらせた。それから一年以上、二人は口を利かなかった。

あとになって、ザックはこのときの会話を反省した。率直に話せば関係がよくなるだろうと考えたが、真逆の結果になってしまった。この場合、もっとソフトで思慮深い話し方をすれば、友好的な関係を維持できただろう。だが、実際には、会話を通してザックの失望、感情、いら立ちが伝わり、マークは「こんな目にあわされる筋合いはない」と感じてしまったのである。

では、ザックが別の言い方をしていたらどうなっただろうか。感情を抑え、もっと友好的な態度で話しはじめるのである。たとえばこのような言い方だ。「マーク、君とは長い間、友達だった。君のことは気にかけているし、尊敬もしているんだ。この前、新しい会社について話したとき、僕に向いた仕事があるように思ったのだけれど、違ったようだね。驚いたよ。何があったのか話してくれないかな」。これならマークも受け入れやすく、ザックは本当の事情を聞けたかもしれない。批判してしまうと、よい結果にならないという一例である。

評価の仕方

さて、私が仕事の上で長年苦労したことの一つが、評価を当人に直接伝えることだった。自分の言葉がどのように受け取られるか、相手の心を傷つけないか、相手が守りに入ってしまったり怒り出したりしないか、さらには、一緒に仕事を続けられないほどの口論に発展しないかと、心配の種《たね》はいくらでもあった。長い間、私は本当の問題点は慎重に避け、相手のよい点を強調しながら、難しい問題については一般論に終始していた。しかし何百人もの人々と面談をするうちに、特に仕事上の人間関係では、正直に伝えることも大事だということに気づいたのである。私の仕事は、他の人の長所を伸ばし、結果を出すのを手助けすることである。この役目をおろそかにするのは卑怯で無責任なことであり、決してほめられたことではない。さらに、面談した人の大半は、最善を尽くしたいと思っており、成長に役立つ指摘は歓迎していることがわかった。

評価を効果的なものにするには、正しい意図と、適切な言葉の使い方が重要になる。相手を落胆させたり、士気をくじいたり、侮辱したりする目的で言葉をかければ、それは批判であり、相手の成長に役立たない不親切な行為である。しかし、励まし、やる気を起こさせ、支援するために言葉をかければ、これは評価になる。相手を成長させ、相手に共感する行為である。ただし、私たち自身が問題になることがある。意図的かそうでないかにかかわらず、批判的になってしまうのだ。私たちの言葉の受け取られ方に、無頓着なときさえあるだろう。では、相手を圧倒して黙らせるようなことはせずに、成長を促す評価を上手に行なうには、どうすればよいのだろうか。

まず、自分の意図と言葉が適切か確認すること。評価を行なう理由と目的を自問する。次に、どのような言葉をどのような口調で話すかを検討する。「批判と評価」の項目に戻り、例文を音読するとよい。言葉と口調を変えるだけで、相手が緊張したり安心したりすることが理解できるだろう。コミュニケーションのとり方は、自分の意図と合致していなければならない。

大学を卒業したキャメロン・マンは、製造業でパートタイムの職に就いた。自分を売り込もうと倉庫で懸命に働いたが、五〇代以上が多い職場だったため、一人だけ若いキャメロンには気の合う同僚がいなかった。同僚の一人は、常に不機嫌な六五歳のポールだった。ポールは自分の仕事のやり方に固執しているようで、態度もいつも悪かった。

ある日、キャメロンとポールは一緒に機械の修理にあたっていた。修理にはドライバーが必要で、ポールは手動のドライバーで作業していた。キャメロンが「電動ドライバーを使ったらどうですか」と言うと、ポールはすぐさま「若いのはいつもそうだ。横着したいだけなんだ」と言い返してきた。キャメロンは作業の手助けをしたいと思っていたので、少し戸惑ったが、「横着ではなく、効率的なんですよ」と言ってしまった。

ポールは、キャメロンの言葉が気に入らず、むっとした。キャメロンは、自分の発言が相手にどう受け取られたかを察し、謝罪して真意を説明した。「いえ、あなたが間違っていると言いたいのではありません。改善の提案をしただけなのです」

その後、キャメロンはポールと率直に話し合い、指導してもらうことにした。ポールの視点を理解するため、なぜそのような仕事のやり方をしているか尋ねることからはじめた。そして別のやり方に気づいたときは、「こうしたほうがいいですよ」と言うのではなく、「もしもこうしたら、どうなるでしょう」と尋ねることにした。

キャメロンが言い方を工夫したおかげで、二人は親しくなり、それぞれ先入観を持って相手を見ていたことがわかった。ついにはポールがキャメロンに、製造ラインでの効率化も相談するようになった。キャメロンとポールは、最初こそ喧嘩腰《けんかごし》だったが、気の合う同僚になり、職場の環境もよくなった。

本章のポイント

デールが「批判も非難もしない。苦情も言わない」を第一の原則にしていたのには、理由がある。批判ほど、短時間で人間関係や信頼関係を傷つけてしまうものはない。評価は、学習と成長に必要なものであり、批判は、常に破壊的な働きをする。私たちがこの二つの違いを理解すれば、どのような人間関係においても、困難な時期を乗り越えるための力を得られるだろう。

原則

評価を与えるときも受けるときも寛大にふるまう。

実行するためのステップ

◉**あなたが友人を批判したとき、あるいはその逆の状況を思い出す。**あなたと友人はどのような反応を見せただろうか。別のやり方をすればよかったと思っているだろうか。そして、あなたと友人の現在の関係はどうなっているだろうか。

◉**今度は、あなたをいらつかせている人間関係を考えてみる。**自分の意見を相手にぶつけようと思ったことがあるかもしれない。では、相手に対する批判を紙に書き、それを自分が言われたところを想像してみる。どう感じるだろうか。次に、建設的で成長に役立つ表現で書き直してみる。相手に伝えるのは、この書き直した「評価」にするのだ。評価を伝えるときは、言葉、口調、意図に注意を払うこと。

◉職場やソーシャルメディアで批判されたと感じたときのことを、思い出してみる。そして、以下の点を確認する。

——信頼し尊敬している人から批判されたのか。相手のことをどれだけ知っているか。相手はあなたのことをどれだけ知っているか。

——その批判は公平な視点からのものだろうか、不公平な視点からのものだろうか。批判に根拠はあるだろうか。

——不公平な視点からの批判や、あなたのためを思っていない人からの批判は、気にかけないようにする。同時に、公平な視点での評価から、教訓を見つける練習もしておく。

12 厄介な相手に対処する

〝まず相手の言葉に耳を傾けよ〟――相手に意見を述べさせ、最後まで聞く。逆らったり、自己弁護したり、争論したりすれば、相手との障壁は高まるばかりだ。相互理解の橋を架ける努力こそ大切である。

デール・カーネギー

あなたが誰で、どこに住み、どれほど親切（自称の場合を含む）で、どれほど努力していても、厄介な相手に出会うことはある。人生とはそういうものだ。あなたの人生の選択に口を出してくる親類。自分は常に正しいと信じている同僚。子育てのスタイルが異なり、あなたの意見を無視する共同親権者。被害者だと主張し、あなたが気にかけ続けていなければ我慢できない「友人」。そのような厄介な人々と向き合っていると、何もかも投げ捨てて逃げ出したくなるかもしれない。しかし、うまく逃げられることはめったにない。厄介な人が、あなたの生活で重要な位置を占めている場合にはなおさらだ。逃げ出すのではなく、厄介な相手への対処能力を養わなければならない。

では、厄介な相手に、どのように向き合えばいいのだろうか。仕方なくつきあう場合も、よりよい人間関係を築かなければならない場合も、まずは自分自身のコントロールの仕方を学ぶ必要がある。あなたは驚くかもしれないが、厄介な相手との関係を左右するのは、相手自身やその行動ではなく、私たちの考え方や接し方なのである。そして私たちは、他の人はコントロールできないが、自分の反応ならばコントロールできる。

本章では、厄介な相手と対峙《たいじ》したときに用いる四つのステップを紹介する。

一、適切な境界線を設ける。
二、境界線の存在を伝える。
三、相手の話をよく聴く。
四、第三者の視点を得る。

適切な境界線を設ける

厄介な相手に対処する鍵は、第一に自分自身だ。あなたは相手と接するとき、境界線を設けているだろうか。別の人があなたに代わって、境界線を設定してくれている場合もあるだろう。ここでの境界線とは、人間関係の中で、「自分がどのように扱われたいかというルール」と「どこまでなら相手に踏み込ませてもよいかという限界」の二つで構成される。なお、境界線とは何か、そして人間関係でどのような働きをするかを、なかなか理解できずに苦労している人も多い。それでも適切な境界線があれば、必要なら「いいえ」と言えるのだという安心感を持ちながら、開放的な心で人間関係を築けるようになる。

最初のうち、境界線を設定することに恐れを抱くかもしれない。ことに、「はい」以外の返事をすると対立を引き起こし、「いいえ」という拒絶の返答は争いに直結すると教えられている場合は、怖くて仕方がないだろう。たとえば上司から、急ぎのプロジェクトを担当するよう指示されたとする。しかしあなたは、締め切り間近のプロジェクトを三本抱えており、これ以上の追加は不可能だ。だが、あなたは事情を伝えずに「はい」と言ってしまう。その結果はどうだろう。ストレスは増し、部下に無関心な上司の悪口を言い続け、ついには疲れ果ててしまう。だが、考えてほしい。上司に自分の状況を伝えていただろうか。

実際のところ、境界線を設定し、さらに相手に伝えておかなければ、相手から不当な扱いを受けても文句は言えない。あるいは、仕事や人間関係を失うのを恐れ、声を上げられないのかもしれない。突き詰めれば、恐怖心が原因なのだ。境界線を設定したからといって、愛する人たちに見捨てられたり、上司に解雇されたりすることはない。それどころか、よりよい人間関係を築くため、どのように協力し合えるかを話し合う第一歩なのだ。そして、仮に不利益を被るとしても、何を許し、何を許さないかは、あなた自身が決めなければならない。第一章の「正しい考え方を選ぶ」では、自分に語りかける自己成就的予言について説明した。必要なら、この技法を活用してみるとよい。また、予想される結果におびえたとしても、その予想は、頭の中でつくり上げた偽《にせ》の話に由来することが多い。状況をできるだけ客観的に観察し、境界線を保ちながら会話をするのだ。

専業主婦のカルメン・メディナは、姉のアリシアと週に一回、電話で話をすることにしていた。二人は、二四〇〇キロ近く離れて暮らしていたのである。電話のたびにアリシアは、カルメンの息子ダニエルと、嫁イザベルを批判した。ダニエルとイザベルの関係、子育て方法、そして信仰についても口うるさく説教した。アリシアは信心深かったが、ダニエルとイザベルはそれほどでもなかった。アリシアは、ダニエルとイザベルの心の健康を心配し、カルメンに「二人と話し合い、心を入れ替える」よう説得するべきだと、繰り返し要求していた。だが、カルメンから見れば、息子夫婦の生活に問題はなく、姉アリシアの主張は大きなお世話だった。「何度も聞かされるのは嫌でしたが、姉との関係が壊れてしまうのも嫌でした」とカルメンは語った。

この状態が数か月続き、カルメンは我慢の限界に達していた。「何を話題にしてよいか、何を話題にしたくないかをまとめ、姉に伝えることにしました」とカルメンは言う。「最初は怖かったのですが、とにかく話しました。縁が切れてしまうのは嫌だけれど、ダニエルとイザベルのことはもう話したくないと言ったのです」。カルメンは、自分は姉の言葉で傷ついており、しかも助言は役に立たないことを伝えた。そして、ダニエルとイザベルについてはもう話題にしたくないとも伝えた。カルメンは言う。「はじめのうちはつらい気持ちもありました。姉は完全には理解してくれず、ちょっと身がまえていたようです。でも、理解してもらう必要はなかったのです。ただ、私の願いに配慮してほしかっただけ。そして姉は、私の気持ちを尊重してくれました」。カルメンが、アリシアを家族の一員として接することに変わりはなかった。境界線が設定されたこと以外、姉妹の関係に変化はなかったのである。

カルメンの経験談が示しているように、人間関係が維持されているからといって、相手が好き勝手にふるまうのを認める必要はない。境界線を設定しても、相手に共感することは可能だ。適切な境界線を設定して守ることは、強固な人間関係を築き、維持するのに役立つのである。

自分の境界線をどう設定すればよいかを理解するには、時間がかかるものだ。漠然とした境界線でかまわないという人は、少数派である。通常は、出来事や状況に応じて、境界線を検討することになる。臨床心理学者のブリトニー・ブレア博士は、境界線を設定する際に最も大切なのは、境界線とは何かを理解することだと述べている。ブリトニーは言う。「適切な境界線を設定する第一歩は、自分が何を求め、何を必要としているか認識し、そこから逆向きに考えていくことです」。厳しい状況に陥ったときは、時間をかけ、自分が許容できる境界線を設定することだ。

境界線の存在を伝える

境界線を設定しても、相手に伝えなければ意味がない。しかも、口論を避けるため周囲の人に伝えるのをやめると、負の感情がつのっていく。逃げ出したくなるかもしれないが、境界線の必要性を伝えることが、設定に向けた第一歩なのである。

ただし、伝え方で結果が左右される。同じ言葉を使っても、言い方を優しくすることも冷たくすることも可能だ。そして相手に最も強い影響を与えるのが、言い方なのである。かつてマイケルは、自社で働いていた営業担当のビルと交渉しなければならなくなった。ビルの父親もマイケルの会社で勤務していたが亡くなってしまい、ビルと引き継ぎについて話す必要があったのだ。こうした状況になる前から、ビルは厄介な社員だった。話すたびにビルの意地悪さと未熟さが目立ち、嫌なやつという印象をマイケルは抱いていた。楽しめることは何もない交渉だが、非常に重要な交渉であることはわかっていた。そこで、自分が何を許容できないかビルに伝えておき、その条件が破られたら絶対に許さないようにしようと心に決めた。「交渉がはじまってすぐ、もし大声を出したら一度だけ警告するとビルに伝えました。そして大声が収まらなかったら、交渉を打ち切ると伝えたのです」。マイケルはビルを好きではなかったが、自分の境界線を、丁寧な言い方で明確に伝えた。

交渉中、ビルが声を荒らげる場面が一度だけあった。マイケルは平静を保ちながら、「ビル、これが最初で唯一の警告だよ。声を荒らげるなら、交渉は打ち切りだ。ただ、私は話し合いを続けたいし、君もそう思ってくれているとありがたい」と言った。ビルはマイケルに目を向けてから息を吸い、落ち着きを取り戻した。マイケルはわざわざ時間をとり、交渉する際の境界線を設定し、そのことをビルに伝えておいた。おかげで、口論という面倒な事態を回避し、交渉に成功したのである。

当然だが、設定した境界線は常に破られる危険にさらされている。誰もが境界線を受け入れてくれるわけでもない。だが、臨床心理学者で、メンタルヘルスをテーマにしたサイト「マインドスプレイン（Mindsplain）」の創始者でもあるマイケル・キンゼイ博士は、「壊れたレコードのような」対応を推奨している。博士は言う。「『いいえ』と発言することが暗黙のうちに禁じられている人間関係では、境界線の設定が非常に難しくなる……普段どおりの態度で、礼儀正しく、機転を利かせて境界線を設定する必要がある。相手の反応に左右されるが、あなたが寛大な気持ちでいられるなら、境界線を破ろうとする相手には次のように対応する。あなたが境界線を提示したことを相手に思い出させ、相手があなたの意思を尊重してくれていることに感謝するのだ」。相手が強く反発する場合の対応について、キンゼイ博士は以下のように述べている。「毅然とした態度が必要なら、単に『いいえ』と言えばよい。そして、もう一度『いいえ』と言う。さらに『いいえ』と繰り返す。しつこい要求が終わらなければ、会話を打ち切ってしまうことだ」

相手の話をよく聴く

相手の視点や行動理由をより深く理解するため、質問をする場合を考えてみる。上手に聴く方法の一つが、自分の感情や反応に惑わされず、客観的な態度で耳を傾けることである。ただし、一朝一夕で身につくものではない。

プリヤ・ウィルソンは、目が見えない義父のデレクに付き添い、歯科や内科までよく自動車で送り迎えしていた。ある朝、二人は車中で、共通の話題について話し合っていた。プリヤの夫オースティンについてである。オースティンと父デレクの関係は、良好とは言えなかった。デレクがオースティンを育てたときの接し方が原因で、父子の間にはわだかまりが残っている。デレクはプリヤに、「この間の夜、オースティンになぜあれほど怒られたのか、原因がわからないんだ」と言った。週に一回、父子は夕食をともにしていた。その席で、オースティンの子供時代のことが話題になった。デレクは、「オースティンが子供の頃、私に嘘ばかりついていた理由がわからないね。何でも話していいよと言っていたのに」と発言したのだ。

オースティンは唖然《あぜん》とした。自分が記憶している子供時代とは、まるで違うからだ。オースティンは言った。「お父さん。僕が正直に話すたび、家に閉じ込めたり、尻を叩いたり、好きなものを取り上げたりしただろ。どこにも安全な場所がなかったから、何も話せなくなったんだ」。デレクはショックを受け、静かに言った。「そうだったね。疲れたから寝るよ。見送りはしないよ」。父親の家から自宅に戻ったオースティンは、プリヤに一部始終を話したのだった。

夫が幼少期からどれほど傷ついてきたかを理解していたプリヤは、なぜ息子が激怒したのか、理由が皆目わからないというデレクに、ひどく腹が立った。すぐにでも夫を弁護したかったが、プリヤはこう考えた。「オースティンをかばいたいけど、でもそんなことをして何の役に立つかな。お義父さんは明らかに動揺している。今、追い打ちをかける必要はなさそうね」。そこで、自分の視点から発言するのは控え、こう尋ねた。「そうですね。二人はものの見方が本当に違うみたいです。お義母さんが亡くなってから、一人でオースティンの面倒を見たそうですが、どんな感じでしたか」

デレクは話しはじめた。「妻のエイミーが亡くなったのは、オースティンが一四歳のときだった。オースティンに独立心が芽生えはじめたと思ったら、エイミーが入院してしまった。それから二か月後、エイミーが亡くなった」。デレクの声は震えている。「私は家にいるオースティンのそばについていたかったが、病院にいるエイミーは私の妻だ。どうしたらいいか、わからなかった。一度にいろいろなことが起きたからね。オースティンを守りたかったし、もっと話しやすい家にしたかった。何をしていいかわからなかったから、自分で思っていた以上に、オースティンに厳しく当たってしまったのだろうね」

「そのときのことは、想像もつきません」とプリヤは言った。「二人とも、とてもつらかったのでしょうね」。デレクは、そのとおりだと言った。病院に到着したことで、会話は唐突に終わった。危機的な口論になりかねなかったのに、プリヤとデレクの会話は相互理解で終わったのである。

相手の言葉に反応する前に、話に耳を傾けるべきだ。相手の立場を理解する余地が生まれるはずだ。カルロス・クビアは、批判的な意見を持っている人や知識不足の人であっても、自分の考えを、怖がらず正直に言える場所をつくりたいと常々考えていた。二〇二〇年、警官が黒人男性を殺害したジョージ・フロイド事件が起きたとき、カルロスはドラッグストアチェーンを展開するウォルグリーン・ブーツ・アライアンスの上級副社長で、グローバル・チーフ・オブ・ダイバーシティという役職を兼任していた。他社は偏見や組織的人種差別を非難する声明を出した。なかにはとても抽象的で宣伝目的と思われる声明もあったが、それ以外は企業や経営陣の価値観を忠実に反映したものだった。カルロスは自社内を観察してみた。社員たちが、本心から人種差別を非難しているか確認したかったのである。だが、社員全員が人種差別と闘うことに賛同しているわけではなかった。人種差別は現実には起きていないと考える社員や、そもそも何が起きているか理解していない社員もいたのだ。そのため社員たちに、人種差別に思慮深く取り組んでもらうことが、ますます重要になってきた。カルロスは、社員たちが自己弁護に走らず、正しいことを行なってくれるよう願った。

カルロスは、どのような感情を持ち、どのような政治的立場であっても、自由に感じていることを話せる場をつくろうと決意した。思っていることを話しても、その良し悪しを決めつけられることがない場所である。カルロスは、デールの第一の原則、つまり「批判も非難もしない。苦情も言わない」を思い浮かべた。ちょうどこの頃、何人かの白人男性が有色人種であるカルロスのもとに来て、自分は人種差別主義者ではなかったが、人種差別に反対もしていなかったと告白した。この白人男性たちは、許しを求めていたのである。

このときの考えを、カルロスはこう述べている。「自由な対話や、思い切った発言ができる安全な場所をつくるなら、やって来る人たちの考え、言動、そして不作為を根拠に人物評価すべきではないでしょう」。一部の活動や集会では、カルロスのもとに来たような白人男性たちは非難の的になるだろう。だがカルロスは、これらの白人男性たちが必要としているのは教育と支援だと思った。うまく導けば、彼らは有色人種の味方、さらには異なる人種間の橋渡し役になってくれるだろう。

カルロスは、人々に安心して体験談を語ってもらうには、批判せずに傾聴しなければならないと感じた。「この国、いやこの世界には、『我々対彼ら』という考え方が広まり、分断は深刻です」とカルロスは語る。「世の中には、分断を是《ぜ》とする人たちもいます。私はそのような意見には決して賛同しませんが、その人たちにも、そう考える権利があります。ちょうど、あなたにも私にも、自由にいろいろなことを考える権利があるようにね。そして何をどう考えようが、私はあなたを非難するつもりはありません」。当然だが、カルロスのようなやり方がいつもうまくいくとは限らない。特に参加者が、協力や正直な会話を拒否する場合は困難だろう。この問題については、本章後半の「関係を終わらせるタイミング」という項目で詳しく取り上げる。

第三者の視点を得る

自分の考えや価値観にとらわれないようにするのは、誰にとっても難しい課題だ。良好な関係を築きたい相手がいる場合、相手との間に起きる出来事を冷静に判断したくなる。しかし、自分の考えや価値観が、判断する際の足かせになってしまうことがある。そのようなときは、他の人に意見を求めるとよいだろう。問題点を声に出して話すことで、問題を明確に認識しやすくなるという利点もある。信頼できる友人、先輩、セラピストなど、あなたのことを心から気にかけてくれ、さらに中立的な立場から状況を眺められる人に相談してみる。この状況で何をすればよいか、また、あなたが過剰反応していると思うか、尋ねてみるとよい。

ペプシコの元CEOで、世界で最も影響力のある女性の一人として広く知られるインドラ・ヌーイは、かつてこのように指摘した。「誰が何を言い、何をしようと、善意でしたことだと受け取りましょう。そうすれば、人であろうと課題であろうと、自分の接し方が驚くほど変わるはずです」

他の人と話すことで、実は自分が厄介な人間であることを自覚できる可能性もある。

かつて私は、大人数の部署の管理を、有能なジャックという部下にまかせていた。ジャックの方針は、部下が自分で問題を解決できるよう支援するというものだった。そして、こうした仕事のやり方を誇りにしていた。「私は部下を甘やかすつもりはありません。大人なのですから。成長したいなら、自分の課題に立ち向かい、解決する必要があります。私が手助けするような事態は避けたいですね」。また、ジャックは部下に対し率直に意見を伝えており、その理由を常々こう説明していた。「オブラートに包んだ言い方で評価する必要はありません。私は、皆が本音を隠すのが嫌なのです。私には、歯に衣を着せない評価を伝える義務があると思っています。部下たちはその評価に耐えられるはずです。耐えられないなら、もっと打たれ強くなる必要があるかもしれません」

このジャックのやり方で問題になるのは、部下たちに多少の手助けが必要な場合だ。誰にだって、ちょっとした助言がほしいときはある。だがジャックはおかまいなしだった。ある日、ジャックの直属の部下の一人、メイが私のオフィスにやって来た。ジャックの下ではもうやっていけないという。「私ではどうにもなりません」とメイは言った。「ジャックさんは、私たちが業務に精通していることを期待して、助けを求めても『自分で解決してください』と言われます。話を聞いてくれないのです」。メイと話してすぐに、ジャックが管理する部署を評価するため、外部のコンサルタントを雇った。メイが直訴してきた問題の調査も、目的の一つだった。部署のメンバーへのインタビューと匿名のアンケートが実施され、調査を終えたコンサルタントは、この部署の士気が著しく低くなっていると指摘した。調査結果を知らされ、アンケートの内容を読んだジャックは愕然《がくぜん》としてこう言った。「なぜこのような結果になるのかわかりません。皆がこのように思っているとは、想像もしていませんでした」。ジャックにこう言いたい人もいるかもしれない。「本当にそう思うのですか。どうしてわからないのですか。同じ職場にいたのですか」。だが、これはジャックに限った問題ではない。他の人に指摘されなければ気づけない盲点は、誰にでもあるものだ。ジャックの名誉のために書いておくが、ジャックは評価を真摯に受け止めた。経営陣は、ジャックにマンツーマンで指導するコーチを雇ってはどうかと提案し、ジャックはこのアイデアを快く受け入れたのである。数か月にわたる指導の結果、ジャックは一緒に働く人たちに共感できるようになり、血の通わない単なる管理ではなく、思いやりを持って指導する方法を身につけた。

ジャックは、自分が扱いにくい厄介な人間だとは微塵《みじん》も思っていなかった。私たちも、自分が他の人からどう見られているか、気づいていないことが多い。たいてい、第三者の意見で気づかされることになる。コンサルタントによる評価であっても、信頼できる友人や同僚からの指摘であってもかまわない。私の場合、この何年かは、一緒に働く人たちに評価してもらっている。私が実践している評価のやり方を紹介する。まず私が質問を出す。「リーダーとして成長し続けたいと、心から願っていますが、改善できる点はあるでしょうか」といった具合だ。相手が「いえ、特にありません」と答えたら、「そうですか。でも、完璧な人はいません。私も完璧ではありません。少しでも改善できそうなことはないでしょうか」と問いかける。普通はこれでうまくいく。相手は少し考えてから、「そうですね、あえて言えば……」と話しはじめるのだ。私は口を挟んだり、邪魔したりせずに耳を傾ける。相手が話し終えるまで、口は閉じているようにしている。やがて相手が話し終えるが、このとき最初に言う言葉は決まっている。「ありがとうございます。率直なご意見に感謝します」だ。内容に同意できない場合でも、耳に痛い内容であっても、必ずこう言うようにしている。また、理解を深めるため、私から質問することもある。そのようなときは、私の態度が自己弁護的にならないよう注意している。「もっと詳しく教えてください」と言うこともあるが、議論にはしない。今後も、相手に気分よく評価してもらいたいからだ。

厄介な人を相手にしている場合や、自分が厄介者扱いされているのではないかと心配なときは、他の人に助けを求めてみるとよい。

関係を終わらせるタイミング

人間関係を修復するために何もできない、あるいは何もしないほうがよい場合もある。感情的に傷つき、疲れ果て、断続的に落ち込むような有害な関係になっていると気づいたら、維持する価値がある関係なのか検討するタイミングだ。カリフォルニア州立大学の心理学教授であり、児童発達および家族関係研究所の副所長も務めるケリー・キャンベル博士は、有害な関係を次のように説明する。「健康と幸福に悪影響を与える関係……関係が良好なときは、私たち自身も快調なことが多い。しかし関係が悪化すると、健康と幸福にも悪影響が及ぶ」。これは恋愛関係だけでなく、友人、家族、職場の人間関係にも当てはまる。

有害な関係は、精神や感情へのダメージだけでなく、身体的な暴力さえ引き起こすことがある。殴打や平手打ちなどの身体的暴力は、最も深刻な状況を示している。これらの暴力ほど明確な形はとらないが、有害な行動というものもあり、判断が難しい。たとえば、特定の人物を怒らせないよう、音を立てずにそばを通ろうとしていないだろうか。人間関係の維持に、相手よりも金銭や労力を費やしていないだろうか。一緒に過ごしたあとに疲れ果てていたり、不幸せな気持ち、悲しさ、不安、怒りを感じたりしてはいないだろうか。さらには、一緒に過ごすことに何の楽しみも感じない場合もある。このような状況に陥っているなら、その関係を維持する価値はないかもしれない。そして、相手があなたを弱らせ、切り捨て、妨害し、自己嫌悪に陥らせているなら、有害な関係である可能性が高い。

有害な関係を終わらせるのは困難かもしれない。しかし、難しくても関係を終わらせなければ、さらなる困難が待ちかまえていることもあり得る。この点を忘れてはならない。人間関係を断つには、相手と連絡をとらないだけで済むかもしれない。まず、こちらからメールや電話をしないことだ。そして相手から連絡をしてきた場合は、軽いやりとりにとどめ、一緒に過ごす約束はしないようにする。ソーシャルメディアのフォローや友達設定を解除する方法もある。また、相手と会う可能性があるイベントへの出席を、しばらく控えるのも有効だ。言い換えれば、積極的な対立をする必要はなく、敬遠するだけで充分な場合もあるということだ。

しかし、断固とした行動が必要なときもある。トリナはセールスコンサルタントをしていたとき、ローマンというひどいCEOの下で働いていたことがある。ローマンは社員の行動を細かく管理したがり、自分の考えややり方に全員が従うことを期待した。一度でも指示に反した行動をした社員は解雇した。ローマンの態度が原因で、社内には有害な組織文化が生み出されていた。トリナはローマンと話し合おうとしたが、懸念を伝えても解雇すると脅《おど》されただけだった。当時のことをトリナはこう語った。「誰もがいつもおびえ、社内の雰囲気は最悪でした。ローマンの発言はから脅しではなく、大勢がすでに解雇されていました」

この状態が何年も続き、トリナが何度、自分の境界線について伝えても、ローマンに無視され踏みにじられた。休暇をとるためには、あらゆる手段を駆使しなければならなかった。だが、ローマンは部下が休暇であっても配慮せず、メールや電話による指示を次々伝えてきたため、二四時間三六五日の対応を迫られた。「インターネットにもつながらず、完全に連絡できなくなる離島への旅行を予約することになってはじめて、現状を変えなければならないとわかったのです」とトリナは言った。「受動的攻撃行動（サボタージュ、言行不一致など）をとるのは気まずかったのですが、もう打つ手がなく、ローマンと距離を置く必要がありました」

離島から戻ったトリナは、何をすべきかわかっていた。トリナは言う。「会社の状況から生じるストレスに蝕《むしば》まれていること、それが原因で夜に眠れなくなるほど悩んでいること、ローマンが社員の私生活に配慮しないため、家族にどれほどの影響が出ているかを考えました。そして、もう我慢できないという結論に達したのです」。ローマンが行動を変える機会は何度もあったのに、すべて無視したのは明白だった。だが、CEOである以上、ローマンに関する苦情は役員会が扱うことになる。「CEOの行動を役員会に報告するには、職を失う覚悟が必要でした」

トリナは取締役会に出席し、ローマンが生み出した有害な組織文化と、それが社員に及ぼしている影響を報告した。トリナは語る。「私は解雇を覚悟していましたが、取締役会の調査の結果、ローマンが解雇されたときには本当に驚きました」

関係を終わらせるのが容易であろうと面倒であろうと、あなたが立ち直るための時間を確保するべきだ。親密な相手なら喪失感がわくのは当然だが、関係を切れて安堵した場合でも、一つの人間関係を喪失したことに変わりはない。起こったことを受け止め、感情を消化させるため、自由にふるまえる時間を設けることが大切になる。

また、境界線を設定する場合、状況が良くも悪くも予想外に変化することがある。だが、それでいいのだ。予想外の変化があっても、自分の信念を貫き、正しいことをするのを止めてはならない。トリナは仕事への愛着を振り切り、仕事を失う可能性を受け入れた。決断をした時点では、解雇されようとも自分の意見を述べ、境界線を守ることが最良の選択だったのだ。困難な状況に対して手を打つという決断をようやくできたなら、どんな結果になろうと、平穏な気持ちでいられるだろう。

本章のポイント

難しい人間関係に対処するには、相手との接し方を再考するしかない。行動をコントロールしようと思っても、可能なのは自分の行動だけで、他の人の行動はまず手がつけられないからだ。特に難しい会話や人間関係に臨むときは、会話をはじめる前に、自分が我慢できることとできないことを明確にしておく必要がある。

原則

境界線を設定して伝え、関係を終わらせるタイミングを見計らう。

実行するためのステップ

難しい関係にある人を思い浮かべる。そして次の各項目をチェックし、回答をメモしておく。

◉適切な境界線を設ける。 この相手から尊重されたら、どう感じるだろうか。また、どのようなときに尊重されていないと感じるだろうか。相手との関係の中で、我慢できることとできないことを明確にする。

◉境界線の存在を伝える。 相手が境界線を知らなければ意味がない。早めに相手に伝えるようにする。断固とした、だが優しい態度で相手に境界線を伝えるには、どうすればよいだろうか。

◉自分の聴く力を確認する。 相手との直近のやりとりを思い返してみる。あなたは相手の話に、充分に耳を傾けただろうか。よりよい聴き方やコミュニケーションのとり方はなかっただろうか。関係修復の鍵は、互いの聴き方にあるのかもしれない。

◉第三者の視点を得る。 他の方法がすべて失敗に終わった場合、状況を別の視点から見てくれる第三者に相談してみる。この件について相談可能な、信頼できる人はいるだろうか。あなたのことをよく知っていて、中立的な立場から物事を見られる人が望ましい。前に進むのに役立つ助言をしてくれるかもしれない。

13 他の人の視点で見る

相手は間違っているかもしれないが、相手自身は、自分が間違っているとは決して思っていないのである。……理解することに努めねばならない。賢明な人間は、相手を理解しようと努める。

デール・カーネギー

大学時代のブライアン・ジャブロンスキー・ジョンソンと友人のアダムは、旅行、試験勉強、スポーツ観戦、ジムでのトレーニングと、一緒に行動することが多かった。だが年月が経つにつれ、ブライアンは友情が薄れていくのを感じた。フェイスブックでアダムの政治的な投稿を目にするようになってからは、その傾向が顕著だった。ブライアンは、自分の政治的信条とは真逆の投稿を見て驚いたが、アダムには伝えず、自分の意見は胸に秘めていた。二人とも、政治的ではない投稿に限って、互いにコメントをつけるようにしていた。論争になりそうな話題も避けていた。

慎重な対応をしていた二人だったが、ついに政治的話題に触れてしまい、真っ向から対立することになる。ある日、アダムがシェアした投稿を見たブライアンは、信じられないほど移民を侮辱しているように感じた。ブライアンはコメントをつけ、アダムの見解に強く反発した。すぐさまアダムが反応し、ブライアンを個人的に攻撃しはじめる。ブライアンの政治的見解に対して抱いていた、長年の鬱憤《うっぷん》を晴らすかのような調子だった。ブライアンも厳しい態度で臨み、アダムはブライアンをブロックした。二人は何年も音信不通になっている。「アダムがなぜそう感じたのかを理解するため、プライベートメッセージを送るなり電話をするなりすればよかったのでしょう。僕は『アダムには意見を言う権利がある。その権利を尊重するため、これ以上は言わないでおこう』という態度をとり、アダムも同じようにしました。そこにはコミュニケーションというものはなかったのです」。ブライアンとアダムが、政治的問題に関して同意することはなかっただろう。しかし、お互いの立場を理解できる可能性はあったのである。

なぜ、他の人のものの見方を理解するのが難しいのだろうか。第一に、私たちは自分のものの見方に強く依存しているため、自分が抱く世界の見方が「正しい」と信じたいのである。異なる見方をする人や考えに出会うと、恐れを抱いたり不安を感じたりすることがある。また、自分自身や、自分の自尊心が攻撃されているように感じることすらある。そのため、なぜ相手がそのような見方をするのかじっくり考える前に反応し、戦闘態勢に入ってしまう場合もある。そのような対応をすれば、ろくな結果にならないことは、よくご存じだろう。デール・カーネギー・トレーニングでは、他の人とのつながりを深めるため、「インナービュー」という技法を開発した。三セットの質問を使い、お互いのことを知るのである。まず事実に関する質問では、相手の人生の基盤となっている事柄を知る。次に、原因に関する質問では、事実に関する回答の背後にある動機を知る。そして価値観に関する質問で、相手が何を大切にしているのか理解を深めていく。

まず、事実に関する質問の例である。おなじみの質問があるだろう。

一、どこで育ったのか。
二、趣味は何か。
三、仕事は何をしているのか。
四、どのような感じの家族か。

いずれも重要な質問だが、表面的なことしか尋ねていない。どこかで聞いた質問ばかりなので、相手は、同じ回答をするのにうんざりしているかもしれない。だが、事実に関する質問は、相手との信頼関係を築きはじめるときに役立つ。

次は原因に関する質問だ。

一、その地域（出身地）で育ったことをどう思うか。
二、その趣味をはじめるきっかけは何か／その趣味のどのようなところが気に入っているのか。
三、その職業に就いたきっかけは何か。
四、その家族の中で育ったことをどう思うか。

原因に関する質問は、「はい」と「いいえ」では答えにくいものになっている。このような形式の質問をすれば、時間をかけて説明してもらえる。相手のことを知るのに役立つだろう。

そして、価値観に関する質問をすれば、相手の信念や経験に触れることができる。相手の心の奥底に迫るのに役立つ。以下に質問の例を挙げるが、このような質問にはめったに出会えないはずだ。

一、人生に大きな影響を与えた人について教えてほしい。
二、もう一度やり直せるとしたら、どこを変えたいか。
三、人生を振り返って、転機となったことを教えてほしい。
四、これまでで最高の瞬間や、誇らしい瞬間について教えてほしい。
五、そのときが最高の瞬間だったと判断したことで、自分にとって重要なものは何か、自覚できただろうか（この質問をこの位置に置くのが、マイケルのお気に入りのやり方だ）。
六、特に落ち込んだ時期について教えてほしい。何のおかげで、その時期を乗り越えられたのだろうか。
七、助言を求めてきた人に、どのような助言をするだろうか。また、あなたが大事にしている哲学を、一つか二つの文でまとめてほしい。

これらの質問に答えていく中で、必然的に共感が生まれはじめる。共感とは、他の人の意見や感情などに、そのとおりだと感じることである。著名な心理学者で科学ジャーナリストのダニエル・ゴールマンは、著書『EQ　こころの知能指数』の中で、以下のように述べている。「愛他主義の根幹は他人の気持ちを読みとる能力、すなわち共感能力にある。他人の欲求や苦境が理解できなければ、他人に対する思いやりは生まれようがない。いまの時代が何より必要としている倫理は、まさにこの自制と共感だ」。他の人の目を通して世界を眺めると、共感力が高まる。相手が見ているように自分を見つめ直し、新しいやり方で自分自身を理解できるようになるだろう。

カースティ・タグは、イギリスにある子供靴専門店で、社会人としての第一歩を踏み出した。ある日、一人の女性が息子とともに来店した。カースティはすぐに、その少年が不機嫌なことに気づいた。かんしゃくを起こしていて、今にも泣き出しそうだ。カースティは自身の経験から、少年が何らかの発達障害を抱えており、居心地の悪さを感じているのだとわかった。「自閉スペクトラム症の弟がいたのです。弟と意思疎通を図るには、忍耐強く、弟の視点から物事を見て、穏やかに話しかけるしかありませんでした。だから、この少年を店で見かけたとき、私は自分に言いました。『あの子は今どんな気持ちかしら。靴を脱ぐのが怖いのかな。ここは居心地が悪いのかな』」。カースティは自分の靴を脱ぎ、少年の隣で床に座り、話しかけて一緒に遊びはじめた。店内にいた他の客の視線は無視し、少年と同じように床の上を転げまわったのである。少年は奇跡的に落ち着きを取り戻し、カースティと話しはじめた。カースティが少年に靴を履いてみるようすすめると、少年は気に入ったと言い、母親は喜んでその靴を購入した。心から感謝した母親は、すっかりカースティのファンになり、お得意様になってくれたのである。

カースティは自身の経験を活かして、少年を落ち着かせた。自閉スペクトラム症の弟との会話で手に入れた視点がなければ、少年と意思疎通するのは不可能だっただろう。

共通の経験がない場合、あえて他の人の視点に立って、聴き、学び、試すことが必要になる。異なる意見を持つ友人や同僚と向き合ったときは、まず自分の感情をコントロールしなければならない。忘れてはならないのは、感情がわき出てきたのに気づいたら、その感情が自分に役立つかどうかを判断し、その上で、感情に固執せず手放してしまうことだ。次に、直面している状況を評価する必要がある。自分の立ち位置が問われているなら、相手は肯定的な意図を持っているのだろうか、それとも否定的な意図を持っているのだろうか。また、このように自問してみる。「相手は、意見が違うというだけの理由で、本当に私を脅《おど》かしているのだろうか」。状況から少し距離を置き、好奇心を持って眺めてみるのだ。相手が何を信じているか、明確に把握する必要がある。相手の立場を、我がことのように説明できるとよい。なぜ、相手はそのようなことを信じているのだろうか。相手の考えや感情を判断したり批判したりすることなく、相手の視点に立って物事を見られれば、本物の人間関係を築き、理解し合うことができる。

共感できず、相手のものの見方もわからないとき、私たちはつい相手のものの見方を「把握する」のではなく「つくってしまう」ことになる。また、考えを変えさせるか、誤りに気づかせようとして話しても、何も得るものはない。本当に共感したいなら、相手の経験を想像するのではなく、相手が実際に経験したとおりにとらえようとする覚悟が必要だ。ときには、固定観念のせいで、相手の視点に立てないこともある。

自分が他の人にどのような固定観念を持っているか、そしてそれが人間関係にどのような影響を与えているか、考えてみたことはあるだろうか。ナイジェリアの作家で劇作家のチママンダ・ンゴズィ・アディーチェは、幼い頃から読書と執筆に熱中していた。主にイギリスやアメリカの児童書にしか触れられなかったため、チママンダが読む本の中では、青い目と金色の髪を持つ子供たちが雪の中で遊び、リンゴを食べ、刻々と変わる天気について話していた。チママンダにとって、まったくなじみのない世界が描かれていた。

感受性が強い子供時代、チママンダは、自分とは無縁の世界に生きる異邦人を描いていなければ、それは本ではないと信じていた。だがチヌア・アチェベやカマラ・ライエといった、アフリカ出身の作家の本に出会ったことで、チママンダの認識は変わりはじめる。「私のように、チョコレート色の肌をして、縮れ毛でポニーテールにできない女の子でも、文学に登場できるのだと知ったのです」

数年後、チママンダはナイジェリアを離れてアメリカの大学で学びはじめた。ルームメイトのアメリカ人は、ナイジェリアの公用語が英語であることを知らず、チママンダに、どうやってそれほど上手に英語を話せるようになったのか尋ねた。またナイジェリアについてよく知らないため、チママンダがストーブの使い方を知らないと思い込んでいた。さらにルームメイトは、チママンダにアフリカン・アメリカン音楽（アメリカのアフリカ系アメリカ人による音楽全般を指す）を聞かせてほしいと頼んだ。ルームメイトはアフリカ大陸の音楽を期待していたらしく、チママンダがマライア・キャリーの楽曲を流すとがっかりしていた。このルームメイトが、アフリカという言葉から連想するのは、大災害に関するものばかりだった。

ルームメイトについてチママンダは、このように語った。「ルームメイトが持っていた固定観念では、アフリカ人が自分と似ているなどということはあり得ないのです。アフリカ人に対しては同情以上の複雑な感情は抱かず、同等な人間として関係を築くこともあり得ません」「人間にたった一つの観念を教え続けると、こうなってしまうのです。固定観念はステレオタイプを生み出します。ここで問題になるのは、ステレオタイプが事実とは異なるという点ではなく、不完全だという点なのです。そしてステレオタイプによって、固定観念のうちの一つにすぎなかったものが、唯一の観念になってしまうのです」

私たちは自分が持つ小さなレンズを通して、他の人を見ている。その結果、周囲の人たちを本当には理解できず、つながりを逃してしまうことがある。他の人を理解したいという願いから、共感とつながりがはじまるのである。

誰かと話をするとき、自分の経験や信念に基づいて相手を判断したくなるかもしれない。しかし、この衝動は克服しなければならない。デールはこう書いている。「理解することに努めねばならない。賢明な人間は、相手を理解しようと努める。相手の考え、行動には、それぞれ、相当の理由があるはずだ。その理由を探し出さねばならない。そうすれば、相手の行動、相手の性格に対する鍵まで握ることができる」

コロナ禍の中、カラ・ヌーナンは一五年来の親友と緊張感に満ちた電話をしていた。親友は、新型コロナウイルスのワクチンは信用できないので、接種するつもりはないと言った。「私は気分を害されました」とカラは言う。「私の母は二〇二〇年七月に癌の診断を受けていました。これは、コロナに感染すれば重症化リスクが高いことを意味します。私は、コロナに感染しないために、母がどれだけ気をつかっているかを目の当たりにしていました。友人の一人が、母を守ろうともしないほど利己的なことに、私はただただ腹立たしかったのです」

幸いなことにカラは感情に流されなかった。感情に身をまかせずに立ち止まり、相手は親友であり、自分は友人関係を維持したいのだと気づいた。

カラは親友に、「大好きよ。ワクチンを接種しなくても、私たちは親友だからね」と伝えた。つらい気持ちはあったが、医師が母親に告知したこと、そして新型コロナウイルスが癌患者にどのようなリスクをもたらすかを、冷静に伝えた。また、ワクチンで母親がさらに安全になると信じているため、ワクチンをありがたく思っていることも伝えたのだった。

カラは親友の考えをもっとよく知りたいと思った。親友は当時妊娠していた上、すでに息子たちがいた。カラは、息子の一人が重症化リスクが高いとしたら、どのような気持ちになるか尋ねてみた。この質問は、カラと親友の、ワクチンに対する理解のギャップを埋めるのに役立った。親友は、妊婦に対するワクチンの安全性データがないため、不安だったのだ。親友が不安を抱いていると知った途端、カラは、親友の立場をより深く理解できるようになった。

会話の終わり頃になると、親友は、先入観を持たないようにすると言い出した。そして「カラのお母さんのことが気になるの。私にとっても大事なことだから」と言ってくれた。

カラは、親友の考えを変えるために会話をはじめたわけではない。親友の決断を理解し、感情的なつながりを維持したかったのだ。友情にひびが入らないようにすることは、当初からの目標だった。会話をしているうちに、親友もカラも、家族の健康を守るため、最善と思える方法をとろうとしていることに気づいたのである。

カラはこのときの経験から、困難が予想される会話であっても、事前に明確な目標を決めておくべきだという教訓を得た。カラは言う。「誰かのものの見方を理解したいなら、まず相手を一人の人間として見て、その場の感情に流されず、相手から何を学べるかを真剣に考えなければなりません」「お互いのものの見方を理解したいと心底願い、相手が意見を変えることを期待しないなら、健全な会話が成立します」

本章のポイント

他の人のものの見方に配慮するのは、普段接する人々を理解する上で、最も難しいと同時に最も意義深いことである。簡単にできることではないが、誰もが異なるものの見方をしており、誰の思考の枠組みにも限界があることを理解するのが重要になってくる。当然、自分のものの見方にも限界はある。自分のものの見方を正直に認め、他の人のものの見方を共感とともに認識できるようになれば、相手は理解されていると感じ、人間関係を強固にできるだろう。

原則

相手のものの見方で、物事を素直にとらえてみる。

実行するためのステップ

◉共感する練習をする。何がきっかけで、相手はそのような考え方をするようになったのだろうか。どのような日々を過ごしたのだろうか。どのように育ってきたのだろうか。あなたは相手の信念を把握しているだろうか。その信念を持つに至った経緯を知っているだろうか。

◉他の人を理解するため、自分の経験を活用する。自身の人生経験について考えてみる。また、あなたは他の人の経験を把握しているだろうか。同じような状況を、あなたも経験しているだろうか。自分の経験を利用して、相手への理解を深める。

◉相手の気持ちを理解するため、積極的に聴く。相手の考えを本当に理解するには、相手の話をさらに深掘りして傾聴する必要があるかもしれない。質問を重ねて理解を深めるとともに、相手の言葉を繰り返し、自分が理解していることを示す。もし相手が「わかってくれたんだね」と言えば、正しい方向に進んでいることになる。

◉心を開いておく。たいていの場合、自分のものの見方から離れることが最大の難題になる。自分のものの見方は脇に置き、他の人と共有できることに心を開く。

PART

3

自分の将来を動かす

自分の考え方、感情、人間関係を動かすため、さまざまなことを学んできた。第三部（ＰＡＲＴ３）では、私たちが世界にどのような影響を与えたいかについて、一緒に考えてみたい。どのような人生にしたいのだろうか。どのような遺産を、後世に残したいのだろうか。人生は、日々の小さな決断の積み重ねである。無為に過ごしていれば、驚くほど早く時間が過ぎ去ってしまう。自分にとって何が最も大切なのかを明確にすることが、世界に変革をもたらす第一歩になる。

第一四章では、価値観と目的を定義し、何が心を駆り立てるのかを明確にする。第一五章では、価値観に沿った生き方をし、望ましい世界をつくるのに役立つ将来構想を練っていく。この二つの章では、自らが望む生き方をすることに焦点を合わせているが、続く第一六章では、外側に向けての働きかけに焦点を合わせる。望ましいコミュニティ（地域社会、職場、団体など）をつくることが目的だ。どれほど高尚な構想であろうと、一人で何かを成し遂げることはできない。そこで、次の段階では、私たちの構想に共感し、価値観を共有してくれるコミュニティを見つけることを目指す。そして最後の第一七章で、奉仕を忘れない有意義な人生とはどのようなものか、世界に変革（大小は問わない）をもたらすとはどのようなことかについて説明している。

周囲を取り巻く世界に対する責任は、私たち一人一人が担っている。受け身でいられる余裕はない。価値観、目的、構想を自ら決定し動かせば、望ましい世界をつくり出せる。次の世代によりよい世界を残すため、自分自身に挑戦していくことだ。

14 自分が望む生き方をする

人間の本性のうちで最も悲劇的なことといえば、どの人でも人生から逃避したくなるという点であろう。

デール・カーネギー

ダニエラ・フェルナンデスが生まれたエクアドルは、そびえ立つ山々、アマゾンの熱帯雨林、ガラパゴス諸島で有名だ。ダニエラは語る。「子供の頃に住んでいた場所は自然が豊かで、まわりには動植物が多かったわ。環境問題が気になるのは、育った環境のせいね。それから、七歳でシカゴに引っ越したの。たぶん想像できると思うけど、この手つかずの美しい壮大な生態系の中から、アメリカ中部の平地に移るのは、心が張り裂けるような思いだったわ。飛行機の窓から見える平地と高層ビルの群れが、エクアドルと大違いだったのが印象に残っているわね」

ダニエラが一二歳のとき、歩いて下校中にペンギンの写真を目にした。映画『不都合な真実』のポスターだった。この映画は、気候変動への注意を喚起した最初期の作品である。当時のダニエラは映画の背景について知らなかったが、大好きなペンギンがなぜ砂の上を歩いているのか不思議だった。ダニエラは言う。「私の人生が変わった瞬間だったわ。映画を観て、気候変動と気候危機の現実を直視するようになったの。地球を守るために何かをすることが、私の責任だと悟ったわ」

映画を観た後、ダニエラは環境科学の授業を受け、調査を行ない、環境変化を理解することに専念した。また、クラブ活動では、高校にソーラーパネルを導入するための資金集めを主導した。このソーラーパネルは、ダニエラの卒業後も長期間使用されている。ダニエラは、若い自分であっても、変化を生み出すのに貢献できたことを知って誇らしく思い、達成感も感じた。

世界を変えたいというダニエラの熱意は、大学に入ってからも冷めなかった。ジョージタウン大学の一年生のとき、海洋の現状について話し合う会議に国連から招待された。まだ一九歳だったが、国家元首、各国大使、有名なＣＥＯに囲まれていた。会議室で最年少のダニエラは、場違いな場所に来てしまったと感じた。

居心地の悪い会議だったが、二つの点がダニエラの注意を引いた。どちらも重要なことだった。第一に、自分と同じ世代だけでなく、他のどの世代にも、海洋の変化を追ったデータは提供されていなかった（二〇一四年の段階では、気候変動に関する膨大なデータは、一般に広く公開されてはいなかった）。第二に、発表者全員が、海洋プラスチックの量や死滅したサンゴ礁の数など、統計データを使って深刻な状況を説明したが、解決策を提示した人は誰もいなかった。そのため、何をすべきかの青写真も、状況改善への希望や可能性も、会議では共有できなかった。

ダニエラは、国連の会議から戻る列車に揺られていた。頭の中では、さまざまなアイデアが渦巻いていた。ノートを取り出すと、離れた位置に円を二つ描く。一つは自分たちの世代を表わし、もう一つは権力を持つ人々を表わす。それからダニエラは、二つの円をつなぐように第三の円を描いた。この円は、ダニエラが創設しようとしている「持続可能な海洋アライアンス（ＳＯＡ）」を示している。意思決定者と若者をつなぐ組織をつくれば、両者が手を携えて海洋の問題に取り組めると考えたのだ。

ダニエラは自分の決断を、次のように回想した。「私もまた、海洋問題の解決策を何も持ち合わせていなかったの。難問だし、不安だった。どうすれば解決できるのかわからなかったけれど、大きな責任は感じていたわ。国連での会議に出席し、海洋で起きていることを知るという特権を手にしたのだから。めったにできない経験ね。だからこそ、ただ立ち去るわけにはいかないじゃない。何かを生み出さなければならない。自分だけでなく、地球とそこに生きる人たちのためにね」

ダニエラは子供時代に、世界を救うという使命を自覚し、そのための努力を続けてきた。その後、一〇代の女性という視点から関心をより一層深め、行動する機会があれば躊躇《ちゅうちょ》しなかった。現在では、ＳＯＡは健全な海洋を守り、維持するための解決策を提言し、その実現を促進する世界的組織に成長している。ＳＯＡは、海洋問題に関わる若手リーダーのネットワークを構築した。このネットワークは世界最大の規模を誇る。リーダーたちは三五歳未満で、ＳＯＡのメンバーになっており、二〇一五年に国連が定めた持続可能な開発目標（ＳＤＧｓ）の目標一四「海の豊かさを守ろう」に取り組んでいる。これらの若手リーダーたちが暮らす国は、一八五か国以上に及ぶ。さらにダニエラは、ＳＯＡを通じて、世界初の海洋保全事業のアクセラレーター（成長支援機関・プログラム）を創設した。地球環境の保全に取り組むスタートアップ企業を支援するプログラムである。

ダニエラは、自分が望む生き方をして、目標を追い求めようと決意した人の、素晴らしい実例だ。実際、ダニエラの物語の中に、この第三部（ＰＡＲＴ３）で扱うアイデアが数多く含まれているのである。

望む生き方をすることとは、目標実現のための強力な手段である。このことを忘れている人が多い。一般に私たちは、すべきことのリストに従い、次から次へと物事を処理して日々を過ごしている。終わった項目にチェックマークをつけながら、ふと過去を振り返ると、この調子で何年も過ごしてきたことに愕然《がくぜん》とする。

望む生き方をするということは、生きる理由を自覚することだ。つまり、何を達成したいのか、何が自分を突き動かしているのかを、把握するのである。人生の目的を考えたことはあるだろうか。立ち止まり、どのような意図を持って生きようとしているか、思いめぐらしたことはあるだろうか。たいていの人は、深刻な危機に直面し、自分の人生は一体何なのかと考えざるを得なくなるまで、こうした問いを発することはない。

デール・カーネギー・トレーニングのトレーナーは、望ましい生き方について受講生が話しはじめると、なぜそのような生き方を望むのか、考えるよう促している。つまり、受講生に一歩引いて落ち着いてもらい、どのような人生を送り、どのような貢献をし、自分にとって大切なものは何かを、考えてもらうのである。このトレーニングを受けた受講生は、爽快な気分で帰宅することが多い。自分自身と将来について、はじめて説得力のある構想を得られたからだ。私も、デール・カーネギー・コースではじめて受講した講座で、同じトレーニングを受けている。そのときに得た教訓は、私の宝物になった。おかげで弁護士を辞めてビジネスの世界に飛び込み、eラーニングの会社を起業し、以前より共感力を持った人間になれたのだ。

自分の将来構想を描くと、人生で何をして何をしていないかを考えさせられる。第六章「後悔を乗り越える」で触れたように、人間は、やったことよりもやらなかったことを後悔しやすいという研究結果がある。一つ、例を挙げてみる。デール・カーネギー・トレーニングで働いていたとき、マイケルは世界中に出張していた。その頃のことをマイケルはこう語る。「正直に言えば、仕事に夢中で人間関係に支障を来していました。思い出すと、恥ずかしい限りです。長い間、仕事を第一、家族と友人を第二に考えていました。もちろん、家族や友人を大切に思っていました。この点は誤解しないでください。でも、仕事で自分の地位を固めようと努力し、仕事から深い充実感を得ていたため、一番大切なことを見失っていたのです」。ある日、マイケルは手ひどいしっぺ返しを受けることになる。

マイケルは出張するたびに娘ニコールに絵葉書を送り、絆を保っているつもりでいた。ニコールが小学校一年生のとき、何かお気に入りのものを一〇一個持ってくるようにという課題が出た。小銭、ビー玉など、同級生に見せたいものなら何でもよかった。ニコールが持って行くものを準備しているとき、ちょうど自宅にいたマイケルは、その様子を眺めていた。ニコールはマイケルから送られた絵葉書をすべて床に投げ捨てると、それ以外の絵葉書から一〇一枚を選びはじめた。

「その様子を見た途端、気分が悪くなりました」とマイケルは言う。「床に積み上がった絵葉書の山の一枚一枚が、私が家族と離れていた日々を表わしているのです。私は自分に言いました。『何を失ったのだろう』。失ったのは、幼い娘の、かけがえのない時間でした」。マイケルは四年間で一〇〇万マイル（一六〇万キロ）以上を移動したが、その結果、娘との思い出をつくれたはずの膨大な機会を失っていたのだ。

絵葉書を床に投げ捨てる娘の姿は、マイケルにとって痛烈な警告になった。マイケルはこの瞬間、自分が望む生き方をしていないことに気づき、行動を起こすよう心を揺さぶられたのである。「数日かけて、仕事をおろそかにせずに、妻や子供たちと仲良くするにはどうすればよいかを考えました」とマイケルは語った。「常日頃から家族が一番大事だと言っていましたが、それを実証する必要に迫られたわけです。家族との関わりが希薄にならないよう、仕事や社会貢献などとのバランスを調節しなければなりません」。一朝一夕で生活パターンを変えられたわけではないが、マイケルは、家庭と仕事のバランスが崩れたときは、自分の意志を優先するようにした。出張を減らし、家族との時間が充実するよう努めたのである。

中年の危機に陥った人の経験談を目にすることが多いだろう。ほとんどの場合は、日々の行動と、自分が思い描いていたこととのギャップが原因になっている。中年の危機に対処する際に難しいのは、それまでの生き方を壊して再構築し、自分が望む生き方になるよう組み替えることだ。デール・カーネギー・トレーニングでは、時間をかけて価値観を明確にし、人生の目的を定義するのが有効だと考えている。心理的な混乱や心の痛みを防ぐのに役立つはずだ。まず、自分の価値観をはっきりと認識し、次に目的を定めていくとよい。

自分の価値観を定める

価値観は、私たちが抱く基本的な信念であり、動機づけや目標設定を左右する。誰もがそれぞれに価値観を持っているが、改めて自分の価値観を見直したり、意識して価値観をつくったりすることに、時間を割いたりはしないはずだ。その上、自分の養育者や、育った文化の価値観をよく考えずに取り込んでしまっている。これは自然なことだが、価値観が人生で大きな役割を果たすことを考えれば、放置してよいことではない。自分の価値観をじっくり検討し、取捨選択する必要がある。価値観は、望む生き方をして構想を実現できるよう、私たちを導いてくれるものなのだ。

マイケル・マレン提督は、アメリカ海軍作戦部長を約二年間務めた後、アメリカ統合参謀本部議長を四年間務めた。他にも要職を歴任し、さまざまな立場から、数十年にわたり価値観について指導してきた。「世界は非常に混乱しており、あらゆる方向から攻撃を受けている。今日のリーダーシップでは、特に意思決定の方法が重要となる」とマレン提督は語る。「自分なりの意思決定の枠組みをつくっておく必要がある。その枠組みは、自分の信念と価値観が反映されたものだ。これまでの経験や研究から、自分の価値観について検討していない、つまり、ガードレールに相当するものをつくっていないと、危機に陥ったときに誤った決断を下すことがわかっている」

事前に自分の価値観を検討しておくと、困難な状況や混乱した状況に直面したときに、指針として活用できる。海軍作戦部長に就任すると、マレンは自身の中核となっている価値観、つまり誠実さ、説明責任、責任について、三ページにわたって記述した。そして、マレンと顔を合わせて働く人たち全員に配布し、「重要な職務を果たすにあたって、私の信念を皆に伝えておきます。私はここに書かれた価値観を貫くつもりです」と伝えた。

それでは、自分の価値観を検討してみることにする。価値観をしっかり認識したことがなくても、自分の価値観に沿った言動をしていることが多いものだ。このトレーニングには時間がかかってしまうかもしれないが、それでかまわない。自分の価値観が明確になるまでに数日から数週間かかることさえある。筆記具、紙、日記、メモアプリなどがあると記録をとりやすい。気がついたことを確実に記録できるよう、準備を整えておくことが重要だ。

一、**自分の行動を振り返ってみる。どのような価値観に基づいていただろうか。**誠実さや忠誠心、あるいは家族を大切にすることかもしれない。そのような価値観は、すでにあなたの選択に現われているはずだ。

二、**どのような経験が、あなたの価値観を形成したのだろうか。**人生で特に困難な課題に直面したとき、どのように行動しただろうか。その行動は、あなたの価値観について何を物語っているだろうか。

三、**尊敬する人を三人思い浮かべてみる。**その三人は、どのような価値観に基づいて行動しているだろうか。三人が持つ価値観を、自分の人生に取り入れたいと思えるだろうか。

四、**あなたにとって意味のある人生とは、どのようなものだろうか。**その人生を実現するには、どのような価値観が必要だろうか。

頭に浮かんだ価値観を、リストに書き出す。最初は一〇個から二〇個ぐらいにしておき、書き出したら、しばらくはリストを気にしないようにする。数時間から数日経って、リストが気にかかるようになり、見直す準備ができたと思ったら、再びリストを手にしてみる。最も重要な価値観を、リストから選べるようになっているはずだ。

リストを見直すときは、健全な価値観を選ぶようにする。ブロガーでベストセラー作家のマーク・マンソンは、「よい価値観」と「悪い価値観」の違いを説明している。よい価値観は、現実に基づき、建設的で、コントロール可能である。これに対して悪い価値観は、感情に基づき、破壊的で、コントロール不可能である。悪い価値観に基づく行動の例として、外見や地位のために出費する、パーティーに熱中する、ソーシャルメディアで「いいね」を集めたがるなどが挙げられる。マークは次のように述べている。

「成長と害悪の境界はあいまいだ。同じコインの表裏のように見えることもあるだろう。これこそ、何を大切にするかよりも、なぜ大切にするかのほうが重要な理由だ。格闘技を学びたい理由を考えてみよう。人を傷つけたいからなら、それは悪い価値観だ。だけど軍人が、自分や仲間を守りたいから学ぶというなら、それはよい価値観だ。スポーツをしたいと考えたとしても、その考えの底にある価値観は違うということだ」

あなたが重視する価値観を、三つから五つ選んで書き出しておく。このメモをデスクなど目立つ場所に貼るか、撮影してスマートフォンの壁紙にしてみるとよい。ここで選んだ価値観は、あなたの基盤となるもので、さまざまな状況下で指針として働いてくれる。トラブルに巻き込まれても、自分の価値観に立ち返り、憧れの人物像や、持ちたい性格を思い出せるだろう。

人生の目的を定める

価値観が基盤だとしたら、目的は、あなたを前へと進める原動力だ。そして目的には、自分で見つけるものというイメージや、固定され変わることのないものというイメージがある。何が目的かはっきりすれば、それ以上の疑問は出ようがないと思われることもある。マイケルと私は、目的を二種類に分類して考えることが多い。流動型の目的と結晶型の目的だ。

流動型に分類されるのは、現在の生活状況に根差した目的である。目標やゴールと言い換えてもよいだろう。あなたが変わり、成長していくのと同じように、流動型の目的も変化し成長する。たとえば高校生のときに抱いた目的が、友人をつくることやよい成績をとることだったとする。しかし成長して社会人になれば、仕事で成功することや自慢できる人生を送ることに変わるかもしれない。さらに、社会人になりたてのときと四〇代では大きく異なる可能性があり、七〇代ではさらに変わっているかもしれない。実際、私の流動型の目的は、現在と二〇代で大きく異なっているのである。

私が若い頃に目標に掲げていたのは、弁護士としてできるだけ成功し、できるだけ学びを深めることだった。収入を増やし、パートナーを幸せにしようと考えていた。その頃は、「よりよいもの」を手に入れることが何より大事だった。高級な衣服、自動車、住宅、外食などを重視していたが、自分がほしかったという理由以外に、見栄えがよくなると信じていたことも理由だ。とにかく自分自身のことに気を配っていた。だが、妻と出会い、子供が生まれてから、私の流動型の目的は変わりはじめた。生まれてすぐの第一子を腕に抱いた途端、何かのスイッチが入ったようだった。この子の面倒を見て、養い、生活の仕方を教える必要が生じたため、私の生活の中で優先順位が変わりはじめた。その後の八年間でさらに五人の子供が生まれると、自分のことは後回しになった。忍耐強さも、一層求められるようになった。以前のように自分優先の生活をしていたら、立ち行かなくなっていただろう。加えて、遺産相続や自分の死といった長期的な課題も考えなければならなくなる。流動型の目的は、人生の各段階で変化してきたのである。

マイケルの場合は、二〇代から三〇代にかけて、自分の能力を示すためだけに、かなりの長時間労働をこなしていた。自分の能力を示すことが、当時のマイケルの流動型の目的だったのだ。やがて子供が生まれ、母親が亡くなり、職歴が積み上がるとともに、マイケルのものの見方は変化していった。退職して何年も経った現在では、新しい流動型の目的が見つかっている。地域社会などのコミュニティに貢献し、他の人に奉仕することである。

一方、結晶型の目的は少々異なっている。人生のあらゆる段階で私たちを導いてくれるような、深い存在を追い求めることになる。人生の各段階で設定される流動型の目的よりも、はるかに大きな存在である。結晶型の目的は、個別具体的というよりは包括的であり、一生、変化しないこともある。もちろん、時間の経過とともに変わる場合もある。この二〇年間で、私の結晶型の目的は、他の人に奉仕し、刺激を与え、相手の長所を引き出すことになった。この目的（結晶型）が、ビジネスリーダー、父親、夫、友人、講演者、作家など、私のすべての立場を貫く行動指針になっている。これから先、何がどのように変化しても、私を導いてくれるだろう。

社会人になりたての頃は不安が大きく、自分の目的にも、不安が影を落とすかもしれない。夢を追いかけたり、自分の価値観に従って生きたりするよりも、金銭や賞賛を追い求め、自信がない面を補完しようとするかもしれない。なお、賞賛を追い求めるのはごく普通のことだが、私の場合、年齢を重ね、ものの見方が成熟すると、賞賛の追求は時間の無駄だと考えるようになった。そして、金銭に関してだが、誰もが必要としているものであることは間違いないだろう。問題となるのは、どれだけをどのように使い、そのために何を犠牲にする覚悟があるかということだ。物質的なもの、高い評価、安心感を追い求め、代償として結婚、家族、友人、健康、働く意味を失った人を大勢知っている。今、こうして自分の結晶型の目的を振り返ると、自分自身とともに成長してきたことがわかる。誤解してほしくないのは、私は今でも物質的な「もの」が好きだ。この点は多くの人と共通している。だが、他の人に奉仕することに、より大きな意味を見出したのだ。

どのような文化圏で育ったとしても、結晶型の目的の一部は、仕事と関係している可能性が高いだろう。仕事が個人的な成功（成果、教育）に重きを置くものであっても、他の人の幸福（協業、奉仕、家族）に重きを置くものであっても、この点は変わらないはずだ。その結果、立派な肩書きや権力とは無縁の仕事に就いていると、結晶型の目的に沿わない生き方をしていると考えるかもしれない。だが、その考えは完全な間違いだ。大半の人にとって、仕事とはお金を稼ぎ、生活を支える手段でしかない。ただし、どのような仕事に就いていても、やりがい、意義、喜びを見出すことは可能だろう。仕事が結晶型の目的に沿う必要はないが、仕事のやり方を、結晶型の目的に合わせることはできるはずだ。

ブラジルのサンパウロで、ギリェルメという名のウェイターに出会った。ずば抜けた才能を持ち、おそらく私が会ったウェイターの中で最優秀だろう。気配りが行き届き、思いやりがあり、親しみやすく、心を砕いてサービスしてくれた。メニューにも精通していた。そのレストランで私が思い出に残る食事ができるよう、ギリェルメが気をつかっているのは間違いなかった。食事が終わったとき、私は感謝の気持ちをギリェルメとマネジャーに伝え、気になっていたことを尋ねた。「ギリェルメさん、いろいろな高級レストランで食事をしてきましたが、これほど私を気にかけてくれるウェイターに出会ったのははじめてです。何かの訓練中か、それとも何かの考えに基づいているのですか。なぜそれほど熱心なのですか」。ギリェルメの答えは、驚くようなものだった。「母は私に、人生とは奉仕だと教えてくれたのです。だから、他の人に奉仕したいのです。私が奉仕すれば、その方たちの日々をよりよくできます。一期一会かもしれませんが、思い出に残るようなお食事を召し上がっていただきたいのです」。ギリェルメは大きな役割を担っているわけでも、大層な肩書きを持っているわけでも、重大な責任を負っているわけでもない。だが、自分の仕事に、結晶型の目的を見出していたのである。このような人がいることは、心に留めておきたい。

私は、仕事とは金銭を得るだけでなく、意義があり、私たちを豊かにするものであるべきだと思っている。無意味な仕事をして、限られた時間を無駄に過ごすべきではない。どのような仕事に就いていても、「この仕事で感謝できることはあるだろうか。自分ならではの才能を活かせるだろうか」と自問するとよいだろう。

あなたの結晶型の目的は何だろうか。最初はなかなか決められないかもしれないが、最高の瞬間だと思ったときのことを考えてみれば、ヒントが見つかるだろう。また、人生を振り返り、充実感があったのはいつのことか思い出してみる。仕事の中で、特別な瞬間はあっただろうか。最も充実していたとき、あなたが奉仕したり、一緒に働いたりした人たちのことを考えてみるのだ。その人たちの、どのようなところが気に入っていたのだろうか。その人たちのおかげで、あなたの経験はどのように意義深いものになったのだろうか。その経験を振り返り、自分や他の人の状況を改善できたと思えるだろうか。どのように改善したのだろうか。追加でやってみたいことはあるだろうか。

デール・カーネギー・トレーニングのコースでは、受講生がミッション・ステートメントを作成し、結晶型の目的を決めている。ミッション・ステートメントを利用すれば、結晶型の目的と自分が望む人生を、意識しやすくなる。文章は一つから三つの文に収まるよう、短く書く。なかなか書けないときは、「私は［自分の技能を使って］［結果を出す］ことで、［誰か］のために［何かをする］」という雛形《ひながた》を使えばよい。［　］の中を、自分用に書き換えれば完成だ。なお、無理に雛形に合わせる必要はない。いくつか例を紹介するので、参考にしてほしい。

- 「私は、スピーチの才能を活かして、母国の人たちを励まします」
- 「私は、資金集めの才能を活かして、地域の非営利団体を支援します」
- 「私のミッションは、恵まれない子供たちを教え、成功するのに役立つ技能を身につけてもらうことです」
- 「私は、コミュニティの食料不安を解消します」
- 「私は、誠実さ、愛、思いやりに満ちた人生を送ります」
- 「私の目的（流動型）は、成長する娘に合わせて、信頼できる情報源になることです。そのために生涯学習に取り組みます」
- 「私の目的（流動型）は、悲しみと不安の時代に希望の源になることです。そのために、戦争で荒廃した国々で活動する国際機関でボランティアをします」
- 「奉仕の心を活かし、世界をよりよくするため、できるだけのことをします」
- 「出会う人すべてに親切にします」

前のトレーニングと同様に、ミッション・ステートメントを書いておき、よく目にする場所に貼っておく。価値観のリストのすぐ隣がよいだろう。

目的を追い求めて行動すれば、必ず責任がついてまわる。また、充実した人生には、どこかに奉仕の要素が含まれているものだ。イナルバレー（INARU Valley）という会社は、エシカルな農業を実践し、ドミニカ共和国の高級カカオ製品を供給している。その創設者ジャネット・リリアーノは、ニューヨーク市のカリブ文化の中で育った。隣人を助け支えるのが当然とされる文化だ。ジャネットは語る。「両親はいつも私に『誰もが責任を負っているんだ』と言っていました。私たちは互いに責任を負っていて、犯してしまった間違いに対しても責任があり、皆の幸福にも責任があり、幸福でないことにも責任があるのです」

ジャネットは、小さなことであっても、悪意に無関心で対抗する努力をしないなら、その悪意に加担しているのだと理解した。社会的不正義を耳にすると、そのような暴力的社会に、自分がどのように加担してしまっているかを考えた。父親のカカオ農園の経営について学ぶ中で、世界の食料の七〇パーセントは、最低生活賃金以下の収入しか得られない、小規模農家によって生産されていることを知った。この事実はジャネットの心に突き刺さり、世界の農家が立ち行かなくなることがないようにしようと決意した。イナルは、作物を販売して得た利益を農家に分配し、生産者に公正で確実な支払いが行なわれるよう活動を続けている。

「それまでの経歴に応じて社会的責任を負うのではないと、固く信じています」とジャネットは語った。「私は大学中退ですが、有色人種女性で唯一、ベンチャーキャピタルから一〇〇万ドルを超える資金を調達しました。しかも二度もです。有色人種女性でこのようなことを成し遂げた人がリスト化されましたが、リストに載った人数は一〇〇人に届きませんでした。私はそのリストに二回、名前が載っています。私と四人の姉妹は、移民の両親のもとで育ちました。両親は仕事を掛け持ちして、子供たちに最高の教育と機会を与えてくれたのです。どのような困難にも打ち勝つ両親を見て、私も他の人のために努力しようと決意しました」

ジャネットは活動を通して、何度も社会的責任を負うことになった。「誰もが、有意義な変化を引き起こす力を持っています。でも、他の人のほうが有能だと思ってしまい、自分の力を無駄にしているのです。どのような背景を持つ人でも、世界のために尽力できますが、簡単なことではありません。だからこそ『labor of love（好きでする仕事）』という言葉が使われるのです。私たちは農家から学べます。どこかの誰かが作物から栄養を摂取できるよう、愛情を持って農作業に取り組んでいるのです」

本章のポイント

どのような文化環境で暮らしているかにより、何を重視するかは異なっている。重視されるのは、効率、サービス、家族、平等、金銭、時間、平和、成功、贅沢などであり、抑制的な生活が重視されることもある。では、自分の価値観について、改めて見直したことはあるだろうか。その価値観は、自分で選び取ったものだろうか、それとも家族やコミュニティにもともと存在したものだろうか。今の暮らし方をしているのは、そのように暮らすべきだと考えたからだろうか、それとも、よりよい人間になるためだろうか。あなたの人生は大切なものだ。他の人の価値観どおりに生きようとして、人生を無駄にすべきではない。自分にとって何が重要かを見極め、それに集中しなければならない。そうでないと、人生の後半になってから、あれをすればよかった、これをすればよかったと後悔することになる。デール・カーネギーが言うように、「人生とは、今日一日のことである。今日だけが、唯一確実な人生なのだ。今日という日を最大限に活かすのだ」。今日を最大限に活かすには、まず、自分の価値観と結晶型の目的を定めることだ。さあ、今すぐ、自分が人生に本当に求めているものは何か、誰を助けたいのかを考えてみるとよい。そしてすぐに行動に移すのだ。

原則 自分の目的を育てる。

実行するためのステップ

◉**どのような人間になりたいか考える。**結果は紙に書き出す。できるだけ、あいまいさのない表現にすること。人生が終わりを迎えたとき、他の人にどう評価されたいだろうか。何を達成したいのだろうか。どのような人間関係を築きたいのだろうか。社会、そして世界に、どのように貢献したいのだろうか。

◉**自分の価値観を定める。**
——自分の行動を振り返ってみる。

——どのような経験が、あなたの価値観を形成したのだろうか。
——尊敬する人を三人思い浮かべてみる。
——あなたにとって、意味のある人生はどのようなものだろうか。
——自分の考えを書き出し、じっくりと考えてみる。
——最も大切な価値観を三つから五つ書き出し、目立つ場所に貼っておく。

◉結晶型の目的を定める。

——自分の行動に意義や充実感を感じたのは、いつのことだろうか。最高の瞬間だと思ったのは、どのようなときだろうか。日常生活にどのように意味を見出し、充実感を覚えるようにしたいだろうか。
——ミッション・ステートメントを作成し、毎日見直してみる。

15 人生の構想を練る

チャンスをつかめ。人生はすべてチャンスだ。あえて挑戦する人が、最も遠くまで行けるのだ。

デール・カーネギー

自分の価値観と目的（結晶型）をはっきりさせたら、次は人生の構想を練っていく。価値観は、正しい道から外れないようにしてくれるガードレール。目的（結晶型）は、進み続けるためのエンジン。そして、構想は人生の目的地である。

シャオホア・ミシェル・チンは幼少期の経験から、教育、平等、思いやりを大切にするようになった。両親は、タイとラオスの難民キャンプ経由でアメリカに移住した。シャオホアは転校を繰り返し、州をまたいでの引っ越しも多かった。複数の小学校に通ったシャオホアは、同じ学習内容を、ある学校では二年生で、別の学校では五年生で習うことに気づいた。どこでも同じ教育が行なわれているわけではないのだ。

父親と一緒に暮らすためミルウォーキーに引っ越したとき、シャオホアは衝撃的な経験をした。シャオホアが通うことになった高校はいわゆる底辺校で、生徒に対する期待は著しく低かった。登校初日に、校長は集会で次のように話した。「新入生が一二〇人いますが、しっかり学ばないと退学になります」。シャオホアは困惑した。「すでに何度も落第していた生徒が非常に多く、今度二年生に進級できなければ退学になります。救済措置はありません。校長先生は大学進学には触れず、この学校が留置所のようなものだというメッセージが伝わってきました」

シャオホアの中で、平等のために闘うという構想が形をとりはじめた。「状況を変える必要があることは明白でした。私は、積極的に行動する活動家としての生活をはじめたのです。手はじめに教育委員会に参加しようとしました。当時は青少年教育委員会がなかったのです。そこで、本物の教育委員会に狙いを定めました。『生徒が話し合いに参加する場がないなら、この委員会に参加させてね』といった感じです」。大学に進学したシャオホアは、教育NPOのティーチ・フォー・アメリカに加わり、教室での経験を積み、修士号を取得した。

「何とかしたいと思うことが山のようにありました。教師として、いろいろな問題に直面します。その根本にある原因を解明したいと、毎日奮闘していたのです。アメリカでは、教師以上に大変な仕事はないと思います」。シャオホアが教室で出会った子供の中には、感情的なサポートが必要な子供、問題行動を抱えている子供、学習困難に苦しむ子供が何人もいた。それらの子供たちは共通して、読み書きの能力に問題を持っていた。

シャオホアは、毎晩、調査研究に時間を費やした。その結果、八歳までに字が読めないと、高校を中退する可能性が四倍になることを発見した。さらに、社会的経済的背景が不利だと、中退の可能性が一三倍にまで高まる。「心が痛みました。その頃、不利な状況に置かれた七歳の子供たちを教えていましたから。何とかしなければなりませんでした」。この研究を土台にして、シャオホアの構想が具体化した。教育の不平等の根本にある、非識字の問題に取り組むことにしたのである。シャオホアは、早速、行動に移した。教育業界の専門家に協力してもらい、読み書きの学習を補助するソフトウェアのリテレーターを開発した。リテレーターを使えば、教師が読み書きできない子を個別に指導する環境を整えられる。実験的にリテレーターを導入したクラスでは、六〇パーセントの生徒が読解力を伸ばし、年末には同学年の平均的レベルに追いついたのである。現在、アメリカ全体で何千人もの子供たちが、卒業に向けて着実に学習を進めている。この状況について、シャオホアはこう語った。「ここまでできれば充分でしょう。私にできることと言えば、文字を読めるようにしてあげることぐらい。でも、それで本を読めるようになり、ふさわしい人生を送れるようになります」

構想を練る

今度は、あなたが構想を練る番だ。ここでの構想とは、あなたの目的と価値観で世界に影響を与える方法である。価値観と目的（結晶型）を書いたノートかアプリに、次の質問への回答を書いていく。自分がしたいことが実現している状況を想像しながら、質問に答えていくこと。たとえば世界的な講演者になりたいと思っているなら、「私はステージから語りかけ、世界中の人々に影響を与えています」となる。なりたい自分になってみることが大切だ。

一、**あなたの望みは何だろうか。**一見すると単純な質問だ。人生の終焉に、どのような評価を得たいのか。何を達成したいのだろうか。どんな経験をしたいのだろうか。前の章では、「意味のある人生」を送るための価値観について考え、その価値観があなたの目的（結晶型）にどのように役立つかを考えた。具体的な結論は出ただろうか。

二、**どのような技能があり、何に興味を持っているだろうか。それらは、あなたの望みをかなえるために、どう役立つだろうか。**あなたは何が得意だろうか。これらの問いに答えにくかったら、あなたの才能を把握している親しい人に、意見を聞いてみるとよい。あなたを輝かせるものは何だろうか。あなたは執筆や芸術的な創作活動は好きだろうか。動物福祉に関心があるだろうか。よい構想には、生きていることを実感できるような活動が含まれるものだ。

三、**望みをかなえるには、何をしなければならないだろうか。**「修士号を取得する」「コミュニティガーデンのつくり方を学ぶ」などの大きな目標があるかもしれないが、そこに至るために何が必要かを考えなければならない。

四、**日常生活の理想像を考えてみる。**理想の世界では、朝、昼、夜をどのように過ごしたいだろうか。誰と一緒で、どこに住み、どのような仕事をしたいだろうか。その仕事は、周囲の人や社会にどのような影響を与えるだろうか。

五、**世界は何を必要としていて、あなたはどう貢献できるだろうか。**世界のために、しなければならないことが山のようにある。それらに取り組み、できることをしていかなければならない。あなたのユニークな技能と情熱を役立てられることもあるはずだ。また、あなたの目的には、世界のために役立つものがあるかもしれない。

自分に正直になって、構想を練るようにしたい。自分にとって本当に大切なことを書く代わりに、他の人にとって大切だと思われることを書いてしまいがちだ。また、家族や社会に期待されているから、あるいは、すでに進みはじめている進路だからという理由で、何かを「すべき」と思い込んでいることもある。だが、「すべき」だと自身に言い聞かせているようなら、それは自分ではなく他の人の構想かもしれない。何が成功かは、自分で決めることだ。他の人の基準での成功を目標にして、自分の生き方を決めるべきではない。自身が重要だと思うことに集中し、自分の価値観と目的(結晶型)に何度でも立ち返るのだ。あなたは何を重要だと思い、どのように貢献したいのだろうか。

自由に考え、大きな夢を持つべきだ。タマラ・フレッチャーと家族がジャマイカからアメリカに移住したのは、もう何年も前のことだ。当時、家族はとても貧しかった。ある日、タマラと三人の兄弟姉妹は、母親に連れられてスーパーマーケットに行った。四人の子供たちはキャンディー売り場を、ある種の畏敬の念を持って眺めていた。ジャマイカでは、このような売り場はお目にかかれない。しかし、子供たちが売り場に行くことはなかった。いつも母親が、「ダメよ。あそこに行ってはダメ。絶対にダメ」と言っていたからだ。タマラは、母親がなぜそのようなことを言うのか、よくわかっていた。キャンディーを母親にねだっても「ダメ」と言われる。それなら、はじめから誘惑されないほうがいい。キャンディー売り場では何も買えないのだ。それから何年も経ったが、タマラは今でもキャンディー売り場の端まで来ると、ここでは何も買えないのだと自分に言い聞かせている。

タマラは自家用操縦士の資格を持っている。最近、航空機の格納庫でハワイアンをテーマにしたパーティーが開かれ、タマラも加わった。参加者は生演奏を楽しみ、格納庫は飾りつけられて、お祭り気分に満ちていた。このパーティーがすっかり気に入ったタマラは、友人のイライジャに声をかけた。イライジャは操縦士クラブが主催するパーティーで、企画を手伝ってくれている。「私たちのパーティーも、こんな風に楽しくしなきゃ。フラダンサーとかも呼びましょうよ」

「タマラ、そんな余裕はないよ」とイライジャは言った。

「余裕はないってどういうことかしら。幹事の人に、演奏にいくらかかるか聞いてみましょうよ。飾りつけにいくらかかったかとか、シャボン玉製造機の費用も聞きましょう。費用がわかれば、パーティー用の予算でまかなえるか、追加の資金集めが必要か決められるわ」

それでもイライジャは、余裕がないと主張した。

そこでタマラは、キャンディー売り場の話をした。安定した収入がある大人の女性なのに、タマラは二ドルのキャンディーバーを買う余裕がないと、つい思ってしまうのだ。「もう無理だと決めつけているから、ハワイアンパーティーを開く余裕はないって結論になるのよ。私の『キャンディー売り場』の真似はしないでちょうだい」。イライジャは笑いながら、パーティーの幹事に費用を聞きに行った。

「私たちは、『キャンディー売り場』と同じことを、あちこちでやっています。『できっこない。そんなことは起こらない』と言い、何かを試す前に、これは無理だと決めつけているのです」とタマラは言う。何かをしようとしたとき、「これはできない」と信じ込んでいる自分自身が、唯一の障害物だったということがよくある。実際には、障害物など何もないのに、できないとあきらめているのだ。

だから、じっくりと構想を練るなら、できるだけ大きく高遠《こうえん》なものにするとよい。その構想に修正を加えようとしたり、不可能だと言ったりする人はいない。誰にも邪魔されないのである。もし制約を加えてくる人がいるとしたら、それはあなた自身だ。マイケルは、実際に、自分で自分に制約を課していたことがある。駆け出しのビジネスパーソンだった頃、小さなチームを率いていたのだが、上司に予算を承認してもらえなかったのだ。多額の予算が必要なわけではなく、大量の経営資源が必要というわけでもない。準備万端にして、「この要求を拒否できるわけがない」という意気込みで説明したにもかかわらず、上司はノーと言ったのだ。マイケルは激怒し、ほとんどしゃべれなくなる始末だった。

マイケルは自分のオフィスに戻ると、音を立ててドアを閉めた。そして、腰を落ち着けて上司とのやりとりを思い返すようなことはせず、大判のフリップチャート用紙を用意すると、一番上に「もしも自分が王様だったら……」と書き入れた。それから、チームを成功に導くための構想を九〇分にわたって書き続けたのだ。アイデアを出し切った後、マイケルの心境はすっかり変わっていた。怒りはどこかに消え去り、自分のアイデアにわくわくしていた。大半は、上司の承認が必要ないものだった。この日から、マイケルのチームは五年間にわたって記録的な成果を上げ続けたのである。最初から完璧な構想を描く必要はない。前に行なったトレーニングと同様に、構想を明確にするには、何時間、あるいは何日もの時間がかかる。それ以上の時間が必要なこともあるだろう。構想を練っていくうちに、構想の一部は他の部分より重要だということに気づくかもしれない。価値観や目的（結晶型）と同じように、構想も目につくところに貼り出しておく。

そして、構想もまた変化するものだ。スティーブン・クラスコ医師がはじめて構想を変えたのは、ペンシルバニア州アレンタウンで産婦人科医として働いていたときだ。すでに同地で、二〇〇〇人を超える赤ん坊の出産に立ち会っていた。「当時、産婦人科医はほぼ全員が男性でした。手術で最も多かったのは子宮の摘出。次に帝王切開でしたね」とスティーブンは語る。「医学界では、出産後の女性に子宮は不要だというのが定説になっていました」

スティーブンがこの定説に疑問を持ちはじめたのは、まだ研修医だったときである。ペンシルバニア州立大学で、年配の男性産婦人科医の講義を受講してから書店に立ち寄ったのだ。講義のテーマは、子宮摘出の必要性だった。書店で、ノンフィクションのベストセラー・トップテンをチェックすると、『子宮摘出のウソ』といったタイトルの本が目についた。よく見れば、トップテンのうち四冊は、子宮摘出手術がいかに女性の人生に負担を強いてきたかを訴える内容だった。このとき、スティーブンは、医師と患者の間に大きな隔たりがあることに気づかされた。

医学部卒業後のスティーブンは、最高の産婦人科医になるという構想を練っていた。「出産のお手伝いをするのは素晴らしいことだと、早いうちから認識していました」とスティーブンは言った。しかし、医学界では常識と化していた子宮摘出が、女性をケアするどころか傷つけていることが明らかになっていた。当時のスティーブンの構想には、診療所の規模を拡大することが含まれていた。しかし、子宮摘出の問題を放置するわけにはいかないと考えたスティーブンは、構想を変えなければならないと思うようになる。

スティーブンは、子宮摘出によってもたらされる心理的影響と性行為への影響を調査し、この手術は患者にひどい負担になっていると結論づけた。「調査に基づき、子宮摘出で特に悪影響を被る人を判断する、事前スクリーニング用の質問票を作成しました」とスティーブンは回想する。「さらに大きな変化を起こし、医学界の定説をひっくり返したいと思いました。研究を進めるうちに、もっと早く手をつけるべきだったことに気づかされました。研修医時代に読んだ本は正しかったのです」。スティーブンは、子宮摘出以外の治療法を模索している医師たちを探し出した。子宮摘出は避けるべきだと考え、すでに医学界に働きかけている医師たちとも協力関係を築きはじめた。スティーブンが目にしていたのは、はじめは一人であっても、いかに大きな変化を生み出せるか、そして献身的な人々の小さな集団が、どのように趨勢《すうせい》を変えられるかという実例だった。これが、スティーブンがビジネスパートナーとともに、ホリスティックヘルス（原義では全人的医療）に焦点を合わせたスピリット・オブ・ウィメンというビジネスを立ち上げるきっかけになった。

書店でトップテンのリストを見たときが、スティーブンにとって決定的な瞬間になったと言えるだろう。それまでスティーブンが抱いていた構想は、実現可能だと思う範囲に限定されていた。スティーブンは語る。「あの瞬間以後に、自分が成し遂げたことを『制限なし』のアプローチと呼んでいます。可能だと思っていた範囲から離れ、不可能だと思う領域に目を向けるのです」

スティーブンは、書店での出来事以来、自身の構想と人生計画を何度も変えてきた。そして、誰であっても誇りに思えるような業績を数多く残している。二つの医科大学で学部長を務め、三つの学術医療センターを率いた後、トーマス・ジェファーソン大学病院の院長兼CEOに就任した。このCEOの任期中に、フィラデルフィア大学との合併を主導し、医科大学初のデザイン思考カリキュラムを作成している。

構想を持っていれば、自分が進むべき方向を定めてくれる。構想は昔の船乗りにとっての北極星であり、あなたを導くガイドである。しかし、人生に変化が生じたとき、構想を変えるのは何も悪いことではない。価値観が変わった場合や、望ましい人生についてひらめきを得た場合は、それらに適合するように構想を変えるのは自然なことだ。構想は望ましい人生を送るためのものであり、あなたを圧迫したり、もはや心を動かされない何かに、縛りつけたりするためのものではない。

人生では、構想を狂わせるようなことが起こり、失敗したかのように感じることもある。だが、失敗とは何を指すのか考えてみる。「あなたにとって失敗とは何ですか」と尋ねられたら、期待に応えられないこと、成功しないこと、必要とされる行動をとれないことなどと答える人が多いだろう。しかし、これらは非常に狭いものの見方だ。

では、あなたの目的（結晶型）が、刑事司法改革を応援することだとする。現在抱いている構想では、法科大学院を受験するつもりだが、合格はほぼ絶望的だ。「挑戦し続ける」ことが答えになる場合もあるが、目的の中には、あきらめなければならないものもある。そのような目的は、人生全体の計画の中に含まれていなかったのだと考えるとよい。目的をあきらめると、失敗したように感じるかもしれない。しかし、法曹資格がなくても、刑事司法改革を応援する方法はいくつもある。目的が実現不可能になったわけではなく、目的を達成するための構想を変える必要に迫られているのだ。

構想を実現しようと心に決めたら、現在の自分の状態から方向転換する覚悟が必要になる。現在の目標（流動型の目的）だけでなく、結晶型の目的にも目を向ける。そうすることで、構想を変えるか再評価するとき、一つのやり方に固執しないで済むようになる。結晶型の目的を意識することで、より大きな視点から構想を見られるようになるからだ。また、幸福も構想の重要な要素であることは、忘れないようにしたい。今現在のやり方では幸せになれないということも、やり方を変える立派な理由である。さらには、幸せになれないという理由で、結晶型の目的を変えてしまっても、まったく問題はない。

人生の計画を立てるのは、早いに越したことはないが、構想を練る前に、じっくり考える時間や余裕が必要なこともある。第一〇章の「信頼を得る」で紹介したデール・カーネギー・トレーニング・ドイツのトレーナー、ミリアム・ドゥアルテは、以前は明確な目標を持たず、流されるように日々を過ごしていた。ミリアムは、核となるような価値観はいくつか持っていたので、結晶型の目的を定めようと思えば定められただろう。だが、目的意識を持って生きることはなかった。そして、二五歳のときに重傷を負ってから、望む人生を生きようとしはじめたのである。当時、ミリアムはポルトガルに住み、サーフィンスクールで働いていた。ある日、干潮で波が速く割れる時間帯に、サーフィンに出かけた。スクールでいらいらする出来事があったため、海岸で憂さ晴らしをしたかったのだ。大きな二つの波に続けて乗った後、三番目の波に乗ろうとして立ち上がったところで転倒した。ミリアムはすぐに身体の異変を察知したが、具体的な怪我の状況はわからなかった。水面まで浮上すると、水中を漂う血が見えた。後続の波が来たため、何度も水中に潜ってやり過ごさなければならなかった。

ミリアムは脊髄《せきずい》を損傷し、脳出血と脳震盪《のうしんとう》も起こしていた。痛みはひどく、不快感が一生続く可能性もあった。また、怪我の後遺症が残ることも懸念された。それからの六か月間、ミリアムは一日に一六時間の睡眠をとっていた。また、療養のためドイツに帰らなければならなかった。

ミリアムは一年間、働けなかった。そのため、過去の自分の選択をじっくり振り返る時間が持てた。こんなことは、生まれてはじめてだった。そして、自分が追い求めていることと、自分が望んでいることが、まったく一致していないと気づいたのだ。だが、なぜそのような選択をしたのか、理由はわからないままだった。ミリアムは語る。「自分なりの目標はあったはずですが、意図的に避けていたか、そもそも目標が何なのかわかっていなかったのです。誰かの意見や環境など、外からの刺激や条件で人生を決め、その結果をなんとなく受け入れていました」。スイスをはじめ、外国で就職したのは、そこに住みたいと思ったからにすぎなかった。確かに楽しかったが、心は満たされていないことが多かった。ミリアムは構想を持っていなかったのである。

ミリアムは、自分が望む人生にしようと決意した。一度しかない人生を、失いかけていたことに気づいたのだ。「昔は何が好きだったかを振り返りました。インターンシップで採用活動を担当していたとき、人と関わったり、教育訓練の補助をしたりするのが大好きでした」。ミリアムは、人と関わり、その人の変化を手助けするという構想を描いた。ミリアムは言う。「トレーナーになってもう五年半経ちます。本当に好きだと言える仕事ははじめてで、一年以上続いたのは、この仕事しかありません」。ミリアムの構想は、他の人に奉仕するのに役立ち、奉仕できたことがミリアムの充実感に結びついている。ミリアムは、それまでの自分をじっくりと振り返り、結晶型の目的を定め、構想を練って実行に移したのである。

構想を共有する

一九九〇年代後半、私は弁護士から大手不動産会社の開発ディレクターに転職した。短期幹部養成プログラムの対象者として入社し、二年の間に二度昇進している。仕事も同僚のことも気に入っていたが、心の片隅には、eラーニングの会社を立ち上げるという構想を常に抱いていた。そこで、競合調査、財務予測、市場開拓戦略を網羅し、自分のアイデアを盛り込んだ事業計画書を作成することにした。作成には何か月もかかり、妻のケイティ以外には誰にも打ち明けず、一人で奮闘していた。事業計画を他の人たちに知られたら、「素晴らしい仕事を辞めて起業するなんてどうかしている。五年以内に倒産するスタートアップ企業がどれだけあるか知っているのか。ほぼすべてだ。どうしたんだ。愚かな真似はやめろ」と言われると思っていた。

事業計画が完成すると、私はあえてリスクをとることにした。もちろん、リスクは計算されたもので、行き当たりばったりの計画ではない。親友の一人のランドール・カプランにアイデアを打ち明けた。ランドールはいつも私を支え、私が最善を尽くすよう発破《はっぱ》をかけてくれていた。ランドールとの関係では、このようなエピソードがある。私がロースクールに通っていたとき、評判のよい法律事務所から声をかけられた。しかしランドールは、「君ならもっといい仕事にありつける」と言い、その提案を断り、仕事探しを続けるよう助言してくれたのだ。私が転職しようとしたときには、すでに弁護士を辞めていたランドールをお手本にできた。ランドールは、トップクラスのビジネスリーダーたちと知り合いになるこつを教えてくれた。そのおかげでさまざまな人たちと知り合えたが、その中に、のちに就職することになる不動産会社の社長も含まれていたのである。また、ランドールは傑出した起業家でもあった。あるインターネット企業が一九九九年に株式公開したとき、史上最も成功を収めた新規株式公開の一つと言われた。この企業の共同設立者がランドールだった。同時にランドールは、残酷なほど率直にものを言う人物である。もし私のアイデアが気に入らなければ、ためらわずに指摘するだろうと期待していた。電話で説明した限りでは、ランドールは協力的な反応を示してくれたのでほっとした。ランドールが、事業計画に否定的だったわけでは決してない。私を問いただし、改善点を提案した上で、アイデアを追求するかどうかという話になったとき、このように言ってくれた。「人生は一度きりなんだ。機会をつかんだらどうだ。事業の範囲を絞り込めるなら、シードラウンド（企画段階での資金調達）の投資も指導しよう。他の投資家と交渉するときも、僕が必ず力になる。ジョー、君を信じているんだ。もし、ボールベアリングや爪楊枝《つまようじ》のメーカーを立ち上げると言い出しても応援するよ」。私は信じられなかった。ランドールの言葉に圧倒された。「それからね」とランドールは続けた。「デイビッド・フォルティンに連絡をとるんだ。デイビッドは賢いし、人脈も豊富だよ。君のアイデアが気に入ったら、助けてくれるよ」。デイビッド・フォルティンと言えば、ミシガン州の有力な弁護士で、ランドールに紹介されたことがあった。私はとても尊敬していたが、知人とまでは言えなかった。「ランドール、デイビッドさんには声をかけられないよ……とんでもないことさ。もし、つまらないアイデアだと思われたらどうしよう。軽蔑されたくないよ」

「大丈夫さ。デイビッドに電話するんだよ。仕事を辞める前に、デイビッドがアイデアをどう評価するか、聞いておいたほうがいいからね」。私は不安だったが、デイビッドをランチに誘った。「デイビッドさん、研修プログラムの大きな問題の一つは、履修後のフォローアップがないことです。そのため受講した人たちは、教えられたとおりに実行しなくなるのです。私が考えているのは、インターネットを利用した、受講後の復習システムです。たとえば、リーダーシップやセールスの講習を受けた人に、少しずつでも受講内容を活用しているか、質問するメールを送るのです。メールは、時間を置いて何度も送ります。目標は、講座で学んだ技能を強化し、技能の活用を習慣化することなのです。リーダーシップの講習を受講した人は、より強いリーダーになり、セールスのコースを受講した人は、より有能なセールスパーソンになってもらいます。私のアイデアなら実現できるはずです」

「いいと思いますよ」とデイビッドは言った。「私にも似たような経験があります。必要なシステムですね」。それから、デイビッドにいくつか質問されたので、私は一つずつ答えていった。「これは素晴らしい」とデイビッドは評価してくれた。「あなたをお手伝いできると思います」。私は「やった」と思った。「デイビッド・フォルティンが応援してくれるなんて、信じられないことだ」。そしてデイビッドは、会社の顧問になってくれた。会社を設立し、資本金を調達する際の法的手続きも、デイビッドがやってくれた。そして、私の友人にもなってくれたのである。最初の起業を振り返ってみると、ランドールとデイビッドがいなければ、会社を立ち上げられなかっただろう。それ以前に、私が自分のアイデアを誰にも話さず、批判を恐れて黙っていたら、事業化はできなかったのだ。

人生の構想を練ったら、次は、その構想を誰かと共有する。どんな人でも、一人だけでは何も達成できない。友人や愛する人からの支援があるからこそ、さらに前へと進めるのだ。

他の人に話すことで、構想はより明確になる。構想を共有する人たちは、あなたのアイデアを支える洞察力を持っているかもしれない。さらに、実際に手を貸してくれるかもしれない。また、構想を誰かに話せば、少なくとも、ある程度の説明責任を果たしたことになる。そして、構想を共有している人が、あなたに構想を守るよう働きかけてくれることもあり得る。

誰かに自分の夢を語るのは、笑いものになるような気がして、気が引けるかもしれない。実際、笑いものになることもある。しかし、何もしないことや恐れからは、よいものはまず生まれてこない。アイデアを誰かに話すのは、リスクが伴う行為である。自分をさらけ出すことになるため、相手に弱みを見せているような気になるかもしれない。そのような状態は居心地が悪いかもしれないが、他の人の助けがあってこそ、素晴らしい成果を出せるのである。まず、信頼できる人、パートナー、親友に打ち明けてみるとよい。

構想を共有することを不安に感じるのは、夢を共有すれば、相手に助けを求めることになるからだ。人間は、自分一人で何とかできるはずだと考え、助けを求めるのは弱さの表われだと思いがちだ。しかし、一人だけでは何も成し遂げられないのである。

熱意をもって構想を共有する

構想を実現し、他の人に賛同してもらうための鍵となるのは熱意だ。
人間は、周囲の人の熱量に反応する。ランドール・カプランとデイビッド・フォルティンにビジネスのアイデアを伝えたときの私は、起業ということに興奮していた。そして二人は、私の熱意に気づいたのだ。マイケルは、自分が率いるチームに「もし私が王様だったら……」のアイデアを伝えたときのことを、このように回想している。「職場の雰囲気が変わった原因は、間違いなく熱意でした。アイデアはもちろん、共有の仕方も重要でした。チームのメンバーは、私と同じように興奮していました。この出来事で得られた教訓は、他の人に刺激を与えたいときに役立ったものです」
それでは、熱意とは何だろうか
熱意は英語でenthusiasmというが、これはギリシア語のentheosが語源になっている。entheosは、「自分の内側に宿っている神」という意味である。古代ギリシア人は、「神に憑かれたかのように」熱心に話す人を見かけると、この言葉を使っていた。私たちの内側には、力強く生き生きと発現するエネルギーが秘められていることに、古代ギリシア人は気づいていたのである。「神に憑かれたかのように」熱心に構想を共有するとしたら、あなたはどのようにふるまうだろうか。あなたの声はどのように聞こえ、どのような口調で話し、どのような表情をして、どのような姿勢でいるのだろうか。聴衆の前に立っているところを想像してみる。自分が思い描く世界を、心から語りかけるのだ。聴衆をまっすぐ見つめ、微笑みながら、腕を大きく広げて、力強い声で自信たっぷりに語る。聴衆は、熱心に聴いてくれているだろう。感情を込めて語ることで、聞いた人に行動を促すような刺激を与えられるのである。

構想を実現するために協働する

ミチア・ローセンが率いる開発チームは、プロディジーというソフトウェアを開発した。ディーラーまで出かけず、在宅のまま数分程度で自動車を購入できる、自動車販売業界初のシステムだった。ミチアによれば、ディーラーに自動車を多く販売し利益を上げてもらいたいという熱意など、開発チームの誰一人として持っていなかったという。またミチアは、もし自動車ディーラー支援という構想を描いていたら、開発チームを編成できなかったか、賃金のためだけに働く人しか集まらなかっただろうと考えている。ミチアは、金銭だけを目的とする会社をつくりたくはなかった。「限られた招待者向けの豪勢な会議がシリコンバレーで開催され、私も出席しました。二〇〇億ドル規模の企業のCEOが講演で、『現在の当社は二〇〇億ドル規模ですが、二年以内に四〇〇億ドルにする必要があります』と発言していました」とミチアは語った。「私は会議をあとにしました。『二〇〇億ドルから四〇〇億ドルに増えたところで、誰が気に留めるだろうか。ある段階まで発展し、成長が続いているなら、株主だけでなく社会への利益配当が必要だろうに』と思ったからです」

同時にミチアは、人々に前向きな影響を与えることが、何より重要だと思い至った。ミチアは聖書の中で、「幻がなければ民はちりぢりになる」という箇所が特に気に入っている。ここでの「幻」は、ビジョン（構想）を指している。ミチアのチームも、自分たちを日々、鼓舞してくれる構想を練らなければ、ソフトウェア開発に失敗してしまうだろう。

「まず我々のチームは、自動車ディーラー向けソフトウェアの開発よりも大きな、会社としての使命を確立するために懸命に働きました」とミチアは語った。開発にあたっていくつかの決断を下した。その中には、ディーラーのためではなく、自動車購入者の利益になるようなシステムを開発するというものもあった。メンバー全員が、自動車の購入で失敗するか、失敗した知り合いを持っていた。そのため、一般の人が不利益を被ることなく自動車を購入できるよう、支援するためのシステムを目指したのである。

また、一兆三〇〇〇億ドル規模の自動車市場に立ち向かう、寄せ集めの集団であることに、仲間意識を見出した。

ミチアは、自分たちの構想を、チームのメンバー全員に浸透させる必要があることに気づいた。全員が構想を支持するには、日々の活動に、目に見える形で構想が反映されていなければならない。そこで、一つの取り組みをはじめることにした。システムを利用して販売された自動車一台ごとに、困窮している家族に一〇食を寄付することにしたのである。この取り組みを宣伝したり、社外で言いふらしたりはしなかったが、チームにとっては重要な意味を持っていた。会社全体が賛同し、熱心に働きはじめたのである。メンバーは、ことに不景気な時期に、自分たちが社会に変化をもたらしていると実感していた。結局、寄付された食料は、一八万九〇〇〇食に達した。

ソフトウェアの開発目的は非常に単純明快だったが、ミチアたちは有意義な構想をつくり上げ、メンバー全員で共有した。そして、社会に貢献する形で、構想の実現に成功したのである。

共有することで、構想は進化し成長する。ミチアは、チームのメンバーに構想を一方的に伝えたわけではない。ミチアのアイデアを土台にして、自分たちがわくわく感を感じられるようになるまで、メンバーとともに構想を育て上げた。最初のアイデアにとらわれたり、夢中になりすぎたりすると、本当に役立つ評価（フィードバック）を無意識に排除してしまうことがある。構想を実現するのに助けが必要なら、皆に協力してもらうとよい。閉鎖的にならず、他の人のアイデアや意見に耳を傾ける余裕を持っていられるなら、皆がわくわくするような構想を一緒に育てられるだろう。

本章のポイント

私たちの価値観と目的（結晶型）から、生きる理由、つまり心に抱く夢が形づくられる。しかし、夢の実現に動かなければ、価値観も目的も影響力を持たないままだ。夢を実現するため、自分の心の外にある現実世界に、どう働きかけるかを定めたものが構想である。この構想（スケールの大小は問わない）に刺激され可能性を感じているほど、構想が持つ潜在力を他の人に説明しやすいはずだ。構想をつくり、育てていけば、望むような影響を社会や世界に与えられるだろう。

原則 **構想を育てて共有する。**

実行するためのステップ

◉あなた自身に関する以下の質問に、できるだけ詳しく答えてみる。回答は書き留めておくこと。

——何を望み、目標としているのか。

——どのような技能を持ち、何に興味があるか。それらは、目標を達成するのにどのように役立つか。
——目標を達成するには、どのような行動が必要か。
——日々の活動に、構想はどのように反映されているか。
——世界や社会のニーズは何だろうか。そして、それにどう応えられるだろうか。

◉今取り上げた構想は保留し、第二の構想を書き出してみる。最初の構想よりも大がかりなものにする。詳細部分も変えてみる。おそらく最初の構想とは噛み合わない、別のアイデアを追い求めるものになるだろう。

◉さらに三番目の構想を書き出す。前の二つより壮大なものにする。不可能だとわかっているか、手が届かないと思えるものでもかまわない。何も制約条件を設けず、たとえ信じられない目標であっても、思い浮かんだことを書き留めるようにする。実現可能だと思える範囲からはみ出てもよいから、できるだけ壮大なものにする。

◉三つの構想を比較する。何か気づいたことがあるだろうか。たとえば、第三の構想を詳しく見ると、第一、第二の構想よりも、創造力が必要だったことに気づくかもしれない。それぞれの構想の好きな点はどこだろうか。何か驚いたことはあるだろうか。どの点にわくわくするだろうか。

◉三つの構想のそれぞれ最も刺激的な部分を選び、それらを統合する。自分の価値観を追求でき、目的（結晶型）を達成でき、世界にもよい影響を与える、総合的な構想を練る。

◉熱意を持って説明し、構想を共有する。明確さが増し、他の人への説明責任も果たせる。そして、以後の二週間に少なくとも三回は、誰かの前で声に出して構想を読み上げる。どのような反応があるだろうか。反応によって構想を変えるのではなく、構想を理解してもらえるよう、説明方法を工夫してみる。構想に磨きをかけながら、前へと進んでいく。

◉**構想を実現するために、他の人と協力する。**自分と同じか、よく似た構想を持つ人を探し出し、構想の実現方法を考える。

16 コミュニティをつくる

誰かのために何かをしたら、そのことは忘れてしまおう。誰かが何かをしてくれたら、決して忘れないようにしよう。

デール・カーネギー

人脈づくりという言葉から、何を連想するだろうか。本書執筆の下調べをしていたときに尋ねまわったところ、大半の人が否定的にとらえていた。大きな部屋の中で大勢の人々が熱心に名刺を交換し、ビジネスに役立ちそうな人を探している。他の人に本当に関心があるわけではなく、本物の人間関係をつくろうとはしていない。人脈づくりという言葉からイメージされるのは、このような情景だという。オンラインなら、たとえばリンクトインで見知らぬ人から「つながり」を求められ、何かの売り込みメッセージが送られてくる場面を思いつくかもしれない。このような人脈づくりは、利己的に見えるかもしれない。実際、そのとおりだ。人脈に関するベストセラー『一生モノの人脈力』で著者キース・フェラッジは、人脈づくりが嫌われる理由は、「人脈づくりに奔走する人」を想像させるからだと書いている。

「片方の手にマティーニのグラスを、もう片方の手に名刺を持ち、練習を積んだエレベーターピッチ（短時間での自己紹介手法）をいつでも披露できるよう身がまえている。雑談の達人で、あらゆるイベントで目を光らせ、大物の獲物を探している。不誠実、冷酷、野心的で、うわべだけ愛想がよい、お手本にはしたくないタイプの人間である」

誰でも、どこかでこのような人物に出会い、こんな人間にはなりたくないと思ったはずだ。そして、同じように悪い印象を相手に与えるのではないかと思い、人脈づくりを避けてしまうのである。第九章「つながりをつくる」では、人間関係の重要性に触れた。他の人と有意義なつながりを持つことが、人生の大きな部分を占めている。他の人と協力すれば、互いの目標達成を助け合える。関心、価値観、構想が組み合わさると、目標を中心に置いたコミュニティ（地域社会や、さまざまな形態の共同体）が形成される。構成メンバーが互いに支え合っているコミュニティでは、メンバーそれぞれが、自分の構想に向けて突き進む勢いを得られるだろう。

コミュニティをつくるということは、目的を共有できる人たちを見つけるということだ。互いの成長を促す人間関係を、意図的につくり上げるのである。ただし、人間関係は双方向の関係だということを忘れないようにするべきだ。初対面の人と話しはじめるときは、相手が何をしてくれるかを気にするのではなく、こちらが相手のために何ができるかを気にするようにしたい。

だが、このような疑問が生まれてくるかもしれない。「コミュニティって必要なのかな。人と会うのは好きではないし。新しい場所に行くのもおっくうだし。コミュニティは居心地が悪いと思う」。実際のところ、コミュニティのつくり方をテーマにすれば、丸一日でも話していられる。けれども、コミュニティの重要性を理解していなければ、馬の耳に念仏になってしまう。改めて考えてみる。コミュニティをつくることが、なぜ重要なのだろうか。

何事も「自分でやりたい」と思っているせいか、助けを求めるのはよくないことだと考えがちだ。マイケルの娘ニコールは二〇代前半の頃、誰かに助けてもらうことをひどく嫌っていた。大学院に進学してMBAを取得し、在学中にしっかりした人間関係をいくつも築き上げ、互いを気遣う友人が集まってコミュニティをつくっていた。親友のベスは卒業後、大手コンサルティング会社に応募していたが、会社から連絡があったときには、すでに別の仕事が決まっていた。ベスは何かの参考になればと思い、「私の親友のニコールも大学院を卒業しました。今回、御社が募集をされている仕事に向いていると思います。面接の機会をいただけますと幸いです」と伝えた。現在、ニコールはこの会社で働き、ベスがすすめてくれた仕事がとても気に入っている。ここで大事なのは、ニコールが推薦しなければ、会社はベスを採用しなかっただろうという点である。親友のベスに推薦され、会社にも気に入ってもらえたからこそ、ニコールは仕事を得られたのである。

努力を惜しまない

ポッドキャストでキース・フェラッジにインタビューしたとき、キースは、人脈づくりと本物の人間関係構築との違いに関し、特に重要な点を指摘した。もはや、他の人から何かを得ようとしてコミュニティをつくる時代ではなくなっているという。「いや、『何を与えられるか』なんだよ。この人のために何ができるか。……実際に会うのだったら、本当の姿を見せるようにしよう……共感し合える関係を築くことからはじめるんだ……関係が深まれば、自分の弱さを見せられるし、相手も弱さを見せてくる」

コミュニティと人間関係のため、時間と労力を惜しみなく捧げた好例として、アダム・ハムズの逸話を紹介する。アダムは何年も前に、カタリナ島の浜辺に建つ小屋で、伝説の海洋探検家、環境保護主義者、教育者のジャン＝ミッシェル・クストーと、「マーフ」と呼ばれていた海洋生態学者リチャード・マーフィーの二人と歓談する機会を持った。アダムはこの二人を、生涯にわたって尊敬し続けることになる。クストーが父ジャック・クストーから受け継いだものは、スキューバダイビングと海洋科学だけではない。海洋を保護する活動にも、父親と同様に、熱心に取り組んでいる。調査船でクストーの右腕として活躍していたマーフも、海洋保護に熱心だった。環境保護に関して、この二人とアダムは同じ思いを共有していた。

アダムは、クストーとマーフの話に耳を傾けた。話題は、ＡＯＴＥと略される「Ambassadors of

the Environment（環境大使の意）」である。ＡＯＴＥは、クストーとマーフらが立ち上げた、環境を意識した持続可能な生活を推進するための、体験型教育プログラムである。「子供たちは、我々の未来だ。だから子供たちの教育に力を入れたのだ。これからの世界を形づくる、意思決定者である子供たち。我々は、そのような子供たちに奉仕する立場になったが、親たちを教育しなければ、子供たちは自主性を発揮できないぞ。家で好きなことをやれなくなってしまう」「我々は変化を起こしたけれど、進み方がゆっくりすぎて、充分な変化を起こすまでには至っていないのも問題だね」

アダムは二人の会話に興味をそそられ、質問をしてみた。「大人向けの環境教育が必要ということですね。以前、考えていたことなのですが、都市部の若い専門職をターゲットにしてはどうでしょう。そういう人たちが新しい文化を生み出していますからね。どうでしょう」。二人は口をそろえて言った。「それはいい。変化を起こすのにちょうどいいね」

アダムの頭脳がフル回転しはじめた。仕事のために都会に移り住み、共通の関心を持つ仲間と出会いたがっている人を対象に、非営利団体を設立してはどうだろうか。このような場を盛り上げるのに、音楽、おいしいビール、余興が効果的なことはよく知られている。これに環境教育を加えればよい。当時、二〇代半ばだったアダムは、若い専門職が交流の場を楽しみにしていることを把握していた。

アダムがクストーとマーフにアイデアを話すと、二人は、ぜひ実現するべきだと言い出した。アダムは少々驚いた。次はグランドケイマンのようなおしゃれな島に行き、二人のために働き続けるつもりだったからだ。ところが二人は、島から出て、他の場所で構想を実現するようにと言うのだった。「本心から尊敬している人が、いいアイデアだと言ってくれたのです。さあ、私はどうしたらいいのでしょう。何も聞かなかったふりをして、気楽な生活を続けるべきか。それとも何か行動を起こすべきか」

数週間考えた末、アダムは故郷のアイオワに戻り、デモインという都市にコミュニティをつくることにした。

計画が本格的に動きはじめるまでには、時間がかかった。アダムはアーバン・アンバサダーズという非営利団体を設立したが、生活のために三つのアルバイトを掛け持ちしなければならなかった。最初の一年間で、非営利団体の立ち上げ方を学んだ。地元のイベントに参加し、講習を受け、同じような分野に関心がある人たちと出会い、人脈を広げていった。また、持続可能性に取り組んでいる地元組織もしらみつぶしに調べたが、小規模で熱心な団体が多数存在するものの、いずれもタコツボ化していた。クリーンエネルギーを取り上げている団体があるかと思えば、グリーンビルディングに注目している団体もあった。他にも節水、廃棄物の削減、持続可能な交通機関とテーマは多岐にわたる。どの団体も素晴らしい働きをしていたが、協調して何かをすることはなかった。

アダムは少数精鋭の理事会をつくるとともにウェブサイトを立ち上げ、市内の環境保護活動を網羅したマップを、サイト上で公開した。現在、デモインに関わる小規模な活動や団体のすべてが、同じマップ上に隣接して表示されている。共通のゴールに向かって活動する人々が、一つの大きな運動を形づくっていることがよくわかるマップだ。ウェブサイトの公開以前、多数の小さな団体が個別に活動していた頃とは対照的である。アダムと理事会は、「What's Missing Des Moines（デモインに足りないもの)」というプログラムを企画した。市内各地から集まった人たちが、持続可能性にまつわるイベントや、活動している団体について話し合うのだ。対象となる分野は多岐にわたった。このプログラムをきっかけに、デモインにどのようなものがあれば、街を利用しやすく、そしてアクセスしやすくなるかという議論が起きるようになった。その結果、団体同士のつながりができ、それらの団体が共催する新しいコラボ企画が生まれるようになる。アダムは言う。「私たちが行なったのはプロジェクト・マネジメントです。不足している部分を私たちが補い、プロジェクトを軌道に乗せたのです。環境保護活動を支援したいという人は、もう大勢いましたから、イベントの開催場所や支援団体の所在地を示せばよかったのです」「できるだけ活動内容が重複しないよう調整しながら、有意義なプロジェクトをいくつも実行できました。同じ構想を持つ人たちが集まり、社会に最大限の影響を与えられたのです」

注目すべきは、アダムは構想を実現するために、多数の委員会、非営利団体、グループを立ち上げる必要がなかった点である。アダムにとっての目標は、活動中の団体の影響力を強め、それらの団体の構想実現を支援することだった。

アダムは、コミュニティへの支援を惜しまず、周囲の人々とのつながりを次々につくっていった。ここで、アダムが使った基本的な手法を紹介しておく。私たちも、すぐに活用できるだろう。まず、面会するときは、温かさを忘れないこと。笑顔で相手の名前を声に出せば、人間関係を構築するのに大いに役立つだろう。面会が終わったら必ずフォローアップし、面会できたことへの感謝の気持ちを伝えること。郵便ではなく、フェイスブックのメッセージや電子メールでもかまわない。どのような手段で伝えるにしろ、面会がとても有意義だったと感じていることを、相手が理解できるようにしなければならない。

人脈づくりのパーティー（交流会）に関して、固定観念とも言えるイメージが浸透しているのは、一昔前は、このような交流会だけが、人脈をつくる唯一の手段だったからだ。だが、今は違う。インターネットの登場により、同じ興味を持つ人、団体、組織がつながる方法が大きく変わったのである。本当の人間関係を築ける相手を探すため、いくつもの交流会を駆けめぐる苦労は、もう必要ないのだ。

しばらくご無沙汰《ぶさた》していた人に連絡をとり、ビデオ通話をするか、直接会ってコーヒーを飲むなどしてみるとよい。そして、互いに近況報告をするのだ。第四章「自信をつける」で紹介したポーシャ・マウントは、作家、講師、母親、フォーチュン500企業のマーケティング担当役員として多忙な日々を過ごしながら、スケジュールをやりくりして誰かと会ったり、旧交を温めたりするのが好きだ。ポーシャは言う。「コミュニティの誰かに興味がありそうな記事を送ったり、しばらく話していない人にあいさつのメールを送ったりするのが好きです。手書きの手紙を送るのもいいですね。特に今の時代、みんなが本当のつながりを切望しています」。このエピソードに、デールが教えてくれたことの重要性が示されている。つまり、自分は笑顔を絶やさないこと。相手の名前を覚えれば、喜ばれること。そして、相手は重要人物だと思われたがっていることだ。

マイケルの場合、ボランティア活動や街での奉仕活動が、何にも増して多くの出会いをもたらしてくれた。ボランティア活動には時間をとられるが、他の人を助けながらコミュニティを築ける、素晴らしい方法である。

共通の目的を見つける

エドゥアルド・キンテーロ・クルスは父親から、互恵関係を築くことの大切さを学んだ。エドゥアルドは観察力が高い子供で、父親が他の人と交流する場面をじっくり観察していた。そして、大人たちの会話に魅了されていた。ある日父親に、なぜ、顧客、友人、その子供たちの誕生日にそれほどこだわるのか尋ねた。「それはね、相手が人だからだよ。人は大事にしないとね」と父親は答えた。当たり前すぎる答えだったが、エドゥアルドは成長するとともに、誰もがそのように考えているわけではないことを知った。

エドゥアルドは、人間関係をつくり育むという温かい接し方を父親から受け継ぎ、自分が大人になってからも実践した。グーグルに入社したエドゥアルドは、職場の友人数人と同社初のERG（従業員リソースグループ）を立ち上げた。他のラテン系社員と知り合いたかったのだ。グーグルの社員数は一〇万人を超えており、身近にいない社員と知り合いになるのは非常に困難だった。そのため、ERGはつながりをつくるのに役立った。エドゥアルドは言う。「最初は、ただ知り合いになるのが目的でした……それが、キャリアアップの機会を生み出す、大規模なグループに成長していったのです」

このグループは世界中に何千人ものメンバーを擁する、巨大な集団に成長した。現在では、協力を進めるための会議や、リーダーが集まっての講習会も開催している。グループは、平社員や社内で職種転換を望んでいる社員に機会を提供しており、特にラテン系社員を支援対象にしている。活動は世界中に及ぶ。また、ハリケーン・マリアがプエルトリコの一部に甚大な被害を与えたときには、ボランティアを組織して派遣し、復興活動を支援した。グループのメンバーが、世の中のためになる力（フォース・フォー・グッド）へと変わっていくのを見て、エドゥアルドは満足感に満たされた。

ポーシャ・マウントは、コミュニティを、他の人の役に立つための手段だと考え、気軽に利用するようにしている。ポーシャはこのように説明した。「簡単な例だと、以前、さまざまな活動の支援者になることについて、ハーバード・ビジネス・レビューが興味深い記事を掲載しました。そこでツイッター（現在はX）でリツイート（リポスト）したのです。すると、著者の一人が私のリツイートを偶然見つけ、取材に来ませんかと投稿してくれました」。ポーシャは、とてもありがたい話なので、取材させてもらえないかと返事をした。「取材に先立って執筆陣のウェブサイトをチェックしたところ、彼らと私の仕事には、かなり深いつながりがありました。恐ろしいような偶然ですが、取材をしていると、わりとよくあることです。インタビューはとても順調に進み、まるで彼らの記事を共有しているような感じでした」。ポーシャは、コミュニティをつくることを、このように考えている。「人生の一部を捧げる必要があると思います。本物のつながり、好奇心、そして、つながりたいという意欲が必要です」

コミュニティに含めるメンバーを選んだり、特定のことに関心がある人だけに絞ったりしてもかまわない。共通の構想を中心にしてコミュニティをつくる場合は、このような選択と集中が特に必要となるだろう。誰もが同じ構想を共有できるわけではない。第七章「ストレスに対処する」に登場したネギン・アジミは、若い頃からコミュニティをつくりはじめた。また、自分の人生に役立たないものや活動に、時間も労力もとられないようにすることを、早い時期に学んでいた。そのため、ソーシャルメディアでフォローする対象は厳選し、価値観が自分と一致しない人とは、人間関係を維持していない。ネギンは言う。「若い頃は、もっと友達がほしいと思っていました。本当の人間関係を築くための原則を学び、そのような関係を築くには時間がかかることがわかりました。大勢の人と、本当の関係を築けるような時間などありません。だから、価値観を共有できる少数の人たちと、よりよい人間関係を築くことにしたのです」

他の人のために機会をつくる

コミュニティでは、何事もお互いさまだということを忘れないようにしたい。あなたが困ったとき、誰かが住む場所や仕事を与えてくれることもあるだろう。だから、社会から疎外されている人に気を配り、あなたほど人間関係に恵まれていない人たちを支援するのだ。助けてくれた人に恩返しするのではなく、今度は、自分よりも困難な立場の人を助けるのである。

モーゼス・ムベセハは、家族やコミュニティの人たちに囲まれて成長した。多数の従兄弟や親戚と同居し、友人たちが頻繁に家を訪れていた。「幼い頃は、持ち物を共有しなければなりません。誰でも何かしら価値あるものを持っているのだと教えるためでしたが、友情と調和を生み出すための方法でもありました」。モーゼスは、高校時代はＹＭＣＡでボランティアをした。また、家族は毎週日曜日、教会での礼拝後に、教会員全員を昼食会に招待した。両親が仕事でよく出張していたため、モーゼスは、誰かに助けを求める方法を自力で習得しなければならなかった。「コミュニティ頼りの人生でした。いつも、誰かそばにいる人に助けてもらったのです。『サッカーをしたいんだって。じゃあ一緒にやろう』『車で送ってあげようか。乗りなよ』『教えてもらいたいのかい。よしきた。教えてやろう』といった感じです」。だが、モーゼスの人間関係はギブアンドテイクが多く、相互に利益を得ていたため、誰もが喜んで助けてくれた。

実家を出てからも、モーゼスの心のあり方は変わらなかった。「いつも近くにいた誰かが、助言し、進む道を示してくれました。だから大学に入ったとき、『さあ、誰を助けられるかな。少しでも助けになることがあるかな。人助けのために何が活用できるだろう』と考えたのです」。モーゼスは二〇代半ばで、大学時代の友人たちとコンシャス・コネクトを共同で設立した。コンシャス・コネクトは、低所得地域の子供たちに機会を提供し、教育、文化、健康、安全面で、子供たちが平等な待遇を受けられるよう尽力している。アメリカでは、三〇〇人の子供につき本が一冊しかない地域を「本の砂漠」と呼ぶ。コンシャス・コネクトが最初に取り組んだのは、この本の砂漠を文学のオアシスに変えるための支援だった。二〇一五年以降、オハイオ州のグレーター・マイアミ・バレー地域で六万冊以上の本を配布している。

あるときモーゼスは、オハイオ州スプリングフィールドに子供たちが遊べる公園がほとんどないことを知り、唖然《あぜん》とした。「あらゆる手段を使って、二年以内にこの地域に公園を整備しよう」とモーゼスは決意した。何かに情熱を傾け、本当に実現させたいと思うなら、身近な人脈に目を向けるべきだとモーゼスは言う。変化をもたらすことは、必ずしも「世界を変える」ことではない。「身近な場所やコミュニティで起きている問題について考え、取り組んでください」とモーゼスは言う。「適任な人を見つけるのです。私は、自分だけでは何もしません。アイデアが浮かんだら、すぐに二、三人に頼んで一緒に考えてもらいます。そうすれば、私がプロジェクトを前に進めたとき、一緒に考えてくれた人たちが支えてくれるはずです」。特定の作業が得意な人や、ある目的に情熱を燃やしている人はいるものだ。モーゼスはそうした人たちが働き、奉仕する機会をつくり出している。

サーバント・リーダーシップ

サーバント・リーダーシップとは、リーダーがまず奉仕し、そのあとでフォロワーを導く形のリーダーシップを指す。

コミュニティのような人の集まりをつくるときは、たとえリーダーだという自覚がなくても、リーダーシップを求められる局面がある。マイケルと私が考えるリーダーとは、他の人の長所を引き出しながら、コミュニティをつくっていく人である。リーダーとしての優劣は、そのリーダーだけの能力で測られはしない。周囲の人たちと協力し、より大きな利益のために何ができるかで判断される。

リーダーとして誰を最も尊敬しているのかとよく尋ねられる。私はいつも、アラン・ムラーリーだと答えている。ボーイングとフォードの元CEOで、前向きな「協働」文化を生み出し、落ち目の会社を盛り立てた人物だ。シアトル・タイムズ紙は、アランを「ミスター・ナイスガイ」と読んだが、間違ってはいない。長年、アランのことをよく知っているが、並外れた「ナイスガイ」だ。結果を重視し、自分の価値観を貫き、人や文化を損なう行為は許容しない。

アランは、アメリカ同時多発テロ事件後に業績が悪化したボーイング社の民間航空機部門を危機的状態から救い、その後の五年間で、協働と健全な職場文化の代表企業に変貌させた。二〇〇六年、アランにフォード・モーター・カンパニーから電話がかかってきた。フォード社はアランの力を必要としていたのである。当時のアランは、同時多発テロ事件後の航空機メーカーほど、ひどい状況の企業はないはずだと考えていた。だが、この考えは間違っていた。フォード社は破産の瀬戸際にあり、立ち直るには奇跡が必要な状況だった。

フォード社会長のビル・フォード（ウィリアム・クレイ・フォード・ジュニア）は、同社が置かれている状況を包み隠さずアランに語った。見栄を張ることもなかった。自分のプライドよりも同社の運命を優先し、アランに経営を委ねたのである。アランは、ビルの開放的な姿勢と責任感を賞賛し、その姿勢を他の社員にも共有してほしいと考えた。アランがフォード社の社員に求めたのは、正直さと説明責任の二つだった。隠し事はなくし、役職に関係なく、全社員を経営改革に巻き込んでいった。同社を救うには、全社員の協力が必要だった。

アランは時間をかけて社内を注意深く観察し、ライバルの自動車メーカーを研究し、ヘンリー・

フォードの原点に立ち返った。最も重要だったのは、社員たちに質問を投げかけたことだった。CEOという肩書きは持っていても、答えを持っているわけではない。社員たちからの意見が必要だった。アランはこのように語った。「謙虚さの反対は傲慢《ごうまん》さであり、傲慢さは毒になります。傲慢だと、自分はあらゆる答えを知っていて、他の人に指示する立場だと考えてしまうのです」「リーダーなら、詳細は他の人たちのほうがよく知っているという場面が、いつかは訪れるものです。何かを指示するよりも、質問し、興味を示し、好奇心を持つほうが重要なのです」

集めた情報をもとに、アランは詳細な経営計画をつくり上げ、構想を全社で共有した。この間も経営改革チームは作業を進め、アランはチームと顧客の双方と、コミュニケーションを絶やさなかった。アランは問題解決のためにフォード社にいたが、同時にフォード社の応援団長でもあった。どの社員も、背後でアランが応援していることを知っていたのである。アランはフォード社のために奮闘し、公の場では同社の変革について前向きの見通しを発信し続けた。アランがフォード社を信じたため、全社員がフォード社の行く末を信じるようになり、すぐに国全体も信じるようになる。アランが経営に参画してわずか三年後には、倒産寸前だったフォード社は年間二七億ドルの利益を上げるまでに回復した。さらに二年後には、世界でも最も収益性が高い自動車メーカーになったのである。

アランが得た教訓は、よいリーダーになるには、まわりの人々を信じ、その人たちとの協力方法を学ばなければならないということだった。「リーダーは組織文化の性質を決めます……最も重要なのは、リーダーが実際にどのような人間であるかが、リーダーシップの有効性に大きく影響するということです。その影響は、リーダーのいかなる行為よりも大きいのです」。アランは子供の頃、朝食のテーブルで母親から、この教訓と同じようなことを言われている。「みんなと協力できるようになれば、とても大きな違いを生み出せるのですよ」

アランが示したのは、信頼でき、共感力と向上心があり、常に学び続けるという、偉大なリーダーに共通する重要な資質である。アランは、単に素晴らしい成果を上げただけでなく、全社員を巻き込み、全員が一つのチームとして協力し、最高の生産性を示すような方法を選択した。マイケルと私が推奨しているサーバント・リーダーシップのモデルケースと言ってよいだろう。

あなたがどのような人間で、周囲の人たちとどのように協力するかは、あなたの肩書きよりもはるかに重要である。信頼感に加え、他の人を優先することで、非常に強いリーダーシップを発揮している人もいる。また、一一〇年以上にわたってリーダーシップを教えてきたデール・カーネギー・トレーニングの調査では、人間的なレベルで人々とつながり、自分らしさを貫き、道徳的な基盤をしっかりと持ち、他の人に目を向けるリーダーであれば、人々は喜んでそのリーダーシップを受け入れることがわかっている。

本章のポイント

構想を実現するには、コミュニティが必要だ。誰も一人だけで仕事をしているわけではない。周囲に志を同じくする人たちがいて、互いに助け合う必要がある。デール・カーネギー・トレーニングでは、「人は、自分が手助けして出来上がった世界のためなら、苦労を惜しまない」とよく言われる。一緒に仕事をするとなれば、互いを思いやるコミュニティほど力強いものはない。

原則

他の人と共通の目的を見つける。

実行するためのステップ

◉**今現在、関わりがある人たちを思い浮かべる。**その中に、同じような構想や価値観を持つ人はいるだろうか。構想を実現するため、どのように助け合えるだろうか。

◉**ふんだんに時間を使えるとした場合の計画を立ててみる。**あなた自身や他の人の構想を実現するのに、どれだけの時間を費やせるだろうか。

◉**他の人のために機会をつくる。**他の人が目標を達成するために、どのような道筋をつけてお

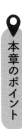

けばいいだろうか。また、相手の人生を変えてしまえるようなことを、今すぐ提案できるだろうか。

◉**相互に成長を促すような、コミュニティを目指す。**まず、友人グループについて考えてみる。友人たちは、あなたの目標を支持しているだろうか。友人たちは何か構想を抱いているのだろうか、それとも日々、流されて生きているのだろうか。友人たちが後者の場合は、別のコミュニティを探すことになる。あなたの目標や価値観と合致するコミュニティやグループがあるか調べてみる。あなたが成長し進化するのを支えてくれる人たちと、関わりを持つようにするべきだ。

17 世界に変化をもたらす

無欲で人に尽くすことのできる奇特な人は、非常に大きな強みを持っている。
デール・カーネギー

父はよくこう言っていた。「人生を目いっぱい楽しむんだ。みんな、いつかは死ぬことを忘れちゃいけない」。父は正しかった。どの一日にも、新しい喜び、つながり、奉仕、そして意味がある。一日が過ぎ去るたびに、残された日が減っていくのだ。これは、後ろ向きなことでも悲観的なことでもない。私は、事実を書いているだけだ。私たちは、いつかこの世から去っていく。残された時間をどのように使おうか。誕生したときよりも、この世界をよいものにしたいだろうか。世界と周囲の人々に、どのような影響を与えていきたいのだろうか。

前章まで、決断力を強め、考え方と感情をコントロールし、勇気と回復力を高めることに取り組んできた。人間関係を長続きさせる方法を学び、望む人生を送ることに目を向けた。本書のすべての章で触れている原則やアイデアなどは、望む人生の実現を意図している。そして本章では、人生に変革を起こすことに焦点を合わせる。世界をよりよいものにするために貢献し、何らかの形で自分の名前が残ることを夢見ている人が多いだろう。しかしそのためには、まず責任感を持たなければならない。責任という言葉は重みがあるが、責任を抜きにして何かを後世に残すのは困難である。

フアン・パブロ・ロメロ・フエンテスによれば、グアテマラのホコテナンゴで過ごした幼少時代は「二次的苦痛」に満ちたものだったという。友人たちは、麻薬中毒、暴力、ギャングの脅威に苦しむ家族に囲まれて育った。友人たちは、ギャングになろうなどとは思っていなかった。サッカー選手になり、大金を稼いで家族や友人を養い、裕福な暮らしをしたいというのが共通した夢だった。しかし、夢を実現するための基盤はほとんどなかった。大人は誰も守ってくれず、子供たちは路上で遊ぶしかなかった。

フアンの一家は大家族ではなかったが、安定した生活基盤を築くには充分な収入があった。父親は教師で、母親は牧師をしていた。両親は子供たちの価値観を育て、フアンは誰かしらに面倒を見てもらい、食べ物にも事欠かなかった。だが、友人たちには充分な食べ物がなかったのである。

フアンは大学に進学したが、大学の雰囲気にたちまち圧倒され、最初の学期は苦労することになった。ある日、心理学の授業で、あまりにも多くの質問をしたため、先生に退学をすすめられた。「自分は、このような学校には不向きだということがわかりました。この授業が、大学で受けた最高の教育になりました。私が大学に不向きだと教えてくれた先生にはお礼を言いました。退学前にその先生に、『いつか、すべての子供たちが、いくらでも質問できる学校をつくるつもりです』と言ったものです」

家に戻ったファンは、新たな目標を見つけた。「友人の多くが刑務所に入るか、ギャングの抗争で殺害されていました。行方不明になった人もいて、ひどいありさまに悲しくなりました」。昔、ファンたちが遊んでいた道で、子供たちが遊んでいた。その子供たちも、暴力や麻薬問題に直面していたのである。ファンは言う。「犯罪に手を打たなければ、次の世代にも、また次の世代にも同じことが起きるでしょう。この子供たちの命を守り、子供たちに将来の可能性を用意してあげなければなりません」

ファンが感情に流されることはなかったが、悲しみと怒りの気持ちは忘れなかった。しばらく考えたファンは、問題を解決するための着想を得る。もちろん、現在のひどい状況をファンが生み出したわけではない。しかし、これからファンが状況を変えるのなら、たとえ改善するのだとしても責任をとらなければならない。

人々に手を貸したいと思ったファンだったが、子供たちが窮屈に感じるような、堅苦しい学校の仕組みを取り入れるつもりはなかった。ファンにとって、今までで最も安心できた場所は自分の家だった。凝ったところのない古い家だが、花とオレンジの木々が生い茂り、両親の愛情で満たされた家である。ある日ファンは、話があるからと言って両親に椅子にかけてもらった。そして、この家で学校を開きたいと切り出したのである。

「何を考えているんだ」と両親に尋ねられたファンは、懸命に説得をはじめた。

「二人がこの家を安全な場所にしてくれたように、ここを子供たちのための安全な場所にしたいんだ。道路で遊んでいて、機会なんかない子供たちのためにね。何かをしなければ、あの子たちに未来はないんだよ」

ファンの熱心さに負けて、両親は家を使うことに同意した。「誰かにしてもらったことの中で、これほど愛情深いものはありませんでした」とファンは言う。

最初のうち、子供たちは関心を示さなかった。ファンは事情をこう説明する。「子供たちには新しい学校をつくるつもりだと伝えました。もちろん子供たちは学校が嫌いなので、来たがらなかったのです」

ファンはめげなかったが、さすがに三週間経っても成果が出ないため、何かを変える必要があると思うようになった。ある晩、これまでのことを振り返ってみた。「気づいた中で最も重要な点は、私が一方的に働きかけていたのでは、子供たちが受け入れてくれないということでした。そこで、子供たちの望みを聞いてまわることにしたのです」

翌日、ファンは子供たちに声をかけた。「この家には使える場所があるし、食べ物もあるよ。どうだい、何がしたいかな」。腹ぺこの子供たちは、食べ物に興味をそそられた。そして「テレビを見るだけでもいい？」とファンに尋ねた。その日、やって来た子供は三人だけだったが、翌週には一〇人に増えていた。

ファンは、まず子供たちに生きるための知識を教えなければ、授業をはじめられないことに気づいた。子供たちは毎日充分な食事をとれず、家には親や親戚など、食事をつくってくれる信頼できる大人がいない場合も多かった。そこでファンは、食べ物の買い方、料理方法、食器の洗い方など、生きるための技能を教えた。次に、芸術に取り組み、子供たちが創造性を発揮して自由に活動できるよう配慮した。子供たちは音楽、絵画、詩の朗読、ブレイクダンスを楽しんで達成感を得たのである。その後、ファンはようやく授業をはじめた。

半年後、ファンの学校は満員になっていた。そこで、ボランティア・スタッフを雇うと同時に資金集めを開始し、生徒全員が入れる建物を探すことにした。「自分の構想をアピールするだけではうまくいきません。他の人の意見を聴き、何を望んでいるかを把握しなければなりません」とファンは言う。その後の八年間で、ファンとスタッフはカリキュラムを整え、学校をエルパトジスモ（El Patojismo）という団体に成長させた。この団体は、恵まれない若者たちが対人スキル、技術、学問を身につけるのを支援している。活動が認められたファンは、毎年恒例のテレビ特別番組であるCNNヒーローズで、二〇一四年のトップテンの一人にノミネートされた。

ファンは、自分が行動を起こすきっかけを与えてくれたのは、子供たちだと信じている。ファンはこう語る。「子供たちが、お腹が空《す》いた、怖い、親に殴られる、路上で暮らしている、何も食べ物がないと言っているのを聞き、胸が張り裂けそうになりました。同情ではなく怒りを感じたのです。怒りと愛情を同時に抱くことで、希望が生まれ、行動を起こせます。子供たちは私に痛みを訴え、私なら癒やしてくれ、助けてくれるだろうと期待を寄せてくれました。だからこそ、私の心に希望がわいてきたのです」

たった一つの願いがきっかけになり、世界がよりよいものになることもある。ファンは、自分がリーダーになり、国際的な関心を集める団体をつくろうとしたわけではない。自分の人生が他の人たちにとって意味のあるものになり、強く、長続きする影響を与えられればよいと思っていたのだ。

自宅を開放し、食べ物と、日中に安全に過ごせる場所を提供することで、近所の子供たちの暮らしを少しでもよくしようとした。懸命に取り組んだフアンは、人助けへの情熱だけでなく、自分が持っていた芸術、音楽、創造的な構想力といった多彩な才能を、存分に発揮できる場を手に入れた。フアンは、活動から深い充実感と喜びを得られたのだ。遠い将来、地域社会に変化をもたらしたことを実感しながら、この世を去って行けるだろう。

自分の人生を有意義にするために、何ができるだろうか。ニューヨークタイムズの評論家デイビッド・ブルックスは、著書『The Second Mountain（第二の山）』で、大半の人が人生で直面する二つの山について述べている。第一の山は、進学、就職、家族をつくること、自我を確立すること、収入を得ることなど、一般に成功とみなされる出来事が積み重なったものである。ブルックスは説明する。「第一の山を登るときの目標は、一般に私たちの文化が望ましいと考えていることです……つまり、世間からよく思われること、社交界に招かれること、個々人にとっての幸せを経験することです」

だが、人生にはさまざまなことが起きる。前向きな考え方の練習をせず、感情に上手に対処しなければ、失敗、愛する人との死別、大切な人間関係の喪失などを経験したとき、第一の山から転落してしまうだろう。また、成功が人生のすべてではないと気づいてしまったときも、第一の山から転落するかもしれない。そして、転落直後は苦労するかもしれないが、運がよければ、第二の山の存在に気づくことになる。第二の山は、第一の山よりも大きな意味を持っている。「第二の山は、第一の山の反対を向いているわけではありません。第二の山に登っても、第一の山を否定することにはならないのです」とブルックスは言う。「ただし登り方はまったく異なります。第一の山を征服し……そして、あなたは第二の山に征服されるのです。あなたは、何かの使命を果たすために招かれるのです。その招きに応え、直面している問題や不正に対処するため、必要な働きをすることになります」。第二の山とは、周囲の人たちに奉仕するため、自分を捨てることなのだ。

運がよく、しかも目的を持って生きられるなら、「第二の山を登る人」になれるだろう。世界をよりよい場所にするための、有意義な人生を送れるのだ。世界のためによいことをしようと献身すれば、今まで気づいていなかった自分の目的を見つけられるかもしれない。だが、自分には必要な資質が備わっていないのではないかと、心配になることもあるだろう。それでも、変化をもたらし、他の人に奉仕する人生を送っていれば、毎日小さな一歩を踏み出し続けるだけで、次世代への遺産を築くのに貢献できる。本章を読み終えたあなたは、実行可能でありさえすれば、どのような方法を用いても変化をもたらせるだろう。この点には、自信を持ってほしい。そして、行動に移せる勇気をも持ってもらいたいと願っている。

世界によい影響を与えるなど、自分にできはしないと思い込んでいる人が多すぎる。この現実について考えるたび、ローレン・アイズリーの『星投げびと』を思い出す。この短編小説のストーリーを、少し紹介する。大嵐が過ぎた後、一人の男性が海辺を歩いている。広い浜辺には、見わたす限りヒトデ（英語ではスターフィッシュ）が散らばっている。

遠くに、水辺を歩いている少年が見えた。少年は浜辺から何かを拾い上げ、海に投げ入れている。男性は少年に声をかけた。「おはよう。何をしているんだい」

少年は顔を上げて「ヒトデを海に投げ込むのさ。潮にさらわれて浜辺に打ち上げられたから、自力では海に戻れないんだ」と答えた。「日が高くなったら、死んでしまうよ。だから投げ戻さないと」

男性は言う。「でも、ヒトデはこんなにいるのだから、君が少しばかり海に戻しても、あまり効果はないと思うよ」

少年は一匹のヒトデをつかむと、海に向けて思い切り放り投げた。そして男性に「あのヒトデの運命は変わったよ」と笑いながら言った。

一人の友人、同僚、リーダー、保護者、市民として、どうすればまわりの人のために「星投げびと」になれるだろうか。世の中には、あなたや私にしか提供できない才能、思いやり、優しさを必要とする人々がいる。毎日、そうした人々に出会っているが、もし手を差し伸べなければ、私たちは提供する機会を失ってしまう。デール・カーネギーは、『人を動かす』の中で古い名言を紹介している。デールは自分で実践するため、この言葉を紙に書き、毎日見る鏡に貼ったという。「この道は一度しか通らない道。だから、役に立つこと、人のためになることは今すぐやろう。先へ延ばしたり忘れたりしないように。この道は二度と通らない道だから」。機会を探し、現状を改善するために最善を尽くすと約束し、結果がどうであれ可能なところから手助けする。そうすれば、世界をよくするため、立派に貢献していることになる。

ルイジアナ州バトンルージュで黒人男性アルトン・スターリングが警察官に射殺されたと聞き、ユルケンディ・バルデスは社会正義の実現に向けて何かしようと心に誓った。このニュースを知ったのは、通勤電車でインターンシップ先に向かっている途中だった。ユルケンディは泣き崩れた。ユルケンディが卒業した高校はミズーリ州ファーガソンにあり、その学区ではほぼ二年前、黒人男性のマイケル・ブラウンが警察官に射殺され大問題になっていた。そのため、ユルケンディは今回のニュースに強い衝撃を受けたのである。人種差別が当たり前に存在する世界には住みたくなかった。

当時、ユルケンディはイノベーション・コンサルティングの会社で、インターンシップに参加していた。正社員採用のための面接を受けており、就職できれば安定した収入が得られるのは確実だった。ユルケンディは職場に着いたが、社員たちはアルトン・スターリングのニュースに無関心だった。ユルケンディにはショックだった。社員たちは日常業務に専念している。顧客にプレゼンテーションして注目を集め、プロジェクトを進捗させようと懸命だ。「自分の世界が崩壊したように感じました。何かがおかしいのです」とユルケンディは語った。

最初のうち、ユルケンディは自分に何が変えられるのだろうと迷っていた。人種差別は蔓延《まんえん》し、構造的な問題になっているため、たった一人で何かを変えられるとは思えなかったのだ。しかしユルケンディは、人種差別に立ち向かうことへの期待が、いかに重いものかも感じていた。ユルケンディの家族はドミニカ共和国からアメリカに移住してきたため、卒業後すぐに就職し、家計を助けなければならないと考えていた。また、弟には、自分のように金銭的な心配をさせたくないと思い、家族としての役割を果たすつもりでいた。

やがてユルケンディは、多様性（diversity）の分野に詳しい教育者や活動家とロサンゼルスで会えることになったが、同じ日に、インターンシップ先の会社の最終面接も予定されていた。ロサンゼルスには先方から招待されていた上、旅費も提供されるため、現地に行きさえすればよい状況だった。第一の山と第二の山のどちらを選ぶか、二者択一に迫られたのである。結局、第二の山を断ることはできなかった。「何か見えない力が、私を支配していました。本来『行くべき』面接を断り、社会的起業に関するカリキュラム作成を手伝うため、ロサンゼルス行きの飛行機に乗りました」とユルケンディは語った。夢が持つ魅力が、疑念に打ち勝ったのである。家族を失望させるかもしれないと思ったが、ロサンゼルスへの移動中に、自分の本当の使命を見つけられた。ユルケンディは起業し、フルタイムで働く決意を固めた。有色人種の若い専門職を支援するとともに、企業の経営者向けに包括的なリーダーシップを身につける講座を開講するのだ。

「自分は、待ってなどいられないとわかっていました。世界をよくするため、自分の力を使いたくて仕方なかったのです」とユルケンディは言う。企業の面接をすべて断り、大学四年生のときには就職活動もしなかった。代わりに自分の会社、フォアフロントの経営に注力し、ビジネスパートナーにも出会えた。その結果、二〇一九年には、二〇一八年度キャメルバック・ベンチャーズ（人種や性別で過小評価されているベンチャー起業家の支援団体）のフェローシップ（給費研究員）に選ばれた。さらに二〇二〇年、フォーブスが選ぶ三〇歳未満の社会起業家三〇人に選出されている。現在、ユルケンディは、投資家から見過ごされている創業者に投資する、ビジブルハンズというファンドで働いている。他の起業家のために道を切り開き、自分が受けた恩を別の人に返しているのである。

世界をよくするための活動を支えたいなら、方法はいくらでもある。ボランティアで非営利団体に協力したり、起業して社会に役立つ事業に着手したりしてもよい。自分の価値観に合う職業を選べば、目的も自ずと定まるだろう。毎年、財産の一部を寄付して、関心のある活動を支援する方法もある。大規模な活動をしなくても、世界に影響を与えられるのである。

私の父はアルコール依存症と闘い、五一年間、アルコールを絶っていた。私の物心がついた後も、アルコール依存症のことは話してくれなかった。週に二、三回、町の集会に行くといって出かけたが、実はアルコホーリクス・アノニマス（禁酒のための自助グループ、略称「AA」）に参加していたのである。私は、父は社会的な意識が高いから集会に行くのだと考えていた。のちに、私は母とこんな冗談を言うようになる。「父さんが政治に関心を持ったのは、皆に、政治活動に熱心だと勘違いされていたからだね」。父が、誤解を招くような行動をしていたことに、腹を立てているわけではない。私が充分に成長してから、アルコール依存症のことをすべて話してくれた。過去をどれほど恥ずかしく思っているか、よくわかった。二〇一七年に父が亡くなったとき、葬儀に参加してくれた人たちから、驚くようなことを教えられた。彼らは次々と私のところにあいさつに来て、父のおかげで命が救われたのだと説明してくれた。どうやら父は、五〇年以上もの断酒に成功していたため、地元のAAグループの伝説的存在になっていたらしい。父は、アルコールの禁断症状に苦しむ人たちに、とにかくその日一日を乗り切るよう励ましていた。どれほど忙しくても、他の人のために時間をつくり、様子うかがいの電話をかけたり、一緒にコーヒーを飲んだり、激励の言葉をかけたりしていたという。父は、アルコール依存症の人たちに希望を与えたのだ。ただし、自分がどれほどの影響力を持っているかは、自覚していなかったようだ。父は人生の目的を持ち、自分と同じ苦しみにあえいでいる人たちを助けようとしていた。ありのままの姿を見せるだけで、まわりの人たちを鼓舞していたのである。

アルツハイマー病と診断されたとき、スコット・スティビッツは絶望と悲しみを感じた。だが、絶望に打ちひしがれていた時間はさほど長くなかった。診断からほどなく、残された時間を精一杯生きようと決意したのだ。スコットは、スペインのバルセロナなど、以前住んでいた場所や、テネシー州メンフィスなど、行きたいと思っていた場所への家族旅行を計画した。これらの旅行も有意義なものだったが、最も重要な意味を持っていたのはボランティア活動だった。自分が行動できるうちに、できるだけ多くの人を助けることが、最優先事項になったのである。スコットの血液型は極めてまれなタイプだったため、数年にわたって献血し、その総量は二〇〇リットルを超えた。ペットの里親にもなった。本を読めなくなってからは、気に入った本を購入して図書館に寄贈し、貧しい人たちがジャック・リーチャーの最新作を読めるようにした。アルツハイマー病が進行中の人を説得して病院に連れて行き、その患者の家事やペットの世話を手伝った。当然、無報酬のボランティアだ。他の人の世話を、できるだけ長く続けようと努力した。最後まで、人間関係を何よりも大切にしていた。スコットの活動場所は地元に限定され、どれも小さな活動だったが、周囲の何十人もの人たちに深い影響を与えている。その人たちの人生が、よりよいものに変わったのである。

このように、人生の終わり近くに困難な事態（私たちにも降りかかるかもしれない）に直面した人でさえ、他の人のために生き、自分に可能な方法で人助けをするという生き方を選択できたのだ。

人々に本当に影響を与えるため、何よりも必要なことは、自分らしくしていることだ。ありのままの自分として生きることで、世界に意味のある影響を与えられるだろう。

本章のポイント

私たち一人一人が、世界をよりよくするため、自分にできることをする責任を負っている。マイケルと私は、人生とは、一人一人がユニークな才能を使って変化を起こすことであり、「すべて多く与えられた者は、多く求められる」と確信している。私たちがどのような価値観を持っているかに関係なく、それぞれに成長し、共感し、周囲の人たちへ有意義な貢献をするべきだ。これらのことをしっかり認識していれば、人生をコントロールし、内面的な強さを見つけ、長続きする人間関係を築き、望む人生を送れるだろう。

原則

自分の人生を大切にする。

実行するためのステップ

◉自分にとって、奉仕の人生とはどのような意味を持つだろうか。奉仕の人生という言葉を聞いて、何を思い描くだろうか。

◉自分にとっての第一の山と第二の山はどのようなものだろうか。「第二の山の人」になるということは、どのような意味を持つだろうか。

◉すでに行なっている手助けについて考えてみる。どうすれば、さらに貢献できるだろうか。他に何ができるだろうか。

◉自分が属するコミュニティを手助けする方法を考える。そのための計画を立ててみる。

◉自分ができることに最善を尽くすと誓う。

おわりに

本書を執筆する中で、マイケル・クロムと私ジョー・ハートは若者たちと話す機会を持った。合計で数百人にはなるだろう。若者たちの経験談を聴き、執筆開始時よりも未来に希望が持てるようになった。未来を思い、興奮していると言ってもよいだろう。インタビューした人たちは、才能があり、成功し、世界をよくしようと熱心に取り組んでいた。逆境に直面しても、心のあり方、勇気、回復力を育んでいる姿を目にして、私たちも勇気づけられた。彼らは知識を活かして行動することで、周囲の人たちの生活状況を改善させようと心から切望していた。これらの経験談をきっかけにして、マイケルや私と同様に、読者の皆さんが自分の人生を動かせるようになることを願っている。

本書で最も共感できる箇所を実践すれば、自分の世界をより有意義なものにできる、心のあり方と技能を育めるだろう。自分の人生の構想を練り、学んだことを共有してほしい。そして、その輪を周囲の身近な人たちにも広げてほしい。そうすれば、自分だけでなく、関係する人たちの素晴らしさをも引き出せるだろう。

本書の最大の目標は、読者の皆さんがコミュニティを育て上げ、世界をよくするために活動することである。本書の執筆は、マイケルと私にとっては個人的な使命の一環だ。本書は、子供たちやあとに続く世代への、時代を超えた贈り物だと考えている。

本書を読んで行動に移すことで、人間関係が豊かになり、人生の方向性が明確になり、自身を妨げている精神的、感情的な制約から解放されるといった恩恵があることを願っている。私自身も、本書執筆中にそのことを実感した。執筆したことを実践し、より強い人間に成長できたのである。

ここまで読み通したあなたは、「もっと情報がほしい。どうすれば前進と成長を続けられるのだろう。他に何ができるのだろう」と思うかもしれない。そこで、三つの提案をしたい。

●デール・カーネギー・コースの受講を検討する。マイケルも私も、デール・カーネギー・コースを受講していなければ、本書を執筆することも、これほど豊かな経験を積むこともなかっただろう。はじめてコースを修了したのは二七歳のときだったが、なぜもっと早く受講しなかったのかと大変後悔した。そこで、受講可能な年齢になったら、自分の子供も受講させようと心に決めていた。その結果、六人の子供たち全員が受講し、とても大きな効果が上がった。コースでは、本書で取り上げた原則を実践できるよう、非常に優秀な認定トレーナーが指導してくれる。マンツーマンでの指導も、グループ単位での指導も行なっている。トレーナーは受講生が成長できるよう全力を尽くし、個別にサポートと説明を受けられる体制も整っている。対面とオンラインの両方が受講可能で、三二の言語に対応済みだ。詳細は「https://www.dalecarnegie.com/」（日本語サイトもあり）を参照してほしい。

●デール・カーネギーの著書を読む。なかでもロングセラーかつ不朽の名著である『人を動かす』

と『道は開ける』の二冊を強くおすすめする。もはや古典とも言える本で、何千万人もが読んでいる。本書で取り上げている考え方をより深く理解でき、デールの語り口や知恵に直接触れることができる。詳細は、日本語の正規版を長年にわたり多数出版している創元社のD・カーネギー特設ページ「https://www.sogensha.co.jp/special/carnegie/」で見てほしい。

● 本書のコミュニティに参加する。自分を動かすのに役立つコンテンツ、考察、成功事例、資料などを提供している。内容を更新しているので、本書を読んで以降、数か月から数年にわたって活用できるはずだ。詳細は特設サイト「https://www.takecommand.com/」（日本語サイトはないが、ブラウザ上で日本語に翻訳して内容を見ることは可能）にアクセスを——。

いずれにせよ、ここであなたの旅を止めてはならない。これから先も人間関係を構築し、自らを成長させ、そして自分を動かしていくのだ。

著　者

〈著者略歴〉

ジョー・ハート（Joe Hart）

弁護士として社会に踏み出したが、デール・カーネギー・コース受講をきっかけに進路を見直す。その結果、法曹界を離れて不動産会社に転職し、のちに「InfoAlly」というeラーニング事業を扱う会社を創立する。五年後に同社を売却し、ウェルネス業界の企業「Asset Health」の社長に就任した。続いて二〇一五年に、デール・カーネギー・トレーニングの会長兼CEOに就任する。二〇一九年、CEOフォーラム・グループから「変革を主導する一二人のリーダー」の一人に選ばれ、人材部門の「Transformative CEO Award（変革を主導する優れたCEOに与えられる賞）」を授与された。ポッドキャストの「Take Command: A Dale Carnegie Podcast」を主宰するとともに、リーダーシップ、レジリエンス（回復力）、イノベーションなどについて世界中で講演している。

マイケル・クロム（Michael Crom）

デール・カーネギー・トレーニングに三五年間勤務したあとに引退した。最近まで最高学習責任者兼副社長であり、現在もデール・カーネギーの取締役を務めている。キリスト教教会の長老、フィナンシャル・ピース大学のファシリテーター、地元のボーイズ&ガールズクラブの教師と、コミュニティの活動に積極的に参加している。共著書に『セールス・アドバンテージ』『リーダーになるために』（いずれも創元社）がある。

〈訳者略歴〉

山崎正浩（やまざき・まさひろ）

翻訳家。訳書に『貝類図鑑』『岩石・鉱物図鑑』『折り紙と数学』『たんけん、きみの気持ち』『決定版 コンピュータサイエンス図鑑』『パブロフの犬』（いずれも創元社）など多数。

自分《じぶん》を動《うご》かす

――現代《げんだい》に活《い》かすD・カーネギーの原則《げんそく》

二〇二五年一月一〇日 第一版第一刷発行

著　者　ジョー・ハート、マイケル・クロム

訳　者　山崎正浩

発行者　矢部敬一

発行所　株式会社　創元社

〈本　社〉〒五四一―〇〇四七
大阪市中央区淡路町四―三―六
電話　〇六―六二三一―九〇一〇㈹

〈東京支店〉〒一〇一―〇〇五一
東京都千代田区神田神保町一―二　田辺ビル
電話　〇三―六八一一―〇六六二㈹

〈ホームページ〉https://www.sogensha.co.jp/

組版　はあどわあく　印刷　TOPPANクロレ

 Printed in Japan　ISBN978-4-422-10094-4 C0011